普通高等院校网络与新媒体专业系列教材

Introduction to Internet Public Opinion

网络舆情学概论

陈强 方付建 王欢 主编

清华大学出版社
北京

内 容 简 介

网络舆情本质上是各类网民围绕特定事件、问题、现象或特定人物言论、行为等在互联网平台发布和传播的含有态度、观点、诉求、主张以及情绪、情感或行为倾向的信息。本书系统介绍了网络舆情的基础理论、实战技巧、管理机制与发展前沿，是将理论探讨与实务操作、抽象分析与案例呈现、技术运用与习题演练有机结合的理论实践一体化教材。全书共计10章，包括网络舆情导论、网络舆情传播图景、网络舆情信息监测、网络舆情报告写作、网络舆情分析研判、网络舆情应对处置、网络舆情绩效评估、网络舆情应急预案、网络舆情管理体系、网络舆情发展前沿。本书充分发挥编写团队的跨学科优势，新增网络舆情绩效评估、网络舆情应急预案、网络舆情管理体系等核心章节，构建了覆盖网络舆情治理全周期的知识体系结构，更加贴合网络舆情治理的现实场景。

本书配有针对性的课后习题，配套教学PPT、课程教学进度计划表、典型教学案例等多样化资源。

本书可作为大专生、本科生、研究生的教材，适用于新闻传播学类、公共管理类、政治学类等相关专业；也可作为政府、高校和企业管理人员的参考书。

本书封面贴有清华大学出版社防伪标签，无标签者不得销售。
版权所有，侵权必究。举报: 010-62782989, beiqinquan@tup.tsinghua.edu.cn

图书在版编目（CIP）数据

网络舆情学概论 / 陈强，方付建，王欢主编.
北京: 清华大学出版社, 2024. 7. -- (普通高等院校网络与新媒体专业系列教材). -- ISBN 978-7-302-66844-2

Ⅰ. G206.2

中国国家版本馆CIP数据核字第2024H0S259号

责任编辑: 付潭娇
封面设计: 刘艳芝
责任校对: 宋玉莲
责任印制: 杨 艳

出版发行: 清华大学出版社
网 址: https://www.tup.com.cn, https://www.wqxuetang.com
地 址: 北京清华大学学研大厦A座
邮 编: 100084
社 总 机: 010-83470000
邮 购: 010-62786544
投稿与读者服务: 010-62776969, c-service@tup.tsinghua.edu.cn
质 量 反 馈: 010-62772015, zhiliang@tup.tsinghua.edu.cn
课 件 下 载: https://www.tup.com.cn, 010-83470332
印 装 者: 涿州汇美亿浓印刷有限公司
经 销: 全国新华书店
开 本: 185mm×260mm
印 张: 12.75
字 数: 298千字
版 次: 2024年7月第1版
印 次: 2024年7月第1次印刷
定 价: 49.00元

产品编号: 099528-01

前言

当前,世界百年未有之大变局加速演进,互联网已经普及成为构筑社会的物质基底,不断形塑着人、技术和社会等多方的关系样态。中国互联网络信息中心发布的第53次《中国互联网络发展状况统计报告》显示,截至2023年12月,我国网民规模达10.92亿人,互联网普及率达77.5%;手机网民规模达10.91亿人,网民中使用手机上网的比例为99.9%。"网络化生存"已经成为常态。越来越多的网民在网络中发布信息、获取信息、交流信息、运用信息,互联网日益成为一个社会信息大平台。在繁多的网络信息中,有一些属于含有一定的态度、观点、诉求、主张以及情绪、行为倾向等的信息,这类信息就是网络舆情。实际上,网络不仅催生了各种形态的网络舆情,同时,现实社会中的各类舆情也在网络中传播,由此,网络舆情日益成为社会舆情的主流,把握了网络舆情就把握了社会的脉搏。

随着网络舆情数量的不断增多、形态的不断丰富、传播的不断加快、影响的不断扩大,需要对网络舆情展开监测、分析和研判,也需要对网络舆情进行引导、应对和管理。2016年8月,《国务院办公厅关于在政务公开工作中进一步做好政务舆情回应的通知》(国办发〔2016〕61号)明确指出,"近年来,随着互联网的迅猛发展,新型传播方式不断涌现,政府的施政环境发生深刻变化,舆情事件频发多发,加强政务公开、做好政务舆情回应日益成为政府提升治理能力的内在要求。与互联网对政府治理的要求相比,与人民群众的期待相比,一些地方和部门仍存在工作理念不适应、工作机制不完善、舆情回应不到位、回应效果不理想等问题"。2022年10月,习近平总书记在党的二十大报告中指出,"意识形态领域存在不少挑战",要"牢牢掌握党对意识形态工作领导权,全面落实意识形态工作责任制,巩固壮大奋进新时代的主流思想舆论",要"加强全媒体传播体系建设,塑造主流舆论新格局",要"健全网络综合治理体系,推动形成良好网络生态"。2023年10月,习近平总书记对宣传思想文化工作作出重要指示,要"巩固壮大奋进新时代的主流思想舆论,以强信心为重点加强正面宣传,提高舆论引导能力"。

在此背景下,围绕网络舆情开展具体研究就显得必要。当前,网络舆情研究概况、学科发展、研究方法和发展趋势如何?网络舆情有何传播规律?网络舆情信息如何有效监测?网络舆情分析研判如何开展?网络舆情应对处置有何要求?网络舆情应急预案如何编制?网络舆情管理有哪些法律法规和规章制度?网络舆情分析报告如何撰写?网络舆情工作成效如何评价?这些问题随着网络舆情的发展以及网络舆情分析工作的加强而显得越发重要。围绕上述问题，我们团队组织力量编写了《网络舆情学概论》，聚焦网络舆情的相关要素，既注重总结网络舆情研究的总体概况，也注重提炼网络舆情的传播规律；既注重分析网络舆情监测的技术工具，也注重呈现网络舆情分析研判的流程要素；既注重探讨网络舆情应对处置的方式方法，也注重提供网络舆情绩效评估的指标体系；既注重探讨网络舆情应急预案的编制演练，也注重梳理网络舆情管理的法规制度。

《网络舆情学概论》兼顾了理论探讨与实务操作、抽象分析与案例呈现、技术运用与习题演练，具有较强的可读性。相信读者或者学习者阅读、使用之后能够获益良多。虽然具有一系列优点，但由于网络舆情本身的复杂性，以及研究者时间、精力以及视野、知识等的局限，作为教材，该书也不可避免地存在着一些不足，例如，书中有关网络舆情基本理论的分析尚有提升空间、与网络舆情工作相关的案例呈现可以进一步丰富、对现有网络舆情相关著作和同类教材的借鉴运用不够充分等，这需要在未来的教材修订中予以加强。此外，该书也可能存在其他的不足或问题，这需要读者批评指正。

《网络舆情学概论》受到陕西本科和高等继续教育教学改革研究项目（23ZY002）"全媒体背景下高校教师媒介素养教育研究"支持，由西安交通大学新闻与新媒体学院陈强教授、中南民族大学公共管理学院方付建教授、西安交通大学王欢老师共同编写完成。西安交通大学新闻与新媒体学院博士生张杨一、赵汉卿、李彤钰、张海莉，西安交通大学马克思主义学院博士生、人文学院辅导员闫潇，西安交通大学新闻与新媒体学院硕士生严玉婷、赵一霏、杨颖等参与了文字校对工作，在此表示感谢。

是为序。

编　者

2024 年 3 月 12 日

目 录

第1章 网络舆情导论 ... 1
- 1.1 网络舆情的概念界定 ... 1
- 1.2 网络舆情的研究概况 ... 3
- 1.3 网络舆情的学科发展 ... 9
- 1.4 网络舆情的研究方法 ... 11
- 1.5 网络舆情的研究趋势 ... 13
- 思考题 ... 14
- 即测即练 ... 15

第2章 网络舆情传播图景 ... 16
- 2.1 网络舆情的传播特征 ... 16
- 2.2 网络舆情的传播方式 ... 19
- 2.3 网络舆情的传播阶段 ... 22
- 2.4 网络舆情的传播规律 ... 26
- 2.5 网络舆情的传播影响 ... 28
- 思考题 ... 30
- 即测即练 ... 30

第3章 网络舆情信息监测 ... 31
- 3.1 网络舆情信息监测概述 ... 31
- 3.2 网络舆情信息监测技术 ... 33
- 3.3 网络舆情信息监测实施 ... 50
- 3.4 网络舆情信息监测工具 ... 54
- 思考题 ... 58
- 即测即练 ... 58

第4章 网络舆情报告写作 ... 59
- 4.1 网络舆情报告概述 ... 59
- 4.2 网络舆情报告编制 ... 63
- 4.3 网络舆情信息报送 ... 73

思考题 ··· 77
即测即练 ·· 77

第 5 章 网络舆情分析研判 ·· 78

5.1 网络舆情研判原则 ·· 78
5.2 网络舆情研判流程 ·· 79
5.3 网络舆情走势研判 ·· 82
5.4 不同阶段的舆情研判 ·· 86
5.5 不同类型的舆情研判 ·· 88
5.6 网络舆情研判机制 ·· 94
思考题 ··· 95
即测即练 ·· 95

第 6 章 网络舆情应对处置 ·· 96

6.1 网络舆情应对的"二四四" ·· 96
6.2 网络舆情应对的方法与技巧 ·· 99
6.3 网络舆情应对中的外部支持 ·· 103
6.4 网络舆情应对中的网络评论 ·· 104
6.5 网络舆情应对中的媒体沟通 ·· 107
思考题 ··· 113
即测即练 ·· 114

第 7 章 网络舆情绩效评估 ·· 115

7.1 网络舆情绩效评估概述 ·· 115
7.2 网络舆情绩效评估的指标体系 ·· 118
7.3 网络舆情绩效评估的主要方法 ·· 126
7.4 网络舆情绩效评估的实施与运用 ·· 128
思考题 ··· 132
即测即练 ·· 132

第 8 章 网络舆情应急预案 ·· 133

8.1 网络舆情应急预案概述 ·· 133
8.2 网络舆情应急预案编制 ·· 135
8.3 网络舆情应急预案管理 ·· 144
8.4 网络舆情应急预案演练 ·· 147
思考题 ··· 155
即测即练 ·· 155

第 9 章　网络舆情管理体系 156

9.1　网络舆情的管理目标 156
9.2　网络舆情的管理主体 157
9.3　网络舆情管理的法律法规 161
9.4　网络舆情管理的相关制度 167
思考题 173
即测即练 173

第 10 章　网络舆情发展前沿 174

10.1　新兴技术与网络舆情发展 174
10.2　网络舆情与社会治理创新 179
10.3　网络舆情治理体系现代化 183
10.4　国际网络舆情传播新格局 186
思考题 189
即测即练 189

参考文献 190

第 1 章

网络舆情导论

随着互联网的发展，越来越多的人进入网络空间，在网络空间中表达观点、诉求、主张、情绪、情感及行为倾向等，由此，网络空间孕育出与现实社会相对应的舆情形态，称为网络舆情。网络舆情是互联网不断发展的产物，是互联网言论表达功能的体现。网络不仅可以表达舆情，快速传播、扩散舆情，而且可以促使舆情的功能和作用不断放大。由此，网络舆情不仅具有了社会舆情的特点、功能，还具有了社会舆情不具有的新特点、新功能。随着网络社会的持续发展，网络舆情已成为需要关注和研究的重要领域。

1.1 网络舆情的概念界定

网络舆情由舆情衍生而来。舆情一词古已有之，据天津社会科学院舆情研究所的研究者考证，早在唐代就已出现了舆情一词，到清代时舆情一词得到更广泛使用。古代的舆情主要是指民众对统治者的态度、意见、评价等。近代以来，舆情概念较少被提及，而获得广泛关注的是舆论、民意等概念。然而，随着互联网的发展，舆情这一词汇被更多关注和使用，成为热词，并逐渐孕育出网络舆情、社会舆情、舆情分析研判、舆情监测预警、舆情演变扩散、次生舆情、舆情风险等一系列相关概念。

较早对网络舆情概念进行系统界定的是刘毅，他在《网络舆情研究概论》中将舆情界定为"由个人和各种社会群体构成的公众，在一定社会空间内，对自己关心或与自身利益紧密相关的各种公共事务所持有的多种情绪、意愿、态度和意见交错的总和"。这一概念强调了舆情的主体、载体以及舆情的形态等。在此基础上，刘毅强调："网络舆情就是通过互联网表达和传播的各种不同情绪、意愿、态度和意见的交错总和。"

实际上，随着互联网的发展，网络舆情的范围更加广泛，网络舆情的主体既可以是一定规模的群体，也可以是单个的个人。网络舆情的生发空间也更加多样，任何网络应用或载体都可以承载、传播网络舆情。此外，网络舆情也不一定是情绪、态度和意见交错的总和，任何含有情绪、态度或意见的信息都可以归为舆情。因此，对网络舆情可以作出更为宽泛的界定：网络舆情是指网络空间中孕育和传播的含有态度、观点、诉求、主张、情绪及行为倾向等的信息。具体来说，网络舆情是各类网民围绕特定事件、问题、现象或特定人物言论、行为等发布和传播的含有态度、观点、诉求、主张、情绪、情感或行为倾向的信息。简言之，网络舆情是有态度的网络信息。

为了有效把握网络舆情的含义，有必要将网络舆情的概念与网络信息、网络舆论、网络社会思潮等概念加以区分。

1.1.1　网络舆情与网络信息

从前文的概念界定可知，网络舆情是网络信息的组成部分，其外延小于网络信息。作为网络信息组成部分的网络舆情，有两个比较明显的特征：一是主观性，网络舆情是内含一定态度的网络信息，而有些网络信息如网络上的个人信息、数据信息等大多属于客观的信息，这些信息不是网络舆情；二是公开性，网络舆情是公开发布的可以采集、分析、加工等的信息，有些需要通过特殊途径获得的带有一定秘密性的网络信息如网络情报、网络隐私等也不属于网络舆情。

1.1.2　网络舆情与网络舆论

在舆情概念未受广泛关注之前，各界广泛使用的是舆论，舆论既是新闻传播学科的重要概念，也是其他一些学科如政治学、社会学有所使用的概念。较早对舆论进行界定的是甘惜分教授，他在《新闻理论基础》中将舆论界定为"社会生活中经济政治地位基本相近的人们或社会集团对某一事态的大体相近的看法"。此后，学者孟小平进一步将舆论界定为"公众对其关心的人物、事件、现象、问题和观念的信念、态度和意见的总和，具有一定的一致性、强烈程度和持续性，并对有关事态的发展产生影响"。从学者对舆论的界定可知，舆论是一定规模的人群所表达的具有一定一致性的意见。网络舆论则是网络空间中一定规模的网民所表达的具有一定一致性的意见。

网络舆情的范围要广于网络舆论，一定程度上可以说，网络舆论是获得一定人群认可的网络舆情。网络舆论与网络舆情的区别主要体现在两个方面：一是群体规模。网络舆论是一定规模的网民群体所持有的意见，而网络舆情既可以是网络群体的意见，也可以是单个网民的意见。二是共同程度。网络舆论是一定规模网民所持有的较为一致的意见，而网络舆情既可以是一致的意见，也可以是分散、零碎甚至个性化的意见。

1.1.3　网络舆情与网络社会思潮

网络社会思潮是指网络空间流传的、内含一定政治诉求的系统化主张。从概念外延来看，网络社会思潮总体上属于网络舆论的组成部分。网络舆情与网络社会思潮可从两个方面进行区分：一是政治性。虽然早期的舆情研究者强调舆情是被管理者对管理者的态度，但随着网络舆情的发展，舆情的主客体范围更为宽泛，因此，网络舆情的政治性在弱化。而网络社会思潮作为网络空间传播的社会思潮，大多内含政治要求和诉求，指向政治领域。二是系统性。网络社会思潮是系统化、成体系的态度和主张，网络舆情既可以是系统性主张，也可以是零碎的观点。

综上，从概念外延来看，网络信息 > 网络舆情 > 网络舆论 > 网络社会思潮，存在包含与被包含的关系。随着网络社会的到来，网络上生产和扩散的有态度的信息不断增多，这些有态度的信息值得关注和分析，由此，网络舆情概念因其良好的适应性而获得广泛关注和使用。

1.2 网络舆情的研究概况

1.2.1 网络舆情相关著作

1. 教材

网络舆情教材适应了网络舆情领域人才培养的需要，是网络舆情学科化、专业化的重要标志，多以网络舆情学、网络舆情概论等命名。2014 年，马振飞主编的《网络舆情导控教程》作为普通高等教育"十一五"规划教材和高等院校信息安全专业系列教材出版。2016 年，周蔚华和徐发波主编的《网络舆情概论》作为 21 世纪新媒体专业系列教材出版。2021 年，曾胜泉等合著的《网络舆情学》出版。2022 年，田宇著的《网络舆情监测与研判》作为 21 世纪网络与新媒体专业系列教材出版。2022 年，李明德主编的《网络舆情概论（微课版）》作为高等院校"十三五"网络与新媒体系列教材出版。

2. 专门著作

网络舆情著作是有关网络舆情研究的专门性书籍，反映了网络舆情研究的深度与广度。从网络舆情著作涉及的议题和领域来看，大体分为以下类型。

一是网络舆情的通识性著作。最早出版的网络舆情通识性著作是 2007 年刘毅著的《网络舆情研究概论》。2011 年王国华、曾润喜、方付建编写的《解码网络舆情》和 2017 年杨明刚著的《大数据时代的网络舆情》进一步丰富了网络舆情的通识性研究。

二是网络舆情分析方面的著作。这方面的著作侧重于对网络舆情分析方法、研判方式等进行分析，如 2014 年常松著的《博客舆情的分析与研判》、2019 年赵磊著的《网络舆情分析》、2019 年孔清溪等著的《听舆施政——网络舆情传播规律与实践》、2020 年谷琼和王贤明合著的《网络舆情分析：理论、技术与应用》、2022 年韩益亮等著的《社交网络舆情分析——演化规律及其干预》等。

三是网络舆情管理方面的著作。这方面的著作较为丰富，涉及网络舆情监测、网络舆情应对、网络舆情管理等。如 2014 年喻国明和李彪合著的《社交网络时代的舆情管理》、2019 年曹蓉著的《网络舆情监测：基础与应用》、2019 年杨兴坤和周玉娇编著的《网络舆情管理：监测、预警与引导》、2019 年夏楠主编的《网络舆情生态系统善治之道》、2020 年李宝琴和于钦明著的《高校网络舆情管理》、2021 年芦珊主编的《网络舆情监测与研判》。

四是网络舆情关联性著作。这方面的著作关注网络舆情与其他议题的关联性，如 2018 年陈福集和郑小雪合著的《面向网络舆情的政府知识管理》、2018 年万旋傲著的《网络舆情与公共政策》、2020 年刁生富等合著的《网络舆情与思想政治教育创新》、2020 年宋香丽著的《网络舆情与高校治理研究》等。

3. 研究报告

网络舆情研究报告是由一些研究机构或研究人员定期编辑出版的有关网络舆情的年

度报告。网络舆情研究报告大体分为两类：一类是有关网络舆情以及社会舆情的综合性研究报告。较早出版的是杜骏飞主编的《沸腾的冰点：2009 中国网络舆情报告》《危如朝露：2010—2011 中国网络舆情报告》，此外还有喻国明主编的自 2010 年开始按年度出版的《中国社会舆情年度报告》，谢耘耕主编的自 2011 年开始按年度出版的《中国社会舆情与危机管理报告》等。另一类是有关网络舆情的专题性或领域性研究报告，如唐亚阳主编的自 2011 年开始按年度出版的《中国教育网络舆情发展报告》、农业农村部信息中心编写的自 2017 年开始按年度出版的《中国"三农"网络舆情报告》等。

4. 工具书

网络舆情工具书是服务于网络舆情人才培养培训的书籍。一类是适应网络舆情分析师培养需要编写的工具书，如 2011 年人民网舆情监测室著的《如何应对网络舆情：网络舆情分析师手册》、2014 年薛大龙主编的《网络舆情分析师教程》等。另一类是网络舆情工作指南或针对特定案例分析网络舆情应对得失，如 2015 年邹鸿强主编的《领导干部网络舆情工作指南》、2015 年郝晓伟主编的《网络舆情应对与处置案例分析》、2017 年曾胜泉著的《网络舆情应对技巧》、2022 年段赛民著的《如何有效处置网络舆情》等。

1.2.2　网络舆情研究项目

从国家社科基金立项查询情况来看，以"网络舆情"为关键词查询到的国家项目近 200 项，涵盖重大项目、重点项目、一般项目、青年项目、西部项目、后期资助项目等。

这些项目涉及新闻学与传播学、图书馆、情报与文献学、管理学、语言学、政治学、社会学、法学、马列·科社、党史·党建、哲学、民族学、统计学、国际问题研究等诸多学科领域，其中以新闻学与传播学、图书馆、情报与文献学为主。

从时间看，2008 年开始有涉及网络舆情的一般项目立项，2009 年有涉及网络舆情的重大项目立项，此后每年均有网络舆情相关研究项目立项。

从研究议题来看，涉及网络舆情特征分析、网络舆情演化演变、网络舆情监测预警、网络舆情信息采集挖掘、网络舆情分析研判、网络舆情危机识别、网络舆情社会影响、网络舆情调控疏导、网络舆情信息工作机制构建、网络舆情治理等诸多方面。

从具体研究对象或领域来看，涉及突发事件网络舆情（包括群体性事件、危机性事件、暴恐事件、灾害性事件、公共卫生事件等）、特定语言网络舆情（如维吾尔文、蒙古文网络舆情）、特定领域网络舆情（如民族宗教领域）、特定地区或空间网络舆情（如中亚国家、边疆民族地区、高校等）、特定事项网络舆情（如食品安全、体育赛事等）等。

1.2.3　网络舆情研究机构

随着网络舆情学科化、体系化的不断深化，越来越多的部门或单位成立网络舆情相关研究机构，开展项目实施、报告编写、网络舆情指数设计与排行榜发布、网络舆情培训与网络舆情人才培养等。从类型来看，网络舆情研究大体包括以下几类机构。

1. 依托科研院所设立的网络舆情研究机构

这类机构多以研究所、实验室等命名，代表性的有天津社会科学院舆情研究所、中国社会科学院中国舆情调查实验室等。

天津社会科学院舆情研究所在天津社会科学院舆情调查研究中心基础上于 1999 年 10 月成立，是国内最早成立的以舆情命名并从事舆情研究的科研机构。该所研究团队编写了《舆情研究概论——理论、方法和现实热点》《网络舆情研究概论》《舆情支持与舆情危机》《舆情制度建设论》《网络谣言应对与舆情引导》《政策议程设置模式研究——基于舆情的视角》《当代中国舆情研究：2000—2020》等著作。

中国社会科学院中国舆情调查实验室由中国社会科学院新闻与传播研究所和中国社会科学院调查与数据信息中心于 2013 年 2 月联合设立，中国舆情调查实验室同时也是中国社会科学院国家治理研究智库的舆情研究部。该实验室注重在线调查样本库建设和舆情调查分析，推动网络舆情调查科学化、规范化发展。该实验室编写了《中国舆情指数报告（2013）》《舆情与管理：构建中国旅游舆情智库》《舆情大数据指数》《中国舆情指数报告（2016—2017）》等。

2. 依托高等学校成立的专门化网络舆情研究机构

这类机构一般以中心、实验室等命名，代表性的网络舆情研究机构包括华中科技大学舆情信息研究中心、上海交通大学舆情研究实验室、中国传媒大学网络舆情研究所、上海外国语大学中国国际舆情研究中心、暨南大学广州市舆情大数据研究中心等。

华中科技大学舆情信息研究中心是由中共湖北省委宣传部和华中科技大学共同建设的研究机构。该中心以舆情信息理论、网络舆情与社会安全、高校网络舆情为研究方向，编写了《解码网络舆情》一书以及"网络舆情与网络社会治理研究系列丛书"，系列丛书包括《突发事件网络舆情的动力要素及其治理》《把脉网络舆情——突发事件网络舆情演变研究》《热点事件网络舆情的传播与治理》《网络舆情热点事件案例汇编（2007—2011年）》《网络舆情应对的关键技术研究》等。

上海交通大学舆情研究实验室是国内较早成立的舆情研究机构。该实验室注重运用大数据挖掘、模拟仿真、社会调查、心理实验等方法对舆论、舆情进行研究，承担了国家社会科学基金重大项目"突发事件网络舆情预警指标体系研究"，发起成立了中国新闻史学会舆论学研究专业委员会，编辑出版《中国社会舆情与危机管理报告》年度报告，编辑出版《新媒体与社会》《舆论学研究》等集刊。

中国传媒大学网络舆情（口碑）研究所成立于 2007 年底，是专注为政府和企业服务的网络舆情研究和咨询机构，注重提供网络舆情分析报告，承担了国家社会科学基金重大项目"中国特色网络文化建设与管理战略研究"子课题"网络舆情指数体系（IRI）"的研究，建立了通过网络舆情指数实现网络舆情的科学收集、分析研判和预警应对的一整套工作体系。该所编写了《网络舆情及突发公共事件危机管理经典案例》《听舆施政：网络舆情传播规律与实践》等著作。

上海外国语大学中国国际舆情研究中心成立于 2008 年 6 月，是上海外国语大学充分发挥多语种语言优势，致力于国际舆论和国际传播相关话题的研究，尤其是全球各国媒体的涉华新闻报道研究。该中心于2015年入选中宣部舆情直报点，2016年获批上海市高校智库内涵建设项目，2019年入选上海市高校一类智库以及上海市重点智库（培育）。该中心发起成立了长三角舆情联盟，举办了中国形象与全球传播高端论坛。

暨南大学广州市舆情大数据研究中心前身为建于2005年的暨南大学舆情研究中心，2012年、2015年两度入选广州市人文社会科学重点研究基地。中心建有电话访问实验室、传播与认知科学实验室、传播大数据实验室，重点推进传播大数据、粤港澳舆情调查、"一带一路"舆情调查、财经调查、政治话语分析等方向的调查与研究，致力于打造舆情领域的"思想-理论"型高端智库。中心定期编写《广东舆情动态》，与凯迪网络合作出版《舆情观察》，策划出版了"舆情与社会管理黄皮书"系列丛书等。

3. 高校与企业联合设立的网络舆情研究机构

随着网络舆情理论与实践的深度融合，越来越多的高校与企业联合设立研究机构，代表性机构包括南京大学—谷尼网络舆情监测与分析实验室、中国人民大学舆论研究所。

南京大学—谷尼网络舆情监测与分析实验室由南京大学网络传播研究中心与谷尼国际软件有限公司于2009年联合设立，该实验室注重为政府及各级宣传部门、媒体及企业等提供网络舆情监测分析，承担网络舆情课题研究。该实验室撰写了《沸腾的冰点：2009中国网络舆情报告》《危如朝露：2010—2011中国网络舆情报告》等著作。

中国人民大学舆论研究所是1986年成立的舆论调查与研究机构，该研究所在国内较早开展舆情研究。2008年，该所与北大方正智思研究院合作成立社会舆情监测研究基地，共同开发网络舆情分析软件，利用软件进行网络舆情分析与研究。该所自2010年起按年度编写出版《中国社会舆情年度报告》蓝皮书，该所研究人员著有《社交网络时代的舆情管理》《舆情：山雨欲来——网络热点事件传播的空间结构和时间结构》《谁在网络中呼风唤雨——网络舆情传播的动力节点和动力机制研究》等著作。

4. 新闻媒体组建的网络舆情研究机构

这类机构中有代表性的是人民网舆情数据中心、南方舆情数据研究院等。

人民网舆情数据中心原为2008年组建的人民网舆情监测室，2017年更名为人民网舆情数据中心，该中心是国内较早从事互联网舆情监测、研究的专业机构。该中心形成了一套较完整的网络舆情监测理论体系、工作方法、作业流程和应用技术，可对各类网络舆情载体进行全天候监测，并进行专业的统计和分析，形成监测分析研究报告。该中心承担了国家社会科学基金重大项目"突发公共事件舆情应对与效果评估信息平台建设研究"，编辑出版《网络舆情》内参，定期发布地方应对网络舆情能力推荐榜、网络舆情应对能力排行榜等，编写了《网络舆情热点面对面》《网络舆情分析教程（初级）》《如何应对网络舆情：网络舆情分析师手册》《十天学会写舆情报告》等。

南方舆情数据研究院由南方报业传媒集团联合高校、智库、研究机构等发起成立，注重舆情信息分析、研究与运用，开展舆情理论与应用实践的学术交流。南方舆情数据研究院拥有舆情分析师、特邀舆情分析师等"内脑"团队，也拥有专家委员会等"外脑"团队，覆盖政务、政法、商业、教育科研等舆情领域。该院连续多年举办"粤治——治理现代化"广东探索经验交流会、大数据应用及产业发展大会，编写了《粤治新篇：政府治理能力现代化的广东实践（2013—2014）》等。

5. 服务于地方网络舆情研究与治理的综合性机构

这些机构大多由高校、地方政府部门以及相关企业等联合设立。代表性的有陕西省舆情信息工作创新中心、陕西省网络舆情研究基地、广州网络舆情数据研究院等。

2020年，陕西省舆情信息工作创新中心由中共陕西省委宣传部与西安交通大学以"部校合作"方式共建共享，旨在聚合高校、媒体、社科机构和智库单位舆情工作领域头部资源，建设特色新型智库，打造集前瞻性、创新性、应用性、示范性于一体的全国领先的舆情信息工作协同创新平台；优化力量资源配置，再造舆情信息报送工作流程，聚焦大局大势大事，实施项目带动，形成新型智库建设与舆情信息服务融合共进的工作局面；注重舆情智力资源及其工作成果的产业化转化应用，推动舆情信息工作政产学研媒一体化发展，努力在研究方向上做专、在学科建设上做强、在服务效能上做优。

2016年，陕西省网络舆情研究基地由陕西省网络安全和信息化领导小组办公室与西安交通大学新闻与新媒体学院共建，该基地着力促进舆情研究成果在各领域工作中的运用，为政府、企业提供理论、数据等方面的支持，同时为地方发展输送高素质新媒体人才。该基地作为开展舆情研究工作和人才培训实践的平台，注重研究互联网发展、新媒体发展、社会意识形态和网络舆情等前沿领域问题。基地开展陕西网络新媒体发展、网络舆情状况等多项统计调查，分析研判涉陕网络舆情，编发《舆情研究》和网络舆情分析报告，为地方决策提供信息参考和对策建议。

2020年，广州网络舆情数据研究院在中共广州市委宣传部支持、市委网信办指导下成立，是由广州市广播电视台牵头，聚合高校学术机构、互联网数据技术研发团队、移动通信数据运营机构等资源组建的创新型智库机构。广州网络舆情数据研究院成员单位有中国移动通信集团广东有限公司广州分公司（广州移动）、广州大学新媒体与社会发展研究院、云润大数据服务有限公司等。广州网络舆情数据研究院承担了包括"广州网络舆情引导与应对能力排行榜"在内的多个项目。

1.2.4 网络舆情相关社团

网络舆情相关社团是舆情领域的社团组织，目前国内没有有关舆情的专门性学会或协会，有关舆情的社团大多属于特定学会或协会成立的与舆情有关的分支机构。目前，与舆情有关的社团包括中国应急管理学会舆情专业委员会、中国广告主协会广告舆情监测专业委员会、中国民营科技实业家协会法治与舆情工作委员会。

1. 中国应急管理学会舆情专业委员会

中国应急管理学会舆情专业委员会2015年12月12日设立，属于中国应急管理学会4

个专业委员会之一。该舆情专业委员会由新华网、清华大学新闻与传播学院、中山大学传播与设计学院、浙江大学传媒与国际文化学院和天津社会科学院舆情研究所联合发起，旨在整合应急管理领域行政、媒体、科研资源，搭建产学研一体化的专业交流平台，开展应急决策咨询与风险评估、舆情认证培训、课题委托研究、应急管理学术专著及教材出版等业务，并在舆情研究、项目体系研发、学术交流与研讨等领域开展合作。

2. 中国广告主协会广告舆情监测专业委员会

中国广告主协会广告舆情监测专业委员会于2022年成立，广告舆情监测专业委员会立足自身技术应用和媒体资源优势，依托中国广告主协会积极打造中国广告舆情主阵地，通过搭建互联网数据库系统平台，加强舆情信息工作力量统筹、优化顶层设计、资源配置和系统集成，提升舆情监测、研判、处置能力，对企业突发事件作出快速响应和处理，帮助广大广告主及时获取行业信息，深刻洞悉行业发展规律。

3. 中国民营科技实业家协会法治与舆情工作委员会

2022年，中国民营科技实业家协会法治与舆情工作委员会经中国民营科技实业家协会理事会批准成立，法治与舆情工作委员会致力于开展法治与舆情领域建设和发展状况的调查研究，建立法治与舆情领域企业信用体系，通过统计、调查，了解本领域内企业的经营、服务、发展等基本情况，发布本领域相关统计数据和研究报告，为法治与舆情业界提供信息情报服务，加强法治与舆情经验交流，推动与社会合作，开展培训、研讨等活动。

虽然目前有关舆情的社团数量较少，仍处在初步发展阶段，不过，随着舆情和网络舆情重要性的增强，可以预见，未来与舆情、网络舆情有关的社团组织将会逐步增多。

1.2.5　网络舆情相关培训

网络舆情相关培训是适应党政机关、企事业单位以及各类社会组织网络舆情监测分析等需要而逐步发展起来的。网络舆情相关培训既是网络舆情研究成果有效转化的途径，也是培养网络舆情专门人才的渠道。在网络舆情学科发展过程中，在相关部门的授权或批准下，人民网舆情数据中心、新华网舆情监测分析中心等曾参与开展网络舆情分析师、网络舆情管理师等认证和培训项目。

1. 网络舆情分析师认证及培训

2013年，人力资源和社会保障部中国就业培训技术指导中心（ETTIC）将网络舆情分析师纳入CETTIC职业培训序列，授权人民网舆情监测室（现已更名为人民网舆情数据中心）负责全国网络舆情分析师的培训和考核工作，参加培训并考试合格者可以获得人社部认证的《网络舆情分析师职业培训合格证》。2013年9月，人社部中国就业培训技术指导中心联合人民网舆情监测室在国内多地开展了"CETTIC网络舆情分析师职业培训"，截至2014年9月，共举办培训班12期，培训学员1050人次，其中有860人完成学习任务并通过考试，获得网络舆情分析师职业证书。为适应培训需要，人民网舆情监测室于2011年出版了《如何应对网络舆情：网络舆情分析师手册》，2015年出版了《网络舆情分析教程

（初级）》等。目前，人社部已不再参与网络舆情分析师培训，人民网舆情数据中心不定期举办相关培训。

2. 网络舆情管理师认证及培训

2012年，工业和信息化部电子科学技术情报研究所（现已更名为国家工业信息安全发展研究中心）批准设立全国网络舆情技能水平考试项目管理中心（简称舆考中心和NPST），工业和信息化部电子科学技术情报研究所网络舆情研究中心是实施"全国网络舆情技能水平考试"项目具体工作的机构。该中心开展了基于网络舆情相关能力的水平等级考核和培训，对考试合格者，工信部教育与考试中心颁发相应的职业技能水平证书。"全国网络舆情技能水平考试"证书分为五个级别，分别是网络舆情助理分析师、网络舆情分析师、网络舆情高级分析师、网络舆情管理师、网络舆情高级管理师。为适应培训需要，电子工业出版社2014年出版薛大龙主编的《网络舆情分析师教程》。2014年，新华网舆情监测分析中心（现已整合）与工业和信息化部电子科学技术情报研究所（现已更名）全国网络舆情技能水平考试项目管理中心(NPST)联合举办首期"网络舆情管理师"高级研修班，学员通过为期5天的培训，学习网络舆情管理相关知识，并接受资格考核，培训结束考试合格后，学员们可以拿到由工信部教育与考试中心颁发的"网络舆情管理师"职业技术证书。目前，网络舆情管理师认证及培训已停办。

目前，虽然政府不再授权相关机构开展网络舆情分析师、网络舆情管理师等认证、培训等活动，但从现实态势看，一些新闻媒体、企业等举办的网络舆情培训班仍不断出现，同时，一些党校、干部学院以及其他类型的培训活动也会开列有关网络舆情的培训课程。

1.3 网络舆情的学科发展

随着网络舆情研究的不断拓展、深化，越来越多的研究者开始认同舆情和网络舆情已经逐渐发展成一门学科，一些著作直接以舆情学、网络舆情学命名。网络舆情逐渐学科化，是因为随着网络舆情研究的深化拓展，网络舆情研究不断催生出诸多分支学科或研究领域，大体而言，当前网络舆情学科的分支领域包括以下方面。

1.3.1 网络舆情基础理论研究

网络舆情基础理论研究涉及网络舆情的概念内涵、基本特点，与网络舆情有关的各类理论如群体极化理论、沉默的螺旋理论、小世界理论等，网络舆情与网络舆论、网络民意、网络社会思潮的关系等。

1.3.2 网络舆情传播演变研究

网络舆情传播演变研究一方面关注网络舆情传播扩散的过程，包括传播的主体、对象，传播的载体、路径，传播的规律、特点等，大多结合传播学的相关知识和理论进行分析；

另一方面关注网络舆情演化变异的过程,包括演化阶段、演化方式,变异方向、变异路径等,一般多结合特定事件、案例、现象或问题等分析网络舆情的发展变化情况。

1.3.3 网络舆情监测预警研究

网络舆情监测预警研究是当前网络舆情研究的热点领域,涉及多个学科,特别是涉及大数据搜集分析、特定语义或图像识别、计算机技术运用等,即通过运用多元化信息技术手段和工具,对多种多样的网络舆情进行搜集、识别、归类等,在此基础上构建网络舆情监测分析系统,并依托信息化系统开展网络舆情预警,分析或明确警源、警兆等。

1.3.4 网络舆情分析研判研究

网络舆情分析研判主要在网络舆情监测预警的基础上,依托各类网络舆情分析人员,对网络舆情的风险等级、网络舆情的广度、烈度以及传播、变异等情况进行分析,预测网络舆情的变化动向或趋势,以及应采取的响应、处置措施等。网络舆情分析研判的重点领域有:一个是网络舆情分析师队伍的构建,即明确网络舆情分析师队伍的培训内容、培训方式以及认证方式等;另一个是网络舆情分析研判机制的构建,即通过构建制度化、体系化的机制,以快速、有效地分析研判网络舆情,及时地撰写舆情分析报告,有效报送。

1.3.5 网络舆情引导管控研究

随着网络舆情传播范围、社会影响的日益增强以及各类虚假、错误网络舆情的不断出现,网络舆情引导管控研究获得了更多关注,特别是政府相关部门十分重视网络舆情的引导和管控。网络舆情引导主要涉及运用哪些方式、方法,对海量的、多元化甚至一些苗头性、倾向性网络舆情进行有效引导,以促使网络舆情走向理性、温和,或避免网络舆情走向极端、极化。网络舆情管控主要涉及运用哪些技术化、制度化的手段和方式,对各种虚假的、错误的网络舆情如网络谣言、错误思潮等进行有效管制,避免虚假、错误的网络舆情在网络空间传播危害群众和社会。

1.3.6 网络舆情其他相关研究

网络舆情学科的不断发展,也催生了一些和网络舆情相关联议题的研究:一是网络舆情社会影响研究,即运用调查、统计等方式方法对网络舆情产生的影响进行分析;二是网络舆情风险危机研究,主要关注网络舆情的风险因素,舆情危机事件的类型、发展等;三是网络舆情与公共政策的关系研究,即关注网络舆情对公共政策议程设置、公共政策内容设计及执行等的影响;四是网络舆情与网络问政、网络监督研究,即从网络舆情的角度分析网络问政、网络监督的发展变化;五是网络舆情与网民心理行为研究,即通过网络舆情分析网民心理、行为的特征与变化;六是网络舆情工作机制、调查方法研究,即分析网络舆情信息工作的具体机制,网络舆情调查的方式方法。

1.4 网络舆情的研究方法

网络舆情研究方法关注依托什么方式方法研究网络舆情现象、问题等。总体上看，网络舆情的研究方法大体分为定性研究方法和定量研究方法两大类。

1.4.1 网络舆情的定性研究

网络舆情的定性研究重在把握网络舆情的内涵、要素、表现形态、特征、生成动因、规律、演变阶段、路径、趋势预判、研判等。在网络舆情研究中，运用较多的研究方法，主要包括对比法、归纳–演绎法、田野调查法、文本或话语分析、案例研究法及扎根理论等。

1. 对比法

对比法是了解特点、把握规律、提炼理论的重要方法。网络舆情研究的对比法主要应用于概念对比、特征对比、事件对比等方面。例如，在概念对比中，研究者将网络舆情概念与其他诸如网络舆论、网络民意、网络情报、网络社会思潮等概念进行比较分析，从中提炼网络舆情的概念内涵。

2. 归纳–演绎法

归纳法和演绎法是两种思维相反的研究方法。网络舆情中的归纳法是指通过对纷繁复杂的网络舆情素材、事件等的分析，总结提炼网络舆情的一般性规律，如网络舆情的演变规律、传播规律、变异规律等，从而让网络舆情分析师、观察员或研究者更好地把握网络舆情。网络舆情中的演绎法是依托既有的理论、观点、规律等来观察、分析或推演特定的舆情事件，从而对特定网络舆情事件的发展趋势有更准确的预判，进而有效预警、导控。

3. 田野调查法

网络田野调查法是指深入某个特定形态的网络平台，以观察者甚至参与者的身份，根据某个特定的理论、视角，基于一定的目标，围绕网络舆情事件等进行全方位的调查，通过有目的的深入调查，对网络舆情现象、规律等有更深的了解和把握。网络田野调查法比网络观察法有更强的目的性，有更多的准备，所获得的研究成果更丰富和更深入。

4. 文本或话语分析

网络舆情往往依托文本、话语而得以呈现。网络文本或话语分析是指网络舆情分析师、网络舆情观察员等运用文本、话语等分析方法、技巧或技术等，对承载网络舆情的文本或话语进行搜集、分析，通过分析发现网络舆情的生成、演变规律与趋势，发现潜藏的舆情风险、危机，思考网络舆情应对的策略、办法等。

5. 案例研究法

网络舆情在多数情况下由特定事件而诱发，并传播和变异，一定程度上，网络舆情事件是观察和研究网络舆情最有效的承载体。实际上，随着互联网的发展，网络舆情事件层出不穷。网络舆情事件涉及诸多领域、诸多主体，其发生、发展和处置等往往呈现了网络舆情生成、变化的各种特征和规律。因此，大量的网络舆情研究以特定事件为案例展开。在网络舆情案例研究中，既包括对单个舆情事件的单案例深入分析，也包括对同类或不同类舆情事件的多案例对比分析等。

6. 扎根理论

扎根理论作为一种从观察中归纳经验，并将经验概括上升为理论的方法，近年来在各个领域得到广泛运用。网络舆情由于可记录、可保存等特征，适合运用扎根理论进行分析，通过对丰富、多元的网络舆情经验资料的分析，抽象和提炼出新概念、新观点和新思想，发现蕴藏其中的规律甚至理论。越来越多的研究者围绕网络舆情的演变规律、网络舆情与公共政策的关系等运用扎根理论进行研究。

1.4.2 网络舆情的定量研究

网络舆情的定量研究重在对纷繁复杂的网络舆情信息进行有效的采集、识别、分析，对网络舆情传播、演变、影响的情况及应对情境进行模拟等，通过定量分析，为相关研究提供数据化、技术化、可视化的成果支撑。在网络舆情研究中，运用较多的定量研究方法包括社会调查法、语义分析法、社会测量法、仿真分析法、数学模型法及实验研究法等。

1. 社会调查法

有关网络舆情的社会调查是指运用各类在线调查的方法了解网民的态度、意见、建议等，以把握网络舆情的脉搏。网络舆情调查包括以下类型：一是政府等部门开展的范围广泛的民意征集，通过民意征集使得各部门有效了解民情民意；二是相关部门或研究机构围绕特定事件、问题或现象开展的舆情调查，通过调查了解网民对事件、问题或现象的看法或态度；三是围绕政府治理活动或特定公共政策开展的舆情调查，通过调查了解政府治理或公共政策的得失；四是企业或社会组织开展的网络口碑调查，通过调查了解网民对于特定企业、产品或组织的评价。

2. 语义分析法

与网络舆情有关的语义分析是指基于各类算法或模型，构建网络舆情信息的语义词典、语料库等，并依托数据挖掘、网络爬虫、机器学习等信息网络技术对内含舆情的文字、图片、动画、音频、视频等信息进行话题识别分析、语义情感倾向性分析等，通过语义分析对网络舆情的热度、烈度甚至向度等及时呈现，为网络舆情的预警预测、分析研判等提供技术支持。

3. 社会测量法

网络舆情的社会测量是指通过寻找相关变量及对变量的操作化，形成或构建一系列能够反映网络舆情传播状况、影响情况、应对效果等的测评指标体系，从而形成各种类型的舆情指数，并在此基础上形成舆情分析或舆情研究报告。从舆情指数研究情况看，早期的舆情指数研究以总体性分析为主，一些研究成果直接以舆情指数、舆情大数据指数等命名，随着舆情指数研究的深化，研究者从两个方面进行了拓展：一是进一步细化舆情的指数，出现了舆情传播指数、舆情影响指数、舆情应对指数、舆情敏感指数、舆情热度指数及网络舆情观测指数等；二是根据特定部门、行业或领域、产品服务等构建舆情指数，如企业舆情指数、产品或服务网络口碑指数、餐饮品牌舆情热度指数、旅游城市网络舆情指数、政务舆情回应指数、政务舆情健康指数、地方应对网络舆情能力排行榜等。

4. 仿真分析法

网络舆情的仿真分析是指运用信息网络技术构建特定模型及系统，引入参数或变量，以有效模型呈现网络社会的各种舆情情况，从而对网络舆情的传播、扩散，网络舆情的演化、变异，网络舆情的影响、危害以及网络舆情的应对、治理等进行可视化、系统化的仿真分析，为决策者以及网络舆情分析者提供直观化、可视化的成果。网络舆情仿真系统或成果也被运用到相关培训活动中，为培训学员提供可触可感的网络舆情治理情境。

5. 数学模型法

网络舆情的数学模型分析是指运用数学建模的思想、理论、方法等，运用或借鉴相关数学模型，构建适合网络舆情分析的舆情态度分析、热度分析、预警监测等模型。例如，一些研究者基于传染病 SIS 模型和 SIR 模型构建网络舆情传播模型。另有研究者基于马尔可夫链进行政府负面网络舆情热度趋势分析、涉警网络舆情热度趋势分析等。此外，一些研究者基于贝叶斯网络构建网络舆情预测模型，进行态势评估或预警预测。

6. 实验研究法

网络舆情的实验研究是指运用实验方法对网络舆情的影响、应对等进行分析。例如，设定特定的情景或事件，观察分析实验对象的言论或行为反应。一些研究机构或团队构建了网络舆情实验室，依托实验室环境召集实验者开展多元多样的网络舆情分析、预判等。

此外，一些研究者还运用定性与定量相结合的方法进行网络舆情研究。例如，网络舆情的内容分析即是典型的定性与定量相结合的方法，运用抽象归纳等构建网络舆情分析类目，对各类舆情信息如贴文等进行量化分析，从而把握网络舆情的态势、类型等。

1.5 网络舆情的研究趋势

1999 年，天津社会科学院成立舆情研究所标志着舆情研究开始起步。2003 年，网络舆论的影响和作用开始显现，网络舆情开始成为研究者关注的主题。2007 年，《网络舆情研究概论》的出版加速了网络舆情研究。总体上看，网络舆情研究已经走过了近 20 年的研究历程。在这 20 年的研究历程中，网络舆情研究的机构、团队不断增多，网络舆情的分支领域、分析主题不断细化，网络舆情研究的方法与技术日趋多元，从趋势来看，随着网络社会的深度发展，网络舆情的影响和作用将会更大，网络舆情研究将更受重视。

1.5.1 网络舆情研究的价值将进一步凸显

随着互联网的发展，网民群体规模的扩大，网民上网时间的增加，越来越多的网民更加倾向于通过网络途径表达态度、观点、诉求等，由此网络舆情会进一步增多，网络舆情对政府治理、公共政策甚至特定地方、特定人群的影响将进一步增大。当前，任何机构、任何组织甚至任何人都不可忽视网络舆情，任何机构和组织都需要开展网络舆情研究，需要组建网络舆情分析研判的相关机构或团队。在此背景下，网络舆情研究的价值将进一步凸显，通过网络舆情研究，可以把握网络舆情的风险因素、影响危害，还可以把握网络舆情导控的方式方法、技巧策略，避免机构、组织和特定人员遭遇舆情危机，陷入舆情旋涡。

1.5.2 网络舆情研究的方式方法将更为多元

随着网络舆情研究的深化拓展，越来越多的方式、方法被引入到网络舆情研究中，特别是随着新方法、新技术的发展应用，网络舆情研究将有更多的方法、技术支撑。与互联网有关的理论、算法、模型等将被更多地运用到网络舆情研究领域。网络舆情的各个分支领域包括演变发展、扩散变异、甄别识别、监测预警、分析研判、应对防范等都会有相应支撑。围绕网络舆情信息的采集、甄别、预警、研判等将更加及时、准确和有效。

1.5.3 网络舆情研究的学科视角将更为丰富

目前，除了新闻传播学、情报学等学科外，其他诸如政治学、社会学、历史学、管理学、经济学、计算机科学与技术等领域也开始注重网络舆情研究。实际上，网络舆情研究是学科交叉的结果，随着学科的进一步交叉，网络舆情研究不仅能够获得传统学科的支持，一些新兴交叉学科领域也会将网络舆情作为研究重点，如大数据科学、人工智能及国家安全等都不可忽视网络舆情的研究。

1.5.4 网络舆情研究的人员队伍将更为庞大

网络舆情影响的增大使得越来越多的人员关注、分析和研究网络舆情，由此推动网络舆情研究的人员队伍进一步扩大。第一，越来越多的高校、科研院所成立网络舆情相关的机构和团队，将进一步扩充"学院派"的研究力量；第二，越来越多的媒体特别是新媒体也成立或组建网络舆情研究部门，这将进一步扩充"实战派"的研究力量；第三，专门从事网络舆情分析、监测的企业型组织逐渐增多，这些企业注重组建网络舆情分析队伍，注重开展网络舆情实战分析；第四，与网络舆情有关的社团组织也不断增多，这些社团组织将进一步链接各类研究力量，发挥研究力量的协同效应。

思考题

1. 网络信息、网络舆情、网络舆论、网络社会思潮4个概念之间有什么区别和联系？

2. 请选择一个你感兴趣的网络舆情基础理论来分析一起网络热点事件。
3. 请选择一种定性研究方法或定量研究方法做一份网络舆情研究计划。

即测即练

第 2 章

网络舆情传播图景

网络舆情传播是网络舆情获得生命力、影响力的关键。相对于现实社会的舆情而言，网络舆情传播更为便捷、迅速，网络舆情拥有了更多的传播主体和传播载体，可以以更丰富的形态传播，并在传播过程中呈现出较强的交互性。当前，一些热点事件引发的网络舆情呈现出全员参与、全网传播、不断变换等态势，并在传播中持续彰显舆情的特性和影响。为有效把握网络舆情传播问题，本章对网络舆情传播的特征、方式、阶段以及其中呈现的规律和产生的影响等展开分析。

2.1 网络舆情的传播特征

对网络舆情传播特征的分析，可以通过将网络舆情与现实社会舆情进行比较而呈现和归纳。相对于现实社会舆情而言，网络舆情依托网络这一空间和载体而存在，因而充分彰显了网络的特性。在网络舆情传播中，参与的主体更多元，传播的载体更丰富，表现的形态更多样，传播的过程更交互，产生的影响更广泛。

2.1.1 传播主体的多元性

网络舆情的传播主体是指网络舆情生产、传播各个阶段和具体过程中的各类参与者。网络舆情多因为特定事件、问题、现象或诉求而产生。网络舆情产生后，各个行为主体围绕诱发舆情的事件、问题、现象或诉求等进行信息、观点等的生产和传播，由此催生网络舆情的扩散甚至喷涌。由于网络极大地降低了网民参与的门槛，提供了更丰富的参与渠道，参与网络舆情传播的主体也变得更加多元，任何网民都可以以便捷、有效的方式参与特定网络舆情的生产和传播。

在网络舆情传播中，主要有以下几类传播主体：一是网络舆情发布者。网络舆情发布者也被称为"吹哨人"，即最早发布诱发各类舆情的特定事件、问题、现象或诉求的主体。网络舆情发布者往往拥有能够进行网络发声的个人媒体，特别是个人注册运营的微博、微信公众号以及网络群组、论坛账号等。二是网络舆情事件当事人。网络舆情事件当事人有时和舆情发布者、舆情观点生产者相互交织，在某些情况下甚至为同一人。不过，大多数当事人都是被动卷入网络舆情事件，即网络舆情生成和扩散之后，当事人不得不进行关注、转发或回应、反驳等，由此加速了网络舆情的生产和传播。三是各类媒体记者和网站编辑。一些媒体记者和网站编辑有时也充当了网络舆情发布者或意见领袖的角色，但多数情况下，特定舆情出现后，媒体记者会跟踪报道和披露有关事件、问题的更多信息，网络编辑则会围绕特定舆情事件编辑、制作、编排相关新闻稿件,记者和编辑的参与会加速网络舆情的生产和传播,在某些情况下能够影响网络舆情的走势和变化方向。四是各类意见领袖。网络意见领袖具有类别多样性、身份复合性等特征,一些意见领袖有时拥有了网络舆情发布者、事件当事人以及记者编辑等身份。多数的意见领袖则是根据发布者、当事人以及记者编辑发布的各类信息、素材等进行观点的生产,即围绕诱发网络舆情的事件、问题、现象或诉求进行分析,阐释观点,表达意见和建议等,加速网络舆情的传播、分化和变异。五是各类网民。网民包括旁观者、见证者以及与特定网络舆情事件没有直接关系的网民等。虽然网民大多数属于非直接利益相关者,但由于网民基数庞大,类别多样,各类网民的搜索、转发、点赞、评论等会促使网络舆情喷涌,甚至催生网络舆情危机。

2.1.2 传播载体的丰富性

网络舆情传播载体是承载、传播网络舆情的各类网络平台或媒介。任何形态的网络媒介和应用平台都具有承载、传播网络舆情的功能和效能。相比于现实空间的舆情传播载体而言,网络空间的舆情传播载体更加丰富、更为多元,特别是随着各类网络应用的发展,网络舆情传播载体越发丰富。从功能上看,网络空间既有单向传播的载体如各类网站、博客,也有交互传播的载体如论坛、群组。随着网络传播载体的发展,越来越多的传播载体具有交互传播的功能,网民不仅能够依托账号自我发布舆情信息,也可以通过评论功能、聊天功能与他人互动交流。

从网络舆情生产和传播来看,主要的传播载体包括以下几类:一是各类网站,包括政府及其部门开办的政务类网站、新闻媒体开办的新闻性网站以及其他社会组织、市场组织等开办的行业或企业网站等。网站发布的舆情信息具有较强的权威性、正式性。网站在多数情况下是网络舆情的核心承载载体,在一些网络舆情热点事件中,网民主要依靠政府网站、新闻媒体网站等获取舆情信息,参与舆情生产。二是各类公共交流平台,包括不特定或特定的网民在一起交流、沟通、互通信息的论坛、聊天室、群组、贴吧、评论区、问答平台等。公共交流平台具有参与者的不特定性,各方主体可以平等地参与交流、沟通。公共交流平台上的舆情生产和传播具有较大的随意性和灵活性,舆情信息更为丰富。从现实情况看,公共交流平台上会呈现诸多网民围绕特定事件或问题而发布的各类舆情,一些引发网络舆情的信息或影响力较大的网络舆情由各类公共交流平台生产和传播。三是各类网络自媒体,包括微博、博客、播客、公众号、视频号等。随着网络应用的发展,网民可以方便快捷地开通自媒体平台,一些网民会有意识地开通不同类型的网络自媒体作为个人发声的平台,并依托这些发声平台对特定舆情事件或问题发表看法、见解,参与网络舆情生产和传播。当前,一些舆情事件当事人或受害者注重依托网络自媒体发声,力求通过持续不断或迎合热点的发声,让个体生产的网络舆情得到迅速传播并产生影响,从而加速问题的解决或诉求的响应。四是各类直播平台,包括游戏直播、文化体育娱乐活动直播、电商直播、音频直播等。直播平台既有公共交流平台的特质,也有自媒体的特性,能够让各类当事人实现面对面的交流、沟通,从而让网络舆情的生产更直接、更迅速。当前,直播平台在网络舆情生产和传播中发挥的影响不断增强。

2.1.3 传播形态的多样性

网络舆情不仅需要依托一定的载体呈现,也需要以特定的形态和形式呈现。网络舆情作为网民的观点、态度、看法、建议,需要依托一定的文字、动画、图片、影像等进行呈现或展现。当前,随着音视频应用平台的发展,越来越多的网民借助更直接、更直观的音视频表达观点,由此带来的是舆情信息隐藏在大量的音视频素材之中。总体上,相对于传统舆情多以文字形式呈现,网络舆情可以依托图片、表情、动画、语音、视频甚至虚拟场景等呈现,由此带来网络舆情表现形态的多样化、丰富化。不同的网民在自我偏好的影响下选择特定的形式来进行网络舆情的生产和传播。

网络舆情的表现形态大体可分为以下几类:一是文字型舆情。文字一直是民众进行舆情表达的基本形式,一些网民习惯于依靠文字进行舆情表达。文字形态是网络舆情最基本的形态。文字型舆情是指网民通过新闻型、跟帖评论型、论坛或群组发言型等文字表达观点、态度。二是图片型舆情。图片作为舆情的表现形态,具有直观性、内容丰富性等特征。网络让图片的制作、传播变得更为容易。在一些情况下,网民不直接通过文字表达舆情,而是通过图片的制作、转发等表达个人观点、态度。三是视频型舆情。随着视听类网络媒体的发展,越来越多的网民通过制作、发布、转发各类视频来表达个人的观点和看法。特定舆情事件的现场视频具有更强的真实性、更强的说服力等特征。视频成了移动互联网时代网民更喜欢的舆情表达形态。四是语音型舆情。一些舆情热点事件往往是因为一段语音而诱发。语音相对于文字而言更直接,语音内涵表达者的情绪、感情,相对于图片或视频而言又不会泄露隐私,因此,一些网民愿意通过音频表达观点、诉求,也通过音频来进行对话或回应。五是表情型舆情。网络时代的表情文化更加发达,特定的表情内含着一定的文字、图片或视频,一些表情能有效地表明网民的立场、态度,一些表情能够展现难以用文字表述的情绪、态度,因此,表情成为网络舆情的一种重要表现形态。

2.1.4 传播过程的交互性

网络不仅有效压缩了时空距离,也有效消除了各种边界或界限。随着互联网的发展,各种网络平台或软件所具有的功能越发复合化,不仅可以自我呈现,也可以转发、评论或点赞等;同时,网民能够扮演的角色也日益复合化,网民既可以是"吹哨人",也可以是当事人,还可以是旁观者或裁判员;此外,网络舆情的素材也日益复合化,各种事件、各种现象、不同观点、不同看法都可以有效依托特定素材表现。在载体、角色以及素材复合化的大背景下,网络舆情传播过程的交互性日益显现。

网络舆情传播的交互性主要有以下几种:一是不同主体的交互。依靠网络便捷、高效的交流沟通功能,网络舆情事件的发布者、当事人、评论者以及其他诸如政府官员、旁观者、无直接利益关系的外地网民等都可以及时有效地进行相互的交流、回应或互动。二是不同载体的交互。移动化时代各种载体不仅实现了无缝对接,也可以实现相互融合,由此,各种舆情可在不同载体上相互转发,同一舆情事件的网民态度、看法、观点等可以同时在诸多形态的网络载体上呈现,并且可以相互转换。三是不同观点的交互。网络不仅让各种观点可以直接"亮出来",也可以让各种观点"相互交锋",特别是具有交流交互功能的论坛型或群组型媒介让观点交锋更为便捷。一些网民为了更好地呈现自我的观点、主张,还会注重呈现、对比和吸纳各种不同的观点,由此网络能够有效呈现不同观点的状态及其交互情况。四是不同事件的交互。一些特定舆情事件发生后,网民会注重寻找曾经发生过的类似事件进行汇集、综合,网民注重把同一类型的、同一地区的、同一群体的或同一性质的舆情事件进行有效呈现和仔细对比,由此呈现了不同事件的交互。五是不同场景的交互。为了增强观点或态度的说服力,一些网民注重"共情"的运用,既注重通过图片、视频、音频等有效呈现特定舆情事件、现象的场景,也注重将不同事件或不同领域的场景加以对比,同时将个人或群体代入特定的场景,由此网络舆情中表现出了诸多场景或情境间的无缝对接和多元交互。

2.1.5 传播范围的广泛性

网络传播的跨空间、跨群体、跨领域以及及时、迅速、高效等特点使得网络舆情有了更广泛的传播范围。一些热点事件网络舆情能够在极短的时间内实现"广而告之",不仅事件发生地的网民能够及时知晓并参与,外地的网民甚至全国范围、全世界范围内的网民都可以实时知晓特定舆情事件,并依托便捷化的网络载体参与舆情的生产和传播。

网络舆情传播范围的广泛性包括以下几个方面:一是波及的空间广泛。网络消解了本地舆情和外地舆情的区分或差别。网络时代,一个地方的舆情能够通过各种网络载体瞬间传遍"全网",并通过网络传遍整个国家甚至全世界的诸多角落。二是波及的群体广泛。一些能够引起网民"共鸣"的舆情热点事件不仅会引发记者编辑、意见领袖的关注,也会引发各个领域、各个行业、各个阶层、各个年龄段的网民"围观",被众多群众"接触",并引发众多网民参与。三是波及的领域广泛。一些舆情热点事件因本身的复杂性会引发法律、医疗卫生、公共管理、文化、历史、艺术等各领域网民的关注,各类意见领袖运用各个领域、行业的专业知识进行分析、解读和探讨。四是波及的机构广泛。由于一些舆情热点事件涉及了特定的组织或部门,因此网民会将矛头指向各个地方政府及其部门以及一些企事业单位等,由此,一些部门或单位不得不关注研判,不得不回应处置,由此促使不同地方的多个部门广泛参与。

2.2 网络舆情的传播方式

网络舆情从无到有、从少到多、从一地到多地、从一个群体到多个群体等,都离不开传播。网络时代的舆情传播不仅延续着现实社会的传统传播形式,而且也让传统的传播方式更加有力、有效,并促使不同的传播方式相互作用。从传播方式来看,网络舆情的传播包括了自我传播、人际传播、大众传播、组织传播和群体传播等类型。从传播效能来看,网络舆情在传播过程中不仅充分发挥了各种传播方式的作用,也让各种传播方式实现了更为有效的交互作用,而不同传播方式的交互作用进一步加速了网络舆情的传播。

2.2.1 自我传播

自我传播是指传播者对舆情信息的自我搜寻、加工以及内化等。网络让自我传播更加快捷、便利、高效。自我传播包括以下形式：一是自我搜索寻找。特定事件、问题、现象或诉求引发网络舆情后，网民看到、听到或接触到之后就会想进一步了解具体情况，由此网民会迅速运用各种便捷的互联网搜索工具展开搜索行动，以便进一步了解、掌握更多的信息、素材。网民的搜索行为被一些网络软件记录，并由此形成了微博热搜榜、百度热搜榜等。二是自我分析研判。一些网民不仅希望了解特定舆情事件的来龙去脉和基本信息，还希望针对特定舆情事件表达自我的观点、态度、看法、意见、建议等，因此会对搜索的信息、素材进行加工、整理，并加以研判、预测，从而加深网民的自我传播。三是进行嫁接勾连。为了让自我生产的网络舆情更有吸引力或为了产生更大的舆论影响，一些网民不愿仅仅"就事论事"，而是希望对同类事件、现象、问题等进行更有共性、更为普遍的分析。由此，网民会搜索保存的信息，唤起过往的记忆，也会将不同地区、时段、领域的舆情素材进行嫁接、联合，从而力图生产更有冲击力的舆情，让自我的观点、看法等有更广范围的传播。四是逐渐内化沉淀。一些网络舆情事件在一段时间的讨论、传播之后会逐渐平息，一些网民会将特定网络舆情事件所呈现的特定语词、观点、元素、材料等加以记忆，力求强化、内化，努力形成一种认知习惯或思维方式，从而不断彰显自我传播的效果。

2.2.2 人际传播

人际传播是舆情传播最基础、最根本的形式。人作为社会人，都会有特定的交往关系和交往圈层，人们既依赖人际传播获取舆情信息，也依赖人际途径传播个人的观点、看法。在现实社会中，人际传播在舆情传播中的作用十分显著。进入网络时代，人际传播的载体、工具更为多元，人际传播的空间、场域更为广阔，人际传播的时滞更短、障碍更少。从人际传播的主体数量来看，网络舆情的人际传播包括以下类型：一是一对一传播。一对一的人际传播属于精准传播、直接传播。传统的一对一传播需要面对面，而网络时代的一对一传播不需要面对面，也不需要花费较高的成本，网民通过各类即时通信工具如微信、短信等就能及时地将舆情信息推送给特定的人，如亲戚、朋友等。网络极大地增强了一对一精准传播的效果。二是一对多传播。传统的一对多传播需要依赖人群在特定时间和空间的聚集，需要依靠广场、广播等进行一对多传播，网络让一对多传播变得更简单、更快捷、更有效，特定的舆情生产者只需要将舆情发送或转发到自我加入的群组、自我拥有的圈子等即可快速实现一对多传播。网络不仅可以实现单频次的一对多传播，还可以通过人工转发甚至自动转发等实现高频次的一对多传播。三是多对多传播。传统的多对多传播表现为现场的讨论、交流，受到人员、场域、时间等诸多因素的限制。而网络提供了更为丰富、多样的多对多传播的载体，包括微信群、QQ 群、直播间、聊天室、贴吧、论坛等，不同地域、不同身份的网民可以在特定的网络交流空间对特定事件表达看法、观点，既可以相互交流、对话，也可以主动呈现观点、看法，还可以在有效结合多方观点、看法的基础上形成更有包容性、更具综合性的观点和看法。

2.2.3 大众传播

大众传播一般是指特定的人依赖报纸、刊物等大众媒体面向不特定的多数人传播信息、观点。现实社会的大众传播载体主要是各类公开发行的报纸、刊物。网络时代的大众传播更为多元，既有传统报纸、刊物等的网络版，也有专门的网站，还有更为丰富多样的网络自媒体平台、网络社交媒体等。网络舆情的大众传播包括以下几种：一是新闻记者的跟踪报道。特定舆情事件发生后，新闻记者会赶赴现场或通过其他途径搜集新闻素材并依托报纸杂志网络版或新闻网站进行报道或追踪报道，并在报道中呈现观点、看法，助推舆情生产。二是编辑加工推送。网络编辑是网络舆情中的重要"把关人"，在网络舆情的生产、传播中能够发挥巨大的作用。特定舆情事件发生后，一些网站编辑会制作事件专题，搜集、整理并推送、发布涉及特定舆情事件的新闻报道、评论文章以及典型网民的跟帖评论等，以集成化、系列化方式推动舆情生产和传播。三是版主推荐置顶。版主一般是论坛等网络社交媒体的管理者。围绕特定舆情事件的观点、看法等，一些论坛版主、贴吧吧主等会利用管理权限进行推荐、置顶以及审核、删除等行为，从而促进舆情生产，或者影响舆情的传播。四是博主转发评论。网络时代越来越多的网民有了能够自我掌握的媒体平台，包括博客、微博号、公众号、视频号等，可以依托自媒体对特定舆情事件进行转发、评论以及专题分析。一些拥有特定自媒体的网民还会注重集合、整合相关信息，力图成为特定舆情事件的"信息集大成者"或"观点引领者"，借此扩大传播面，增强影响力。

2.2.4 组织传播

组织传播作为传播的一种类型，相对于人际传播和大众传播的影响要小，但在网络舆情传播中仍然具有重要的意义和作用。网络舆情组织传播大多数情况下是为了分析研判、响应回应以及处置应对网络舆情而得到重视。对于组织而言，一方面，网络舆情组织传播发挥着预防预警作用，即通过组织途径将特定的舆情事件告知组织成员，让组织成员关注某些舆情事件，对于舆情事件可能给组织带来的危机或麻烦，督促组织成员重视，并避免组织成员的不当行为诱发次生舆情；另一方面，当特定组织成为网络舆情事件或问题的当事方时，需要通过组织传播让组织成员知晓特定事件，并思考舆情危机的应对策略和响应措施，避免组织陷入被动或遭遇更大损失。

根据组织的类型，组织传播主要包括以下 3 类：一是政府组织传播。当特定政府及其部门成为网络舆情热点事件的当事方或网民针对的主体时，政府内部各级官员需要知晓网络舆情发展态势与动向，需要对舆情进行分析研判，提出响应或应对舆情的措施。在某些情况下，政府不妥当的回应或应对会再次激发舆情喷涌，形成更多、更大的舆情危机。二是社会组织传播。社会组织在某些情况下也会成为网络舆情事件的当事方或指向对象，特别是社会组织中成员的不当言论和行为引发的网络舆情事件，社会组织会面临着公信力危机，需要在内部推动舆情传播，在舆情传播的基础上应对、处置和回应舆情。三是企业组织传播。近年来，涉企网络舆情危机事件不断出现，甚至日益增多。企业不当经营行为或企业负责人的不当言行都会诱发网络舆情，导致企业组织成为网络舆情的指向对象，由此，企业成员也会参与舆情传播，在舆情传播的基础上应对舆情。

2.2.5 群体传播

群体传播是指舆情在特定群体内部传播。由于群体本身存在了一定的交往关系，彼此之间存在信任，或者彼此之间存在共同的利益，舆情的群体传播往往会发挥较大的影响力。网络沟通交流的便捷性使得群体更易于形成，并使得群体关系更为紧密，群体联系更加频繁，网络舆情的群体传播也日益显著。

根据群体的组织特征或链接要素，网络舆情的群体传播主要包括以下几类：一是血缘群体传播。即特定的舆情在有血缘关系的亲人之间传播，并在亲人之间通过多种方式相互告知。血缘群体传播更多的是有血缘关系的人出于关心、爱护的需求而有意识地传播，其目的是告知亲人防范。二是地缘群体传播。地缘群体往往是指居住空间相同的群体，如城市里的小区，乡村的村组等，地缘群体通过面对面交流以及小区、村组网络群组等可以实现网络舆情的传播。地缘群体传播的舆情事件在多数情况下是涉及本地区的舆情事件，这些舆情事件与地缘群体的生存、生活或生产有密切关系。三是业缘群体传播。业缘群体包括同学、同事等。同学或同事既可以通过共同的学习、工作传播舆情，也可以通过业缘组织以及业缘的特定联系渠道传播舆情，业缘群体关注的多是与特定学业、事业有关联的舆情事件。四是趣缘群体传播。趣缘群体是指具有共同兴趣爱好的群体，如舞蹈爱好者群体，旅游爱好者群体、网游爱好者群体等。趣缘群体会围绕涉及特定兴趣的舆情进行交流，并依托趣缘联结纽带及其传播方式进行舆情传播。在某些情况下，一些趣缘群体会基于兴趣、偏好等深度参与特定舆情事件，不仅传播舆情，也制造和生产舆情。

需要注意的是，虽然可以根据传播方式将网络舆情的传播分为自我传播、人际传播、大众传播、组织传播以及群体传播等类型，但随着互联网的发展，网络提供了更多复合型、一体化的联结机制，提供了更丰富、更便捷的传播媒介和通道，不同传播类型的界线不再十分明朗。实际上，在特定网络舆情事件中，不同传播类型往往同时存在，并同时发挥作用，各种传播途径交互作用、融为一体，没有明确的边界或界线。

2.3 网络舆情的传播阶段

网络舆情作为观点、态度等的集合，其本身并不是静态的，而是动态变化的。网络舆情在传播、扩散过程中会不断发生变化，并且这种变化是可观察、可分析的。网络舆情在传播过程中不仅有量的变化，还有质的变化，即网络舆情不仅表现为数量的增加或减少，也包括指向对象的变化、话语烈度的变化、情绪情感的变化等。为了有效把握网络舆情的传播阶段和变化过程，可将网络舆情的发展变化区分为舆情孕育、舆情增生、舆情分化、舆情翻转、舆情变异以及舆情衰减等传播阶段。

2.3.1 网络舆情孕育

网络舆情是在一定因素作用下孕育的,其孕育具有一定的动因或刺激因子。总体来看,围绕特定事件、问题、现象或诉求的网络舆情得以产生或出现,其动因包括以下方面:一是网络舆情事件当事人的权益或利益受到侵害。当特定当事人的权益、利益受到侵害时,当事人会主动制造并发布舆情,并希望自我发布的舆情信息能够得到传播或受到广泛关注,期待借助舆论的威力消除特定主体或力量对当事人的权益或利益的侵害行为。二是特定网民对某些人员的言论或行为不满。例如,网民对某些官员、富人等的言论或行为不满,希望催生舆情事件以惩戒某些发出不当言行的人员。因此,一旦官员、富人有不当的言论或行为,旁观或见证的网民会主动发布舆情信息,推动舆情孕育。三是出现了超越常规认知的特殊现象。如网民在日常交往中看到、听到或接触到与一般化的认知、观念有巨大差异的现象、言行等,出于好奇心理、娱乐心态或分享奇闻的意识而制造并发布舆情。四是政府的不当政策或治理行为引发了网民不满。网民希望通过制造舆情以向掌握公权力的政府部门施压,希望通过舆情生产推动政府调整政策或改变治理行为。

2.3.2 网络舆情增生

网络舆情孕育之后,在各类网民的积极作用下,会出现不断增多甚至迅速喷涌的发展态势,即从量的层面看,网络舆情呈现指数级增长。相较现实社会的舆情信息而言,网络舆情在量的层面的增减更为迅速、更加显著。网络舆情增生可从以下层面观察:一是传播舆情的网络载体不断增多。围绕特定事件、问题、现象的网络舆情从少数网络载体或空间迅速扩散蔓延到更多的网络载体或空间。一些广受关注的舆情事件会出现"全网传播"的现象,即几乎所有类型的网络媒体都会参与到特定事件的舆情生产和传播之中。二是围绕特定舆情信息的转发量不断增多。大量网民在认同或接受特定事件相关舆情信息的情况下参与转发,转发量的增多致使网络舆情被更多的网络行为主体所熟知,被更多的网络载体所转载,出现了相互转发、持续转发、多次转发等情况。三是围绕舆情热点的各类评论不断增多。网民不仅积极转发相关舆情信息,也会主动依托自我掌握或介入的网络载体对特定事件发表评论,网民评论既包括专业性程度较高的深度评论、专业评论,也包括随意性较强的各类跟帖、回复、弹幕等。实际上,分散化、零碎化的网民跟帖往往更能直观反映舆情的增生情况。四是对特定舆情的点赞或批评不断增多。网民除了表达自我的观点、态度或看法外,也会对既有的特定舆情信息表达赞成或反对的态度,即通过点赞、赞成或批评、反对的方式表明态度,由此出现点赞型或反对型舆情的增生。点赞型或反对型舆情的持续增生会诱发舆情的"一边倒"或"两极化",促使网络舆情进入分化阶段。

2.3.3 网络舆情分化

随着网络舆情的不断增多,网络舆情会不可避免地出现分化,即网络舆情的参与者、舆情涉及的诉求、舆情的指向以及有关舆情所呈现的情绪、情感等都不再一致或统一,而是出现了差异甚至对立。网络舆情的分化可从以下维度观察：一是态度立场的分化。网民对特定舆情信息特别是代表性舆情信息的看法、态度和立场等不再一致，并且出现了支持派和反对派，也包括一些态度立场不明朗的中间派或"骑墙派"，不同派别围绕特定观点或主张展开辩论或辩护，有时还会出现派别之间的直接交锋或相互诘难。二是指向对象的分化。大多数的网络舆情都会围绕特定的对象表达支持或反对的态度、意见，随着网民群体的分化，网络舆情的指向对象也会发生分化，一些网民会指向特定舆情事件的当事人，也有一些网民会指向处置或应对事件的地方政府及其部门以及特定的官员，还有一些网民会将矛头对准与舆情事件有关的制度、政策或法规。三是诉求要求的分化。不少网民参与网络舆情热点事件不仅是表达自我的态度、看法，实质上也在呈现自我的诉求和要求，即希望通过参与来实现自我的利益或权利。在网民参与分化、指向分化的同时，网民的诉求、要求也会分化，不同的网民会基于自我的利益和权利"发声"，并希望进一步维护或增强某种利益和权利。由于存在利益差异甚至利益分化，基于利益的诉求、要求也会因此出现分化。四是言行载体的分化。在网络舆情孕育、增生等阶段，大量的网民会注重依托公共性强的网络载体如新闻网站、政府网站等进行舆情的生产和传播，但随着网络舆情的增生和分化，基于自我的兴趣、诉求以及基于便利参与、有效行动等的考虑，越来越多的网民会逐渐依托特定的载体如群组、论坛或圈子等进行舆情的生产和传播，由此带来了舆情传播载体的分化。不同的舆情载体往往有不同的群体参与，并且不同舆情载体生产和传播的舆情信息也会存在明显的差异。

2.3.4　网络舆情翻转

网络舆情的翻转有时与舆情分化伴随出现，有时则在分化的基础上出现。网络舆情翻转是指网民在热点舆情事件中态度、立场、观点、看法等的显著转变，如从支持一方当事人变成支持另一方当事人，从同情某个主体变成厌恶某个主体等。网络舆情的翻转往往是伴随着舆情事件信息的不断披露而出现的。从一些网络舆情热点事件的发展演变来看，并非所有的事件都会发生舆情翻转现象，但由于在不同阶段所呈现的信息不同，不同行为主体在不同阶段"发声情况"的差异，不少网络热点事件会发生网络舆情翻转现象。网络舆情翻转包括一次翻转和多次翻转。一次翻转是指网民态度、立场等仅发生了一次改变。在某些舆情事件中，舆情发布者先声夺人地发布有利于自己的信息后，网民会显著支持舆情发布者，而随着其他相关主体特别是以政府部门为代表的相关主体披露更为详细的事件信息后，网民发现自我的观点、立场受到了初始发布者的"绑架"，于是会发生态度扭转，不再支持原先发布事件信息的一方，而选择支持另一方。多次翻转是指事件在各类主体的参与下，事件双方甚至多方会持续不断地发布有利于自己一方的信息，并尽可能地获取支持者，由此出现事件各方的拉锯战，网民也会根据各方披露的信息而不断调整甚至改变自己的立场、态度，从而出现了舆情的多次翻转。在网络舆情一次或多次翻转过程中，支持或反对事件一方或多方当事人的力量对比会发生显著变化。

2.3.5 网络舆情变异

网络舆情变异是指随着特定事件网络舆情的发展变化，网民围绕特定事件的关注焦点以及参与事件的网民群体都会发生变化。此外，在某些情况下，随着相关网民披露了与热点事件相关联的次生事件或同类事件，网络舆情还会出现核心事件的变异。网络舆情变异与网络舆情分化、翻转的不同点在于催生舆情的事件、群体等都发生了显著变化。网络舆情变异主要体现在以下方面：一是关注焦点的变异。即随着特定舆情事件信息的披露，网民从最初关注事件的某一方面的元素转向关注与特定事件相关的其他元素，特别是关注在事件应对或处置中相关行为主体的言论和行为方面的元素，从而诱发了关注焦点的变化。如某些事件发生后，网民从关注事件本身逐渐转向关注处置事件的政府及官员的行为。二是参与群体的变化。在舆情热点事件中，随着舆情争论、交锋的增加，一些网民基于利益、诉求等方面的考虑不再参与，而其他非直接利益相关者为了吸引网络注意力成了参与的核心主体，由此出现事件参与者的变异，即在舆情发展和传播的不同阶段，参与的网民是不同的。三是事件本身的变异。一些行为主体在网民关注的推动下，会爆料与特定事件相类似或相关联的其他事件，特别是能够贴上同样标签的事件，从而出现网民注意力从一个特定事件转移到其他相类似或相关联的事件，由此导致诱发舆情的事件本身的变异。

2.3.6 网络舆情衰减

在网络舆情持续一段时间的发酵、分化和变异之后，围绕特定事件或问题的网络舆情会出现衰减，即围绕特定事件的舆情数量会明显减少直至消失，基于特定事件的舆情烈度也会明显趋缓。在网络舆情衰减过程中，可以发现围绕特定事件的参与者会不断减少，传播舆情信息的载体也会不断减少，相关的讨论、争论也会不断减少，激烈的话语或能够吸引眼球的言论也会不断减少。网络舆情的衰减是网络舆情演变的必然结果。网络舆情之所以出现衰减：一是因为事件得到了圆满解决。即事件发布者的利益、诉求得到了满足或部分满足，发布者不再有动力持续发布或参与，由此导致舆情生产乏力。二是网民因为"审美疲劳"而衰减。在网络时代，网民的注意力是不断变换的，一部分网民在持续参与特定事件后会出现"参与倦怠"的问题，即参与动力会不断衰减。三是出现了更能吸引网民注意力的事件。一些事件经过一段时间的讨论之后，网络中曝出了更为值得关注的其他事件，由此，网民的注意力会转向其他事件，围绕特定事件的舆情会不断减少。四是因网络管理部门的介入或管控而衰减。在某些事件舆情中，出现了一些偏离事件本身或明显情绪化或非理性的舆情诉求，在此情况下，政府网络管理部门会介入，并采取删帖、删除新闻、要求不再报道等管控措施，从而导致了舆情衰减。

需要说明的是，网络舆情传播阶段的划分是为了更好地把握网络舆情的传播过程和演变态势。从网络舆情传播过程来看，一些事件、问题或现象的网络舆情会按照上述六个阶段逐步传播或演变，但也有些事件、问题或现象并没有按照上述阶段逐步展开。此外，网络舆情传播的各个阶段并非泾渭分明，也不一定有明确的分段或分界标志。

2.4 网络舆情的传播规律

网络舆情传播规律是指网络舆情在传播过程中所呈现出的一些典型的带有规律性、必然性的特点。网络舆情传播规律反映了网络舆情特别是特定热点事件网络舆情传播中的共性特征。在特定热点事件网络舆情传播中，某个或某些传播规律表现得较为突出，一些热点事件网络舆情有时体现了多个传播规律，有时仅体现了个别传播规律。网络舆情传播规律包括聚合规律、裂变规律、极化规律、类型化规律以及指向公权力规律等。

2.4.1 聚合规律

聚合含有聚集、合拢、集合等含义。聚合是指大量的网民在极短的时间内将注意力资源聚拢到一个特定的舆情事件上。聚合是网络舆情增生和喷涌过程中的必然现象，加速了网络舆情的生产和传播。从特征来看，网络舆情的聚合规律可从3个维度观察：一是注意力聚合。即随着某个特定事件或问题的网络舆情孕育后，大量的网民不约而同地将注意力聚拢到特定事件，关注特定事件的发展变化和舆情信息，呈现出全体网民关注一点的情形。二是人员聚集。在特定事件发生后，为了细致了解事件的情况，掌握更多、更丰富的第一手信息，各种媒体的记者会向事发地聚拢，一些关注事件的意见领袖和拥有自媒体平台的网民也会自发地向事发地聚拢，由此出现了短时间内大量人员聚集到事发地的情形。不同的记者、意见领袖和有一定影响力的网民在事发地从不同的角度披露更多的信息。三是诉求主张聚合。为了促使特定的诉求或主张得到关注和满足，特定的网民会聚到一起，围绕同一个或同一类诉求或主张表达一致的声音，由此会出现诉求或主张的聚合。

2.4.2 裂变规律

网络舆情的聚合只是网络舆情的一个面向，在网络舆情发展变化过程中，与聚合规律相对应的是裂变规律。裂变含有分裂、变化、分化等含义。网络舆情裂变为网络舆情扩散、增生和变异提供了可能。一般而言，随着网络舆情出现态度立场、指向对象、主张要求的分化，以及关注焦点、参与群体、行为策略等的变异，网络舆情必然会发生裂变。网络舆情裂变表现在指向裂变、诉求裂变、事件裂变等多个维度。一是指向裂变。指向裂变表现为围绕事件的指向对象包括指向的组织机构、涉事人员、事件元素等发生裂变，即在舆情发展演变过程中，指向的对象会出现从一个到多个的变化，或者从一个到另一个的变化。二是诉求裂变。诉求裂变是指一些事件发生后，开始阶段特定主体的诉求主张较为一致，力求通过步调一致的方式让诉求主张获得关注和满足，但随着参与者的增加，特定主体的诉求主张会逐渐分化，不同主体有了不一致的诉求和差异化的主张，由此出现了诉求主张的多元化、差异化甚至对立化。三是事件裂变。事件裂变是指事件本身也会再次分解，同一个事件在网民的关注下会逐步延展出系列事件，或者一个事件被切割为多个部分或层面，出现了更多细小的事件。

2.4.3 极化规律

极化规律在网络时代表现得较为显著。网络舆情极化带来的是网民缺乏共鸣,舆论缺乏共识。极化包含有极端、分化、"选边站队""分道扬镳"等含义。网络舆情极化规律是指在网络舆情发展演变过程中,极端的观点、主张会更加凸显,并获得相应的支持,由此网络舆情会向一极化、两极化甚至多极化方向发展。网络舆情之所以出现极化:一方面是因为在网络空间中越是极端的观点和主张越容易吸引大量网民的关注,越容易得到传播和扩散,出现了越极端声量越大的现象;另一方面是因为一些意见领袖或观点生产者希望获得关注,为了获得更多关注而刻意发表极端化观点,通过发表极端化观点挑起争论,引发关注。网络舆情的极化可分为一极化、两极化和多极化等类型:一是一极化。一极化是指网络舆情呈现出明显的"一边倒",即网民仅支持、认可或接受一方,而反对、谴责或指责另一方。网络中涉及官员、警察、城管、富人等的舆情容易走向一极化。二是两极化。两极化是网络舆情发展传播中最常见的规律,即围绕特定事件、问题的舆情会在发展演变过程中分化为两种极端的观点和主张,大量的网民在交锋、争论中"选边站队"。网络舆情演变的结果是出现了两个明显分化的派别,网络舆情呈现两种声音、两类主张,并且在多数情况下相互针对、互不相容。三是多极化。多极化则是指网络舆情发展演变出多个指向、多种极端的声音,由此出现了多个派别,且不同的派别相互争论、互不相容。

2.4.4 类型化规律

网络舆情的类型化规律是指在某一个特定的时间段内会出现某一类网络舆情持续发生的特点,即一些网民感知到的某个时间段内同类事件、问题在不同地区渐次出现。网络舆情类型化一方面是因为在较广范围内某一类事件频繁出现的概率较高,如交通事故,涉及警察、城管的事件等;另一方面则是因为记者、意见领袖或有一定影响力的网民刻意关注某一类事件、问题或现象,从而导致某个时间段内某一类舆情被不断提及和传播,由此让网民产生了某类事件不断发生的感觉,如特定人群非正常失踪或死亡事件。此外,一些网民为了让特定舆情事件便于记忆或刻意凸显某个事件的特征而刻意归类或张贴标签,从而人为制造同类舆情。网络舆情的类型化具体表现在事件、概念和观点类型化等。一是事件类型化。网民会将某些特定舆情事件标记为涉官类、涉警类、涉富类、涉医类等,通过事件的分类,让同类事件的舆情具有了可参照性或可对比性。二是概念类型化。为了吸引网民注意力,推动舆情增加并让特定事件成为舆情热点,网民在舆情发布和蔓延过程中会创造和使用特定的概念,如"最牛""史上""哥""姐"等。三是观点类型化。观点类型化集中体现为网络空间中特定主义、思潮的流传。网民会基于主义和思潮呈现类型化的观点和主张。当前,网络舆情背后不乏特定主义和思潮的"身影"。一方面,特定的主义和思潮为网络舆情提供价值支撑和观点基础;另一方面一些网络舆情事件在发展演变过程中会变成特定主义、思潮的论证素材和支撑材料。

2.4.5 指向公权力规律

网络舆情虽然在发展演变过程中出现指向的分化、观点的极化等,但一个显著的特征是绝大多数网络舆情事件中网民最终指向的都是掌握特定公权力的各级政府机关及其部门，由此，网络舆情呈现出指向公权力的规律。网络舆情最终指向公权力部门，一方面是在诸多事件中，掌握公权力的部门是涉事方，是舆情引爆的具体对象，即一些事件直接牵涉政府官员、特定部门，或者说一些舆情事件因政府官员的不当言论和行为或一些部门的不当政策、行动而引发；另一方面是任何舆情热点事件的最终处置都需要特定公权力部门的介入，而在舆情热点事件中公权力部门的治理能力、处置方式、响应策略、沟通技巧等都会成为网民关注的焦点。因此，一些事件从最初指向其中一方当事人，最终也会演变成指向处置、应对舆情热点事件的公权力部门。网络舆情指向公权力的规律从本质上反映了网民希望掌握公权力的各级、各类部门能有效地裁决、处置特定的网络舆情事件，希望公权力部门在处理中能够彰显公平、公正、正义等价值。同时，网络舆情指向公权力部门也给各级政府及其部门带来了巨大的压力，使得任何舆情事件都有可能演变成地方政府及其部门的公信力危机事件。

2.5 网络舆情的传播影响

网络舆情一旦孕育并得到传播，就会产生一定的社会影响，这是网络舆情传播的必然结果。从态势上看，网络舆情的数量越大、烈度越高、增长越快、波及的范围越广、牵涉的群体越多、持续的时间越长，网络舆情传播所产生的社会影响也越大。从影响的对象或要素来看，网络舆情的传播影响是多维度的，只是不同维度的影响有所差异。

2.5.1 影响当事人

对涉事当事人的影响是网络舆情传播最为直接、最为显著的影响。特定事件诱发网络舆情之后，网民的观点或态度会显著影响特定的当事人，包括对当事人的日常生活、身心健康、职业生涯甚至生命安全等产生影响。一是对当事人日常生活的影响。一些网民会关注当事人，并通过各种方式联系当事人，要求当事人回应或表态，网民的联系会极大地干扰当事人的正常生活。二是对当事人身心健康的影响。对于做出了不当行为的当事人，网民会对当事人展开"人肉搜索"，一些网民还会使用语言暴力以及其他现实暴力去干扰当事人，从而对当事人的身心健康产生了影响。三是对当事人职业生涯的影响。一些当事人的不当言论和行为被披露后，与当事人有关的组织或单位会面临巨大的压力，因此相关组织或单位会采取解聘、开除等相关措施，使得当事人失去了工作机会，一些当事人的职业生涯从此中断或终结。四是对当事人生命的影响。当某些当事人成为舆情追踪甚至针对的对象后，当事人不堪忍受舆论压力甚至其他冷暴力，会选择结束个人生命，以生命的终结促使网络舆情"降温"或"趋冷"。

2.5.2 影响公共政策

网络舆情与公共政策的内在关系是网络舆情研究的重要内容。实际上，网络舆情与公共政策有着十分密切的关系。一方面，一些不合理、不公平、不够人性化的公共政策的制定或出台会引发网民热议，从而催生网络舆情；另一方面，围绕特定事件、问题或现象的网络舆情也会在分化、变异过程中指向特定的公共政策，即网民会表达对特定公共政策的质疑、不满，要求公共政策制定或出台部门调整、改变甚至终止、废弃特定公共政策。具体来看，网络舆情对公共政策的影响包括3个方面：一是导致政策终止。特定事件网络舆情出现后，一些网民会将矛头指向事件背后的公共政策，即认为是特定的公共政策导致了事件发生、人员损伤或财产损失等，从而要求相关部门终止或废除特定公共政策。近年来，因网络舆情导致公共政策终止或废止的案例不时出现。二是推动政策变革。一些不够具体、不够人性化的公共政策在执行过程中会引发网民抱怨，从而诱发网络舆情。在网络舆情推动下，政策制定部门会响应网民要求或诉求，对政策进行调整和优化，从而改变政策中不合理、不够人性化的要素，促使政策更加完备，更加科学合理。三是促使政策出台。网络舆情不仅会导致政策终止或政策修正，一些事件、问题出现或发生可能反映了公共政策的缺乏，因此，网民会要求政府部门制定或出台有关公共政策以有效规制、管理特定事件或问题，从而加速或直接推动特定公共政策的制定和出台。

2.5.3 影响政府公信力

政府公信力是政府权威的重要基础，也是政府认同的重要前提。网络舆情传播会对政府公信力产生影响。网络舆情的指向公权力规律表明大多数网络舆情最终都会指向政府及官员，包括政府的治理行为、公共政策、政府官员的言行表现等。如果政府官员存在言论、行为不当或者政府部门存在政策、治理不当，都会对政府公信力产生巨大影响。网络舆情对政府公信力的影响可分为两类：一是导致政府公信力受损。一些事件或问题由政府及其官员行为不当引发，则会直接损伤政府公信力，影响网民对政府的信任或认同。而另一些事件虽然本身跟政府及其官员没有关系，但在事件处置或应对中，政府及其官员行为不当、处置不当也会引发网民对政府治理能力、水平的质疑，从而带来公信力损伤，例如，在一些特定舆情事件中，政府的承诺、表态未兑现，或政府有意包庇袒护某些人员或对象时会给政府带来公信力危机。二是催生公信力重塑。政府面对的网络舆情危机，既会导致政府公信力受损，但同时也给政府提供了公信力重塑或再造的机会。从现实来看，虽然政府及其官员的不当行为和举措短期内导致了政府公信力下降，但如果政府坦然应对、果断处置，在应对特定事件或问题时有担当、不退缩、不包庇袒护，则会让网民感受到政府的诚意，从而有利于增强网民对政府的信任和认同，进而增强政府公信力。

2.5.4 影响网民思想观念

网络舆情作为网民观点、看法、态度等的集合，一定程度上是网民思想观念的产物。同时，网络舆情也会反过来作用于网民的思想观念，特别是一些在初始情境下没有明确观点倾向或诉求主张的网民在接触到特定事件的网络舆情后，网民会基于网络舆情作出相应的反应和判断，由此网络舆情发挥着强化、改变甚至重塑网民认知、观念甚至心态的功能。具体而言，网络舆情对网民思想观念的影响可分为3个层面：一是强化既有观念。网民已经在社会化过程中形成了某种或某些思想观念，而基于特定事件、问题的网络舆情的出现和传播让网民进一步强化了既有的观念，如一些事件或问题的网络舆情进一步强化了网民的不信任或仇视观念。二是冲击既有观念。一些事件或问题的网络舆情包含着较多新的内容，或者说网络上出现了大量标新立异的网络舆情，这时网络舆情的传播会冲击网民既有观念，改变网民固有的认知，如一些涉及历史人物、事件的网络舆情冲击网民的历史认知，让网民怀疑或反思既有历史认知的可信度。三是催生新的观念。网络舆情包含着大量网民的观点、判断，一些观点、判断具有新意，同时，一些网络舆情本身即是基于新的社会现象、问题而孕育，这些网络舆情的传播会促使网民围绕一些问题、现象形成崭新的观点和看法，即网络舆情具有传播新知的功能。

2.5.5　影响网络舆论生态

网络舆情虽然与网络舆论存在一定的区别，但网络舆情无疑对网络舆论生态有明显的作用和影响。特定事件、问题或现象引发网络舆情后，在各类网民的积极行动下，网络舆情的不断增生、变异会显著改变既有的网络舆论生态。从影响结果来看，网络舆情对网络舆论生态的影响大体分为3类：一是导致网络舆论生态失衡。一些明显具有特定指向和特定偏向的网络舆情不断增生或喷涌后，网络舆论会呈现出"一边倒"，由此出现生态失衡的问题，即某一种或某一类观点、看法不断产生和传播，其他的观点、看法被遮蔽或淹没。二是导致网络舆论生态恶化。涉及特定政府和官员的网络舆情会引发网络的不满、抱怨，而涉及特定人群如富人、警察等的网络舆情会引发粗俗化、暴力化的网络言论。此外，一些久拖不决的事件、问题则会引发各种谣言、传言等虚假网络舆情。无论是抱怨类、暴力化网络舆情还是虚假的、伪造的网络舆情都会导致网络舆论生态恶化。三是带来网络舆论生态优化。网络舆情不仅有加剧网络舆论生态失衡或恶化的负功能，也有促进网络舆论走向良性化的正功能，特别是一些热点事件网络舆情孕育后，政府及相关当事人能够积极主动、合法合理地应对处置，记者编辑、意见领袖能够正向引领引导，则会促使网络舆论生态由失衡、恶化逐步走向平衡、向好，从而带来网络舆论生态的优化升级。

思考题

1. 结合案例分析网络舆情的几个传播阶段。
2. 选一个网络舆情热点事件分析其体现的一个或多个网络舆情传播规律。
3. 简述网络舆情对社会的多维度影响。

即测即练

自学自测　扫描此码

第 3 章

网络舆情信息监测

本章将介绍网络舆情信息监测概述、网络舆情信息监测技术、网络舆情信息监测实施、网络舆情信息监测工具等内容,以便读者全面了解和掌握网络舆情信息监测。

3.1 网络舆情信息监测概述

网络舆情信息监测是指为了实现用户的网络信息发现与追踪需求,结合互联网信息采集技术及信息处理技术对网络舆情信息进行搜集、测量、汇总和分析的过程。其目标一是发掘潜在风险信息,即监测者通过实时有效的网络舆情监测,及时发现风险要素,了解相关动态与社情民意;二是把握舆情发酵态势。通过舆情监测工作,识别事件传播源头、过程、地域和渠道等,可以帮助相关部门全面了解网络舆情的发展程度,有助于后续进行舆情研判和危机处理。

3.1.1 网络舆情信息监测的原则

网络舆情信息监测要遵循以下几个原则。

一是需求导向。信息监测服务于不同需求主体,监测话题随着监测主体变化而变化,甚至随着主体的发展阶段而异,具有鲜明的需求导向性。网络舆情信息监测不能脱离主体的现实需求,要根据其对媒体热度、负面信息、公众情绪、具体评价、具体案例或舆情数据等具体指标的不同偏重展开。

二是快速及时。网络舆情爆发迅速,对监测提出了时效性要求。传统观点认为,突发危机事件的处置应把握"黄金 24 小时",即事件发生后的 24 小时是危机处理的关键阶段。随着媒体技术的发展,网络信息传播速度越来越快,危机处理越来越具有紧迫性。人民网舆情监测室在"黄金 24 小时"的基础上提出了危机处置的"黄金 4 小时",即在舆情发生的 4 小时内,官方应当尽快厘清事件全貌并进行应对处置,引导舆论平息事态。

三是综合全面。随着新技术的发展,网络平台越来越多元化,网络环境也愈加复杂。网络舆情信息监测要在遵从主体需求的前提下,从多视角、多渠道和多方面对全平台的舆情信息进行综合全面的挖掘,既要利用舆情监测系统,又要结合人工搜索和筛选,将各种不同形式的碎片化信息都纳入监测范围。

四是客观真实。网络舆情信息监测系统的搭建和新技术在其中的不断应用都是为了尽量还原事件全貌、了解事实真相,以便准确把握舆情态势、作出合理科学的处置决策。在进行舆情监测时,无论信息是正面、负面,还是中立的,都要客观地将其全部反映出来,不能因自身的喜恶态度而对信息作出取舍。

3.1.2 网络舆情信息监测的特点与作用

1. 网络舆情信息监测的特点

（1）监测范围广。网络舆情信息监测整合互联网信息采集技术及信息智能处理技术，可以实现对境内外各类平台（如网站、论坛、社交媒体、短视频平台以及新闻客户端等）上发布信息的自动采集。

（2）监测效率高。网络舆情监测系统可以对各种来源、各种格式的网络公开信息进行查询和检索，节省人工搜集所需的大量时间。网络信息监测运用自然语言理解的文本切分技术和信息抽取技术，实现快速识别重点舆情事件，提高网络舆情监测效率。

（3）呈现形式多样。网络舆情监测系统基于自然语言处理技术，可支持3种生成报告方式：全自动生成信息简报、半自动生成周期性报告和手动撰写报告。基于数据可视化技术，该系统可以将采集到的信息用丰富多样的形式展现出来，可以使工作人员直观清晰地了解网络舆情信息的整体情况，帮助用户发现舆情趋势和潜在风险。

2. 网络舆情信息监测的作用

（1）提前发现负面信息，及时预警防范。通过网络舆情信息监测，识别潜在的危机，提前预警与应对，规避潜在风险或减轻负面影响。同时，及时跟进事态发展，以便有关部门快速应对，变被动为主动，化解舆论危机，防止危机升级。

（2）掌握事件发展脉络，指导处置行为。监测者通过信息监测实现对舆情事件的追踪；在作出应急处置后，继续跟踪舆论反响，判断舆情处置效果，改进或弥补处置的不足。

（3）把握热点话题，了解社情民意。借助日常网络舆情监测可以了解社情民意，包括网民的情绪、态度、看法和行为倾向，为决策提供参考依据。

（4）及时发现谣言，清朗网络空间。网络环境日趋复杂，假新闻、谣言扩散容易混淆视听，通过网络舆情信息监测，及时发现和处置不良信息，可以营造清朗网络环境。

3.1.3 网络舆情信息监测工作现状及发展

1. 网络舆情信息监测工作现状

我国利用信息技术开展网络舆情信息监测的起步相对较晚。随着中文自然语言技术的突破与发展，网络舆情监测产品也越来越多，其中北大方正、北京拓尔思、人民网舆情等机构和企业纷纷推出了自己的产品。在功能设置上，常见的网络舆情监测系统由舆情实时监测、舆情预警、舆情分析和舆情报告4个功能模块组成，不同系统在具体的呈现和收费模式上略有不同。在技术应用上，主要采用搜索引擎和网络爬虫技术进行数据采集，采用话题检测与跟踪技术、文本分割技术和情感分析技术进行舆情分析，采用机器学习等人工智能技术和大数据技术进行建模分析，提高网络舆情信息监测的效率。

大数据时代，我国网络舆情信息监测仍然面临一定困境。一是决策者缺乏监测意识。相关部门对于网络舆情监测工作更多体现在危机发生后的处置工作中，信息识别与事前预防意识相对不足，未能将大数据意识贯彻落实到网络舆情处置工作的全过程。二是管理机制有待完善。网络舆情监测工作的推进，要建立完善的舆情管理机制，做到多部门资源整合，权责明确，才能实现高质量发展。三是相关法律法规不够完备。当前，我国针对网络舆情监测和管理的法规条文较为分散，尚未形成完整的体系。随着网络技术的快速迭代更新，对于网络舆情监测中信息技术应用的法律边界也难以把握，其与公民隐私和商业机密的关系也尚处于讨论之中，限制了我国网络舆情监测的发展。

2. 网络舆情信息监测工作发展

一是增强网络舆情监测的预测能力。未来，基于大数据分析技术和过往舆情案例积累的数据池，网络舆情监测将增强负面信息的预测性。网络舆情监测工作内嵌大数据分析技术，基于海量数据分析出事物之间的关联，加上舆情监测机构对以往案例的经验总结，预测出可能发生的热点舆情，提前向有关部门作出预警。网络舆情监测工作中笼统的"马后炮式"舆情分析报告，将发展为精细化、前瞻性的分析报告。

二是深化网络舆情监测范围。现有的信息采集和分析技术无法对音视频进行批量采集和解构分析，且私密社交往往有很多加密限制的手段，已有的采集技术难以进行及时监测。网络信息传播的多元化发展必然驱使舆情监测技术不断突破。舆情监测一方面需要从表层的文本分析转向深层的语义分析，对网民观点的情感积极性、倾向性及强度进行挖掘；另一方面需要应用人工智能、区块链及其他新兴技术将各种呈现形式的信息都纳入监测范围。此外，社交机器人和网络水军造成的舆论杂音，导致表层的信息分析越来越难以了解大众需求。网络舆情监测工作通过对网民情感和社群互动关系的研究进一步发掘公众的内在诉求，也是未来网络舆情监测的重要方向。

三是完善网络舆情监测机制。随着智慧城市的进一步发展，网络舆情监测将不再是目的，而更多地成为一种工具，服务于社会的精细化和智能化治理。网络舆情监测机构将转型成为专业化智库，进一步从网上向现实延展，进行市场调研、民意调查等。网络舆情监测通过舆情探寻其背后隐含的问题，为化解社会治理中的各种痛点、难点、堵点问题提供新的思路，做到"舆情为表、实体为本"。

四是规范网络舆情监测工作。随着网络舆情监测范围的扩大和网络舆情监测工作重要性的提升，未来对于网络舆情监测工作的规范也将进一步完善和细化。例如，监测数据管理的规范，可监测范围、所采集数据的存储与用途不能侵犯公众隐私权等相关权益，以及对监测工作流程的规范，尤其是对违法行为的界定和处置。

3.2 网络舆情信息监测技术

3.2.1 概述

随着互联网和社交网络的快速发展，使得以微博、微信、抖音和今日头条等社交媒体为代表的互联网平台已经成为舆情传播的重要载体，助推舆情传播的速度、范围和影响力显著增强。与传统舆情相比，网络舆情具有用户身份多样、传播结构复杂、传播半径广、影响力大等特点。如何面对网络舆情所带来的巨大挑战，对网络舆情进行有效的应对和管理是政府、企业、组织和个人都必须面对的问题。

网络舆情信息监测技术提供了一系列工具和方法来应对挑战，充分运用了网络爬虫、自然语言处理、机器学习和数据挖掘等领域的研究成果，有助于更好地分析和理解网络舆情。通过采集和分析网络舆情数据，可以及时发现并跟踪舆情事件的发展趋势，了解用户的情感倾向和态度，预测可能造成的影响和后果，提出针对性的对策建议。本节将详细介绍常用的网络舆情信息监测技术，包括舆情数据采集、情感倾向分析、主题提取等，同时将介绍这些技术的基本原理、使用方法，以及实际运用中的效果和局限性。通过了解和掌握这些技术，可以更好地分析和应对网络舆情，提升舆情治理能力。

网络舆情信息监测技术的整体流程图如图 3-1 所示。该流程图包括多个关键步骤，如数据采集、数据清洗与预处理、数据分析以及最后针对数据分析结果给出应对建议等。在后续内容中，将深入探讨各环节的核心内容，帮助读者更好地理解如何利用网络舆情信息监测技术来有效应对网络舆情。

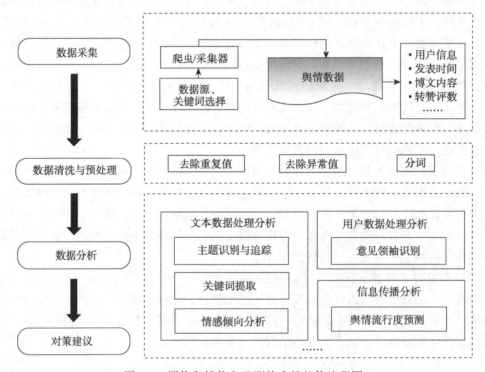

图 3-1 网络舆情信息监测技术的整体流程图

3.2.2 舆情数据采集

数据采集是开展数据分析的基石，在进行任何形式的数据分析之前，都需要确保拥有较为准确、全面的数据集合。舆情数据采集是指通过不同渠道和方法在互联网尤其是社交媒体平台收集与特定话题、事件或品牌相关的意见、态度、情绪、诉求等信息。

1. 舆情数据采集的步骤

数据采集的过程涉及以下几个关键步骤。

（1）确定采集目标。需要确定舆情数据采集的目标，明确需要采集的事件、话题、时间范围以及数据类型（文本、图片等）。

（2）确定数据源。根据采集目标选取数据源，如社交媒体平台、论坛等。

（3）选取采集工具，制定采集规则。根据不同数据源选择合适的数据采集工具，并制定相应的采集规则。由于数据量庞大，依靠人工采集耗时多、效率低，所以在实际中一般借助网络爬虫技术、API 接口以及第三方采集器对舆情数据进行自动检索与获取，以实现舆情数据的高效采集。

（4）数据存储。将采集到的数据持久化存储，可以用特定的格式（如 JSON、CSV 等）将数据存储到本地文件中，或是将数据存储到数据库中。

在舆情数据采集过程中，还需要考虑数据的质量和可靠性。可以通过查验数据来源、评估数据的一致性等方法来验证数据。比如，对于采集到的数据，随机抽取部分数据检查 URL 链接、网页标题等信息是否与数据源的信息一致；在采集工作结束后，还可以使用各种文本处理工具和技术对所采集的舆情数据进行数据清洗，去除数据中的噪声，以保证后续数据分析结果的质量。

2. 利用网络爬虫采集数据

网络爬虫是一种采集互联网信息的程序，是实现搜索引擎、信息采集的关键技术。它会模拟用户访问网页的行为，通过预先设定的规则和算法，遍历所需采集的链接并提取相关信息。使用网络爬虫采集数据主要包括以下步骤。

（1）确定采集目标。需要明确想要采集的网站网址或特定网页的链接。

（2）发送请求。利用编程语言（如 Python 中的 requests、scrapy 库等）依次对所需采集网站列表中的网站发送 HTTP 请求，获取目标网页的内容。

（3）解析内容。在获取到网页内容后，根据目标内容在网页中的相对位置设计对应的解析规则，从而提取出特定的数据。比如，需要采集的是博主名称、发表时间、博文内容，则要设计好规则来定位和提取这些数据。

（4）存储数据。在解析并提取到所需内容后，将数据保存到本地。

需要注意的是，在使用网络爬虫程序时，要注意遵守相关法规和网站的协议，避免对网站正常运营造成影响。

3. 利用 API 接口采集数据

API（application program interface）即应用程序接口，为从特定平台或网站直接获取数据提供了一种便捷的途径。前提是网站提供了 API 接口供使用，主要有以下步骤。

（1）注册账号并获取密钥。通常，提供 API 的网站一般都设有"开发人员中心""开发者平台"等，需要注册账号才能使用。注册账号后，通常会获得密钥，用于在后续调用接口时验证身份。以新浪微博为例，微博开放平台提供了许多数据读取的 API 接口，包括微博内容、评论、用户等信息。

（2）阅读 API 文档。API 文档即 API 说明书，详细介绍了如何调用接口、返回的数据形式及含义、所需参数等。进行操作之前，要仔细阅读 API 文档，了解具体使用方法。

（3）调用 API 接口。编写代码来调用 API，请求数据。通常网站的开发者平台和 API 文档中也会给出调用的示例代码，降低开发门槛。

（4）返回结果处理。API 返回的数据结果通常是以 JSON 格式呈现。JSON 是一种数据的格式，采用了键值对的形式，键和值都用英文引号，之间用英文冒号分隔，不同键值对之间用英文逗号分隔，所有键值对都包含在一个大括号中，如：

```
{
"username":"小明",
"age":18,
"location":"上海"
}
```

JSON 的格式非常简洁易懂，不难看出这是一个储存了用户信息的结果。可以利用编程语言解析 JSON 格式的数据结果，对不同的键提取对应的值，并进行存储。

总体而言，使用 API 接口获取数据需要编程基础，但相对直接编写网络爬虫而言较为简单，且通常网站或文档中会给出示例代码，只需要根据采集目标对参数进行微调即可。

4. 利用第三方采集器采集数据

前文所提到的网络爬虫技术和 API 获取数据均需要一定的编程基础，而第三方采集器（如后羿采集器、八爪鱼采集器、集搜客等）则提供了更全面、更个性化的数据采集功能，使得没有编程基础的人也可以完成数据采集任务。

第三方采集器的工作原理也是模拟用户的行为去访问网页，解析网页结果并提取数据。第三方采集器提供了可视化的操作界面，并支持智能解析网页结构。以"后羿采集器"为例，它还提供了许多功能，如定时采集、智能去重、智能翻页、深入采集二级页面、自动导出等，还可以通过配置规则和参数批量生成自定义的一组采集链接进行采集，大大降低了使用人员的操作门槛。

综上所述，舆情数据采集是进行舆情分析的基础。基于数据采集代码或软件，可以获得准确、全面的数据集，为后续的舆情分析、决策提供支持。此外，还需要关注数据质量等方面的问题，以确保能够充分利用舆情数据的价值。

3.2.3 数据清洗与预处理

由于可能会采集到包含噪声、冗余、异常或者不完整的数据，同时数据结构可能不适宜直接开始分析，需要进行清洗和预处理，以确保后续数据分析结果的可靠性。以文本数据为例，数据清洗与预处理环节主要包含以下方面的操作。

（1）去除 HTML 标签及特殊字符。需要清除原始网页文本中的 HTML 标签、文本中的特殊字符和标点符号等没有实质性含义的内容，保留纯文字内容。

（2）去重。对于重复采集了的数据，需要进行去重，避免重复分析。

（3）去除空白值。去除空值等没有实际内容的数据。

（4）词干提取与词性还原。这两种操作是对英文文本数据进行处理。词干提取（stemming）指的是抽取词的词干，将其转换成基础形式，例如，analyze、analysis、analyzing 通过词干提取之后得到的结果都是"analyz"。词形还原（lemmatization）是将单词还原为原始词形，例如，将过去式动词"went"还原为基本词形"go"、将复数名词"books"还原为"book"。

（5）中文数据繁体转简体，英文字母转成小写。对于中文数据，需要将繁体字转换成对应的简体字，可以通过相应的繁体转简体工具或库进行转换，如 Python 中的 OpenCC 库。对于英文数据，则可以使用 Python 内置的 lower()方法对英文数据进行小写转换的处理。这个操作与上述的词干提取与词性还原的目的一样，可以减少词汇的形态变化，减少由于字符形式带来的不必要差异，并使文本分析和比较工作得以简化。

（6）分词。分词是指将完整的句子进行拆分，形成若干个独立的词。对于英文文本而言，通常通过空格或标点符号将单词分隔开，而中文没有这种分隔符，需要使用专门的分词工具。常用的中文分词工具包括 jieba、Hanlp、SnowNLP、NLPIR 等。这些工具支持用户使用自定义词典，可以更好地识别特定任务或应用场景中的专有名词或缩写词等词汇，提高分词结果的准确率。例如，社交媒体中包含大量网络用语及口语表达，并且新的表达不断出现，若不将其扩充到自定义分词词典中，则可能会导致分词工具在处理包含这些新词的句子时出现错误，无法正确地切分出这些词汇。

3.2.4 文本数据分析

1. 文本特征表示

网络舆情分析中的关键任务之一是文本特征表示。该任务的目标是将文本转化为计算机可以理解和处理的形式。常用的文本特征表示方法包括：词袋模型（Bag of Words）、TF-IDF（Term Frequency-Inverse Document Frequency）以及词嵌入（Word Embedding）。

1）词袋模型（Bag of words）

词袋模型是一种简单且易于实现的文本表示方法，它假设文本中的词语是相互独立的，忽略词语之间的顺序和语法结构，而只关注词语的出现频率。简单示例如下：

假设目标文本数据是以下两个句子：

句子1：我喜欢打篮球。小明也喜欢。

句子2：我也喜欢打排球。

对这两个句子分词，得到以下结果：

句子1：我/喜欢/打/篮球/小明/也/喜欢

句子2：我/也/喜欢/打/排球

接下来需要将分词结果构建成一个词汇表：我，喜欢，打，篮球，小明，也，排球，即其中包含了7个不同的词汇。接着可以利用这个词汇表构建词袋模型，其中向量的维数即词汇表包含不同词的总数（此处为7），向量中的第 i 个元素就是统计词汇表中的第 i 个单词在该句子中出现的次数。举例来说，第一个维度是词汇表中的"我"，第二个维度是词汇表中的"喜欢",因为这两个词在句子1中的词频(也即出现的次数)分别为1和2,因此在句子1向量表示中,前两个维度的值是1和2。以此类推,可以将两个句子表示为:

句子1的词袋模型[1, 2, 1, 1, 1, 1, 0]

句子2的词袋模型[1, 1, 1, 0, 0, 1, 1]

以上这种实现方法考虑了词频,另外还有方法只考虑词汇出现与否。在这种方法中,只要词汇出现过,无论词汇出现多少次,在向量中都只计算为1次,最后构造出只包含0和1两类元素的向量。

词袋模型是一种简单而高效的文本表示方法,可以广泛应用于文本分类、情感分析、信息检索等任务。在将文本转换为数值向量后,可以使用各种机器学习算法对文本开展进一步的分析和处理。但需要注意的是,由于词袋模型仅考虑了词汇的出现次数,而忽略了词语之间的顺序和语法结构,因此可能丢失一些重要的语义信息。

2)TF-IDF(Term Frequency-Inverse Document Frequency)

TF-IDF 是一种常用的关键词提取方法,用于衡量一个词汇在文档集合中的重要性,也可以用来表示文本特征,在信息检索、文献分类等领域有着广泛的应用[2]。TF-IDF 的基本思想是如果某个词汇在一篇文档中的词频较高,且在其他文档中出现较少,就可以认为这个词汇具有比较高的区分能力。具体而言,我们可能会认为一个词的词频越高,该赋予这个词的权重也越高(但有一些高频词可能是停用词,比如"的""这""是"等,词频高不一定体现一个词的重要性)。而如果这个词正好在别的文档较少出现,则它的重要性可能就越强。

用一个实例来讲解,比如现在有一篇学术期刊文章《自媒体舆情信息传播预测研究》,需要对其进行关键词识别,里面词频最高的可能是"的""和"等停用词,这些对识别关键词没有帮助,因此需要将其过滤。在过滤掉这些没有实际意义的停用词后,可能发现词频较高的词有"互联网""马尔克夫""应用""研究",那这些词的重要性也差不多吗?显然不是。相对而言,"互联网""应用""研究"这些词很常见,而"马尔克夫"并不那么常见,如果这4个词的词频都相同,那么在一定程度上可以认为"马尔克夫"这个词的重要程度要高于其他3个词。因为其他3个词在别的文章中可能都比较常见,而"马尔克夫"作为一个专业名词,它能更好地代表这篇文章的内容,因此应当赋予更高的权重。这也是为什么TF-IDF将某个词在别的文档中出现的频率也考虑在内。

TF-IDF 通过计算词语在文本中的频率和在整个语料库中的逆文档频率来确定词语的重要性,其计算公式如下:

$$TF - IDF = TF \times IDF \quad (3\text{-}1)$$

$$TF_w = \frac{关键词w词频}{文章总词数} \quad (3\text{-}2)$$

$$IDF_w = \log\left(\frac{词料库文章总数}{包含关键词w的文章数 + 1}\right) \quad (3\text{-}3)$$

其中,TF(Term Frequency)表示某个词在文档中出现的频率,IDF(Inverse Document Frequency)逆文档频率表示一个词在整个语料库中的重要程度。如果IDF越大,则说明这个词在整个语料库中越稀缺。将 TF 与 IDF 相乘，就得到 TF-IDF 的值，数值越大说明这个词的重要性越高。

在计算完每个词的 TF-IDF 后，相应的将每个文档中的词对应词汇表的索引中赋予 TF-IDF 的值，不包含该词的就用 0 表示，以此完成文本向量化表示。

TF-IDF 关注词语的重要性，但与词袋模型一样没有考虑词语之间的顺序，无法捕捉到词语之间的语法结构和上下文关系。为了解决这个问题，可以使用更高级的文本表示方法，如 Word2Vec 等词嵌入（Word Embedding）的方法。

3）词嵌入（Word Embedding）

词嵌入技术也是近年来自然语言处理领域的关键技术之一，也被称为词汇的分布式表示（Distributed Representation）。词嵌入将每个词汇映射为向量空间中的每一个点，词汇之间的关系可以通过向量之间的距离来衡量，语义相似或者上下文中常共同出现的词汇在向量空间中的距离也更接近。图 3-2 展示了词嵌入在一个二维平面上的投影，不难看出，语义相近的词汇，在向量空间中的表示也更接近。

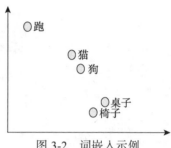

图 3-2　词嵌入示例

关于词嵌入还有一个经典的例子：通过词嵌入可以得到如下关系："国王" – "男人" + "女人" = "女王"。这个例子展示了词嵌入具有一些代数性质，即词的分布式表示可以通过代数运算（如加、减）相互转换。

相比于传统的以人工编码或词频统计为主导的文本特征表示方式，词嵌入方法在文本分析中具有以下优势：

首先，词嵌入可以在短时间内以较低成本高效处理大规模文本数据，实现自动特征提取。

其次，在挖掘文本特征和理解文本内容时，词嵌入更多地依赖文本自身的分布规律，分析过程更客观。

词嵌入方法通过数据驱动的分析逻辑，可以高效处理大规模文本数据、挖掘文本特征，在跨文化、跨时间比较和社会学、行为学等领域展现出了广阔的应用前景，极大丰富了传统的社会科学实证研究方法。

从词嵌入的发展历程来看，早期的词嵌入方法之一是潜在语义分析（Latent Semantic Analysis，LSA）。它基于矩阵分解的技术，将文本数据转换为低维的向量表示。随着神经网络和深度学习技术的发展，传统的词嵌入技术也发生了改变。2013 年，谷歌的研究人员提出了 Word2Vec 算法，其在整个词嵌入的发展历程中扮演了重要角色。Word2Vec 算法中包含了两种模型：CBOW（Continues Bag-of-Words）和 Skip-gram。其中，CBOW 模型是基于当前中心词的上下文来预测中心词，它把上下文的词作为输入，当前词作为输出。而 Skip-gram 模型则正好相反，它根据目标单词预测上下文，即当前词作为输入，上下文的词作为输出。这两种模型都是基于神经网络的算法，通过训练自动调整模型参数，以捕捉词汇之间的语义关系。例如，通过这些模型，我们可能会发现"喜欢"和"吃"在上下文中经常一起出现，从而推断它们之间可能存在某种关联。目前，Word2Vec 已经广泛应用于自然语言处理任务中，如相似度计算、文本分类等。

近年来，词嵌入技术迎来一系列突破。预训练语言模型如 BERT（Bidirectional Encoder Representations from Transformers）的出现引起了广泛的关注，为理解和处理自然语言提供了更加强大和全面的工具。与 Word2Vec 等传统算法相比，BERT 等预训练模型充分利用上下文信息，解决了传统静态词向量表示不能一词多义的问题（见图 3-3）。

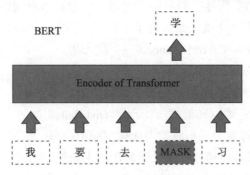

图 3-3　BERT 的掩码策略

在预训练阶段，BERT 使用 Masked LM（掩码）任务来学习词的表示，其原理可以简单类比为做完形填空的过程。在预训练阶段，BERT 通过遮盖输入文本中的一些词汇或片段，然后让模型预测这些被遮盖的部分。这个过程类似于完形填空，模型需要根据上下文来推断被遮盖的单词或片段。

除了掩码策略以外，BERT 在预训练的时候还完成了 Next Sentence Prediction（下一句预测）任务。在该任务中，BERT 需要判断给定的两个句子中第二个句子是否接在第一个句子后。这一任务弥补了 Masked LM 任务只关注词与词之间局部关系的不足，有助于 BERT 捕获整体文本结构和全局语义信息，从而学习到语义上更加连贯和完整的词向量表示。

通过在大规模数据集上联合训练 Masked LM 和 Next Sentence Prediction 任务，BERT 能够更全面、准确地刻画输入文本的整体信息，在文本分析和理解中发挥重要作用。

综上所述，词袋模型、TF-IDF 以及词嵌入都是自然语言处理领域中重要的技术。词袋模型提供了一种最基本的、简单高效的文本表示方法，TF-IDF 衡量了一个词的重要性，词嵌入模型则捕捉了更丰富的语义信息，而 BERT 模型在整体的语义理解方面取得了突破。

随着深度学习技术发展和计算能力的不断提升，可以预见未来有更有效的文本表示模型诞生，实现更深入和更全面的语义理解任务。这些模型和方法的发展也将推动自然语言处理在网络舆情应对中的广泛应用。

2. 主题提取

主题提取技术是自然语言处理的一个重要分支。它通过主题模型或聚类算法等方法，从大量文本中自动抽取出主题和内容，可以辅助发现隐藏在海量舆情文本数据中的关键主题，这些主题可以是用户关注的热点话题、舆论焦点或重要事件。

1）LDA 主题模型

本文以 LDA 主题模型为例对主题提取进行详细介绍。LDA（latent dirichlet allocation）是一种被广泛应用的主题模型算法。LDA 是一个"文档—主题—词语"构成的三层贝叶斯概率模型。LDA 通过词袋模型将文本转换成向量形式，将每篇文档看作若干潜在主题的混合 Dirichlet 分布，每个潜在的主题又可以看作该文档中集中词汇的一个概率分布，通过两次抽取获得主题词。

2）LDA 最佳主题数选取

在使用 LDA 时，需要设定所需提取的主题数量。最佳主题数可通过计算困惑度、一致性得分或通过可视化方法来选取。其中，困惑度（perplexity）用来衡量一个概率分布或概率模型预测样本的好坏程度，可用于调节 LDA 主题个数，困惑度越低表示 LDA 建模效果和主题质量越高。其计算公式如下：

$$\text{perplexity}(D) = \exp \frac{\sum_{M}^{d=1} \log P(W_d)}{\sum_{M}^{d=1} N_d} \tag{3-4}$$

式中，D 代表文档中所有词的集合；M 代表文档数量；W_d 代表文档 d 中的词；N_d 代表每个文档中 d 的次数；$P(W_d)$ 代表文档中词出现的概率。

一致性得分（coherence score）用来评估 LDA 模型生成主题的连贯性和相关性，一致性得分越高，说明模型效果越好。

可以利用 Python 中的 Gensim 库实现 LDA 主题建模以及困惑度、一致性得分的计算，通过对比不同主题数对应的困惑度或一致性得分，即可确定最佳主题数。如图 3-4 所示为一个使用一致性得分选取最佳主题数的示例，将不同主题数的一致性得分进行可视化，从图中可看出最佳的主题数为 7，因此将主题数设置为 7。

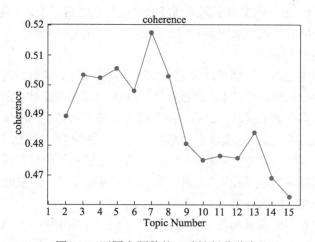

图 3-4 不同主题数的一致性得分分布

可视化方法是指通过 Python 中的 pyLDAvis 库对 LDA 主题提取结果进行可视化。如

图 3-5 所示，pyLDAvis 可以直观地显示出不同主题在二维空间向量中的距离，通过观察不同主题数训练出的结果分布情况确定最优主题数。好的主题聚类结果应当表现为分布状态分散且均匀、相互之间重叠面积小或不存在重叠。当主题分布分散时，意味着不同主题涵盖了不同类别的内容。当主题之间重叠面积小或不重叠时，意味着主题之间的区分度较高，有助于更好地区分不同主题所代表的含义。

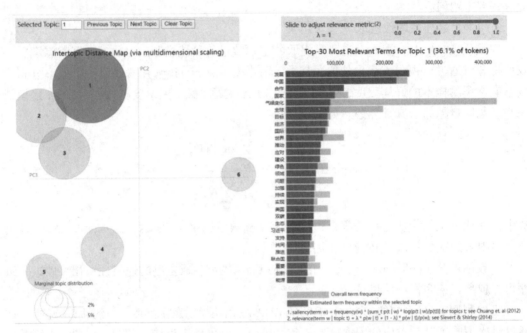

图 3-5　pyLDAvis 可视化示例

在 pyLDAvis 中，还可以通过设置参数 λ 的值来改变词语跟主题的相关性，λ 参数默认为 1。λ 越接近 1，则在该主题下词频越高的词就与主题越相关；λ 越趋于 0，则在主题中更具有排他性的词对主题结果的影响权重越大。可以在可视化交互界面中根据不断调节 λ 的值，选取合适的主题词。

在确定最佳的主题数后，就可以将此参数用于训练 LDA 模型，同时也可以通过更改迭代次数等其他参数调整训练结果。通过训练，LDA 会返回指定数量的主题信息，包括主题分布以及每个主题中的主题词。最后，需要结合领域知识对不同主题下的主题词进行概括，得到该组主题描述。比如，提取出的某个主题下主题词为"发展、中国、合作、国家、气候变化、全球、目标、经济、应对、'双碳'"等，它强调了中国积极参与全球气候变化治理，以及在推动应对气候变化、"双碳"等领域的重要作用，该主题可以概括为"中国积极建设性参与全球气候治理"。

主题提取技术在不断发展和改进。从早期学者们广泛应用 PLSA、LDA、BTM 主题模型并对其进行改进，到后来利用深度学习技术，使用 Word2vec 训练词向量结合 K-means 聚类等方法得到主题提取结果。此外，BERTopic 也是一种新兴的主题提取技术，其基于预训练语言模型 BERT（bidirectional encoder representations from transformers）进行主题提取。

BERTopic 利用了 BERT 的强大语义表示能力，将文本数据转换成向量表述，再使用聚类算法进行主题聚类。相比传统的主题提取方法，BERTopic 能够更准确地捕捉到文本中的主题信息，并且它不需要预先指定主题数量。

3. 情感倾向分析

情感倾向分析也被称作意见挖掘或观点挖掘，是通过对具有情感色彩的文本进行判别，挖掘得到人们对于某个人或者事物的情感倾向。通过监测热点话题下网民的情感倾向，可以帮助舆情管理部门更好地引导网络舆情，构建良好的网络生态环境。

常见的情感分析主要是简单的二分类（积极、消极）、三分类（积极、中性、消极），也有更细致的多分类（如谷歌发布的大型情绪资料集 GoEmotions，提供了 5.8 万条 Reddit 评论，并标注了 27 个情感类别）。

从文本细粒度的角度分类，情感分析的任务又可以分为方面级（属性级）和句子级。粗粒度的分析可以用来对文档和语句整体的情感倾向进行判别，而细粒度的方面级分析则针对语料中的对象或实体进行更精细的情感倾向分类。在商品评论分析、舆情分析、服务评价等场景中方面级的情感分析使用较多，不仅需要分析评价的整体倾向，还需要分析具体的方面，比如，"我很喜欢来这里旅游，就是这儿的物价太高了"。其中，关于此次的旅游地的情感倾向是正向的（喜欢），然而对于这里的物价的情感却是负向的（物价太高）。

随着社交媒体和互联网技术的迅速发展，情感分析的研究方法也在不断创新。目前，情感分析的方法主要包含基于情感词典的判断方法以及基于机器学习的判断方法。

1）基于情感词典的判断方法

情感词典是一种在情感分析任务中常用的方法，其实现和优化主要依赖于情感词典的构建和完善。在该方法中，需要根据情感词典获取文档中不同词汇对应的情感值，同时还需要将否定词、程度副词等因素考虑在内，并赋予不同的权重进行加权计算。将该条文档中所有词汇的情感得分相加，即可得到最终该条评论文档的情感分析得分。

以下是一个简单的示例。

假设我们拥有一个情感词典，其中包含一些情感词及其情感数值：

"开心"：1

"喜欢"：0.9

"生气"：-1

现在对"今天天气不错，我喜欢晴天，今天是开心的一天"进行情感分析。

首先，对这个句子进行分词，得到"今天/天气/不错/我/喜欢/晴天/今天/是/开心/一天"，将其与情感词典中的词汇一一匹配，查找对应的情感值，在此句中匹配到的情感词为"开心""喜欢"，将各情感词汇的情感值相加，得到此句的情感倾向得分为 1.9 分，可以得出结论：该条文本情感倾向为积极。本书所举的案例较简单，实际情况中可能还需要为否定词、程度副词等设置不同的权重。

在实际应用中，有许多常用的情感词典可供选择。英文情感词典由于发展较早，现已比较成熟，常用的有 MPQA、SentiWordNet、Opinion Lexicon 等。中文情感词典则主要有中国知网情感词典、大连理工大学情感词典和台湾大学情感词典等。然而，使用情感词典进行情感分析的方法在结果准确率上受情感词典的质量影响较大，故需要针对特定领域或应用场景扩充相应的情感词典，以提升情感分析准确率。随着社交媒体上一些新词汇以及越来越多口语化表达的不断出现，使用情感词典对这些新语料进行情感分析的结果往往因其扩展性和迁移性受限而表现不佳，还可能存在误判的情况。

2）基于机器学习的判断方法

使用机器学习进行情感分析，需要从已标记好的训练数据集中训练一个分类器，然后使用该分类器来预测新样本数据的情感倾向。常用算法包括朴素贝叶斯、支持向量机（SVM）、XGBoost 等。需要注意的是，这些算法在处理情感分析任务时各有优劣，选择哪种算法应取决于具体任务的情况。在训练和使用机器学习算法的过程中，还需要考虑一些其他因素，例如，模型的泛化能力以及过拟合、欠拟合等问题。为了提高模型分类的准确性和可靠性，还需要不断地进行实验和调整，并进行必要的参数调整。

相较于情感词典分析，利用机器学习进行情感倾向分析的方法能取得更高的准确度，但难以捕获文本中的上下文信息，在语义理解上存在局限。因此，随着深度学习技术的发展，在情感分析任务上许多学者开始转向深度学习方法，如采用卷积神经网络（CNN）、循环神经网络（RNN）、长短期记忆网络（LSTM）等，通过使用深度学习算法学习文本特征，再通过分类得到情感倾向特征。同时，预训练语言模型也被引入，其中 GPT、BERT 等预训练语言模型尤为引人注目。GPT 和 BERT 等预训练语言模型具备强大的语言理解能力，能够从大量的文本数据中学习语言的语法、语义和上下文信息。

在得到情感倾向后，结合博文或评论发表的时间，可以分析情感倾向的动态变化情况。这种情感倾向演化有助于了解舆情事件中网民情绪如何随着时间推移而产生变化，并可以提供对行为模式的洞察。此外，还可以与用户的地理位置相结合，进行舆情时空分析，更全面地了解不同区域内的情感倾向演化情况。

3.2.5　用户数据分析——意见领袖识别

意见领袖是指在社交网络中观点具有强大的影响力，能够直接或间接地影响众多普通个体的观点，影响其行为倾向并拓宽信息传播范围的少部分个体。意见领袖在舆情信息传播过程中发挥着巨大的作用。意见领袖的识别，实际是在复杂的社交网络中找出具有重要影响力的少部分个体。目前，学术领域内对于意见领袖识别及其影响力的研究也较为丰富。

1. 意见领袖的类别

意见领袖主要包括观点型意见领袖、群体型意见领袖和事件型意见领袖。他们共同构成网络舆论环境中的重要力量。

观点型意见领袖：这类意见领袖在特定领域有深厚的专业知识积累，围绕该领域提出的观点往往能够得到广泛认同。

群体型意见领袖：这类意见领袖可能不是专家，但能高效整合各类信息资源，并通过优质内容吸引大量关注，如一些官方媒体或自媒体账号的内容往往能引发广泛讨论。

事件型意见领袖：这类意见领袖往往直接参与或关联热点事件，进而成为大众关注的焦点。他们在事件期间影响力较大，但影响力往往会随着事件热度降低而消退。

2. 基于社交网络分析识别意见领袖

对于网络意见领袖的识别，可以通过社交网络分析的方法来实现。社交网络分析基于图论和网络科学，将社交网络抽象为一个图，其中个体表示为节点，个体间的关系表示为边，用节点之间关系的强弱来确定边的权重。此处，用 $G=(V,E,W)$ 来定义一个社交网络图。其中，V 代表节点集合，表示所有用户；E 代表边集合，表示用户之间的联系（如关注、互动）；W 代表权重集合，表示用户之间关系的强弱。该方法的关键是社交网络图的构建以及权重的计算。

社交网络图可以根据图的方向和权重的不同特征构建有向有权图、无向有权图、有向无权图、无向无权图。其中，无向图即图中的边之间不存在方向，而有向图的节点之间的边存在方向，例如，发送消息（传送方和接收方）、微博中的单向关注关系等。在有向图中，出度（Outdegree）指的是一个节点指向其他节点的边的数量，即从该节点出发的边的数量。入度（Indegree）指的是指向一个节点的边的数量。入度表示了其他节点对该节点的直接影响力或连接程度。一个节点的入度越高，表示有更多的节点指向它。而在无向图中，因为边没有明确的方向，通常使用度（Degree）来描述节点的连接性质。

基于社交网络图，可以开展进一步的节点度量和中心性分析。通过计算中心性指标来衡量节点的重要性，确定社交网络中的重要节点。常用的中心性度量指标包括度中心性（degree centrality，DC）、中介中心性（betweenness centrality，BC）、接近中心性（closeness centrality，CC）等。这些指标可以帮助识别出在社交网络中具有重要影响力的个体。

度中心性（DC）：度中心性是社交网络分析中最基本的中心性度量指标，它衡量了节点在网络中的联系强弱程度。基本思想是如果一个节点与许多其他节点直接相连，那么该节点就具有中心地位。度中心性越高，该节点在网络中越重要。计算度中心性很简单，只需计算每个节点的入度即可。对于无向图而言，节点的度是与其相连接的边的数量。

中介中心性（BC）：与度中心性不同，中介中心性不仅考虑节点的连接程度，还考虑节点在信息流动过程中的控制能力。它衡量的是一个节点是否参与网络中任意两点之间的最短路径，扮演"桥梁"角色。中介中心性评估该节点在整个网络中位置的重要程度。中介中心性越高的节点，对信息流动的控制能力越强，也越重要。

接近中心性（CC）：接近中心性是另一个常用的中心性度量指标。它衡量的是节点在网络中的"接近"程度，也就是该节点到其他所有节点的最短距离之和。在一个无向图中，如果一个节点的接近中心性很高，那么它就可以更快地获得来自其他节点的信息。如果一个节点在网络中处于中心位置，那么它应该距离网络中的所有其他节点都相对较近。因此，它在传播信息时就不需要依赖其他节点来传递消息。计算接近中心性的常用方法是"最短路径法"，也就是通过计算每个节点到其他所有节点的最短距离之和来得到结果。

除了计算中心性指标外，也可通过改进 PageRank、基于加权转发的 HITS 算法、Twitterrank 等衡量节点重要性。此处主要介绍领域内应用和研究广泛的 PageRank 算法。

PageRank 是一个经典的网页排名算法，作为谷歌革命性的发明之一，它通过计算网页之间的链接关系来评估网页的重要性。PageRank 的核心思想是，如果一个网页被其他很多网页所链接，那么可以认为它受到广泛的认可。因此，它在搜索结果中应被赋予较高的权重。其计算公式如下：

$$\text{PageRank}(p_i) = \frac{1-d}{N} + d \sum_{p_j} \frac{\text{PageRank}(p_j)}{L(p_j)} \qquad (3\text{-}5)$$

式中，p 为网页，p_i 和 p_j 为分别代表第 i 个和第 j 个网页，N 为网页总数，d 为阻尼系数，$L(p_j)$ 是第 j 个网页的出度数量，即第 j 个网页所指向网站数。

阻尼系数是一个介于 0 和 1 之间的数值，通常取 0.85。在 PageRank 算法中，阻尼系数代表用户在浏览网页时，选择继续点击链接而不是跳转到其他网站的概率。换句话说，阻尼系数表示用户的停留概率。阻尼系数取 0.85，即网页有 85%的概率按链接结构跳转，15%的概率随机跳转。阻尼系数的作用是调整网页的重要性传递。当用户在一个网页上停留时，他们有可能点击该网页上的链接继续浏览其他相关页面，也有可能直接离开该网页。阻尼系数决定了用户选择继续点击链接的概率。在 PageRank 算法中，每个网页都分配了一个初始的 PageRank 值，随后通过多次迭代计算来更新每个网页的 PageRank 值。在每次迭代过程中，网页的 PageRank 值会根据其入度的贡献和链接的出度数量进行更新。而阻尼系数的用途在于控制这个更新过程，以确保 PageRank 值在整个网络中能够收敛，最终趋向于稳定。

若需要将 PageRank 算法应用到意见领袖识别，需注意节点的初始 PageRank 值和节点权重的设置。可以基于用户属性特征（如博文数、粉丝数、互动数）、信息传播特征等确定。

3. 基于评分规则识别意见领袖

基于评分规则的意见领袖识别方法的核心思想是通过建立一套评价规则来评估社交网络中用户的影响力，从而识别出意见领袖。

首先，需要选取合适的特征信息，包括用户在社交网络中的活跃度、粉丝数量、发布内容的质量等；其次，基于选定的特征信息构建评分公式；再次，通过对所有用户应用构建好的评分公式，得到每个用户的得分；最后，再按照得分高低对用户进行排序，得分高的用户即为意见领袖。

基于评分规则的方法效果好坏依赖于特征的选取。目前领域内尚无研究明确表明使用哪种用户特征对于识别意见领袖的结果影响最好。学者们根据多种特征信息进行组合，形成了不同的评分规则。也有研究构建了带惩罚项的评分公式应对"回礼式"的互相关注问题，修正了模型，优化了意见领袖的识别结果。

基于评分规则的方法相对简单，比较直观且易于理解，能够在较短时间内实施识别方法并获取意见领袖的识别结果。由于评分规则是通过明确的特征构建，结果更具可解释性。此外，还可以根据具体需求灵活定制和调整评分规则，以适应不同领域和应用场景。

然而，该方法也存在一些缺陷。首先，规则的设定具有主观性，依赖于设计者的主观判断及其领域专业知识，并且最后识别结果的准确度也与规则设定的质量密切相关。其次，在设计规则时可能无法考虑全面，导致遗漏一些对结果影响较大的因素或特征。

3.2.6　信息传播分析——舆情流行度预测

舆情流行度预测是对社交媒体平台上某个舆情事件相关信息和传播过程进行建模，以预测舆情信息未来流行程度的变化。舆情流行度预测不仅是在网络舆情应对领域，在内容优化、精准营销、搜索推荐等场景中也有广泛的应用。对于网络舆情而言，通常以浏览量、参加讨论的用户数、用户交互情况等作为舆情流行度的衡量标准。学界对于历史舆情流行度的测量主要选择百度指数、微指数、头条指数等。流行度、热度、受欢迎程度、传播效果和影响力这些概念含义相似，都涉及某个事件在社交媒体的影响力和受欢迎程度。

对于流行度的预测方法，主要有基于对信息传播过程的描述以及基于特征的预测方法。

1. 基于对信息传播过程的描述预测流行度

在以往的舆情研究中，为了预测舆情流行度，研究人员通常使用基于时间序列分析的方法以及传染病模型。这些方法提供了系统和定量的研究视角，通过运用时间序列分析和传染病模型，可以揭示舆情数据中的模式和趋势，预测舆情流行度随时间的变化而变化。

1）时间序列分析

这是一种统计方法，用于分析时间序列数据的模式和趋势。在舆情研究中，可以将舆情数据按时间顺序排列，挖掘舆情信息传播演化的情况，进而预测信息未来的流行程度。在给定时间序列下，微博热度可以表示为 $\{y_1, y_2, \cdots, y_n\}$，其中 y_i 代表时间 i 时刻该舆情事件的流行度。基于时间序列预测的方法是利用已有的观测值，通过建模分析来预测时间序列中第 $n+1$ 个时刻对应的流行度 y_{n+1}。近年来学者们常用的方法主要是统计方法和机器学习的方法，包括指数平滑法、马尔克夫链、BP 神经网络等，在实际应用过程中可以根据具体问题和数据特点结合使用。

（1）指数平滑法是一种常见的时间序列分析方法，本质上是一种特殊的加权移动平均法。指数平滑法的基本思想是近期观测值对预测结果的影响大于远期观测值。因此，该方法给予近期观测值较大权重，远期观测值权重则较小。其基本公式如下：

$$S_t = \alpha * X_t + (1-\alpha) * S_{t-1} \tag{3-6}$$

式中，S_t 代表 t 时刻的预测值；X_t 代表 t 时刻实际值；S_{t-1} 代表 $t-1$ 时刻的预测值；α 是平滑因子，取值范围为[0, 1]，α 的值越大表示近期数据影响越大。

在舆情流行度预测任务中，可以通过收集历史舆情数据，根据博文数、互动数等热度指标计算流行度，接着利用指数平滑公式计算历史每日热度值，并更新调整 α，提高预测结果准确性。

（2）马尔克夫链（Markov chain）是一个随机序列。它的未来取值只取决于当前值，与过去的值无关。也就是说，只看当前状态，就可以预测未来可能出现的状态，而不需要知道历史记录。具有这个"无后效"特性的离散随机过程就称为马尔克夫链。利用马尔克夫模型预测舆情流行度主要有以下 3 个步骤：一是计算流行度，并根据历史时间序列数据，建立状态空间。例如，可以将相关微博博文数作为流行度，再将其分为几个等级，如高、中、低 3 个状态。二是构建状态转移矩阵。统计 t 时刻到 $t+1$ 时刻状态的转移概率。例如，高热度到中热度的概率是多少，中热度到低热度的概率是多少。三是舆情流行度预测。根据当前状态，利用状态转移矩阵预测未来可能出现的状态。

（3）BP（back propagation）神经网络是一种多层前馈神经网络，包含输入层、隐藏层和输出层。它通过输入信号，层层传递，最终在输出层产生结果。如果输出结果与期望值的误差大于设定的阈值，就会启动反向传播过程。在反向传播中，误差信号会从输出层开始，一层一层向后传回隐藏层和输入层。同时，各层之间的连接权重也会根据误差信号进行微调，目的是使得下次传播可以得到更小的误差。

通过反复的前向传播和反向微调，BP 神经网络可以逐步减小总误差，使输出值最终符合期望。这就是 BP 神经网络的基本工作原理。

通过不断训练，BP 神经网络可以拟合任何复杂的非线性关系。网络舆情本身是一个复杂的动态系统，因此可以利用 BP 神经网络预测舆情流行度。

2）传染病模型

传染病模型最初是用以描述传染病在人群中的传播机制。由于网络信息传播过程与传染病在人群中的传播相似，因此可以将传染病模型应用到社交网络中，来描述信息传递的动态变化。大多数网络传播动力学的研究都基于常用的传染病模型，包括 SI 模型、SIR 模型和 SEIR 模型等。其中，S 表示未感染疾病的易感者（susceptible），I 表示感染疾病并具备传染能力的感染者（infectious），R 表示感染后痊愈并获得免疫的康复者（recovered），E 表示与感染者有接触但不存在传染性的潜伏者（exposed）。传染病模型考虑了这几种状态之间的转变过程，其基本思想是基于马尔克夫随机过程，即每个节点在网络中任意时刻处于上述几种状态之一。

（1）SI 模型。是最简单的传染病模型，只含有易感者 S 和感染者 I，易感者有 α 的概率被感染者感染。$S(t)$、$I(t)$ 表示 t 时刻易感者和感染者的比例，且 $S(t)+I(t)=1$。在该模型中，易感者一旦被感染将无法被治愈，随着时间的推移，最终所有人都会成为感染者。其传播动力学微分方程如下：

$$\left.\begin{aligned}\frac{\mathrm{d}S(t)}{\mathrm{d}t} &= -\alpha S(t)I(t) \\ \frac{\mathrm{d}I(t)}{\mathrm{d}t} &= \alpha S(t)I(t)\end{aligned}\right\} \quad (3\text{-}7)$$

（2）SIR 模型。与 SI 模型的不同点在于，SIR 模型引入了新一种状态：康复者 R，表示该人群被治愈后具有免疫力，且不会再传染别人。在该模型中，传播路径为 $S \to I \to R$，易感者 S 被感染的概率为 α，感染者 I 被治愈成为康复者 R 的概率为 γ。随着时间的推移，到最后只有易感者 S 和康复者 R 两种状态。在舆情传播过程中，可以类比为个体最初受舆情影响变成"感染者"，随后受到其他信息（如权威信息等）影响，对该舆情信息产生"免疫力"，并不再参与该舆情相关讨论。其传播动力学微分方程如下：

$$\left.\begin{aligned}\frac{\mathrm{d}S(t)}{\mathrm{d}t} &= -\alpha S(t)I(t) \\ \frac{\mathrm{d}I(t)}{\mathrm{d}t} &= \alpha S(t)I(t) - \gamma I(t) \\ \frac{\mathrm{d}R(t)}{\mathrm{d}t} &= \gamma I(t)\end{aligned}\right\} \quad (3\text{-}8)$$

（3）SEIR 模型。相较于 SIR 模型，SEIR 模型加入了潜伏者 E，即潜在传播者。潜在传播者表示已经接收了舆情信息但尚未决定是否继续传播的这一类人群。易感者 S 被感染的概率为 λ，而另一部分易感者变成潜伏者 E（潜在传播者）的概率为 α，潜伏者 E 有 β 的概率变成感染者 I，即潜伏者对舆情感兴趣并变成传播者的概率是 β，而感染者 I 被治愈的概率为 γ。其传播动力学微分方程如下：

$$\left.\begin{aligned}\frac{\mathrm{d}S(t)}{\mathrm{d}t} &= -\alpha S(t)E(t) - \lambda S(t)I(t) \\ \frac{\mathrm{d}E(t)}{\mathrm{d}t} &= \alpha S(t)E(t) - \beta E(t) \\ \frac{\mathrm{d}I(t)}{\mathrm{d}t} &= \beta E(t) + \lambda S(t)I(t) - \gamma I(t) \\ \frac{\mathrm{d}R(t)}{\mathrm{d}t} &= \gamma I(t)\end{aligned}\right\} \quad (3\text{-}9)$$

尽管在网络舆情研究的早期，SEIR 模型被广泛应用，但随着社交网络平台复杂性增强，该模型在描述舆情传播过程时的准确性下降。有时，用户可能不会变成潜在传播者，而是直接成为信息的终结者。随着网络舆情研究的不断深入，也有一些学者针对该问题提出了改进的 SEIR 模型，以更好地适应现实情况。

2. 基于特征的流行度预测方法

预测网络舆情流行度的另一个思路是基于特征的预测方法。该方法起源于有监督学习中的特征工程的构建思想，研究人员通过深入挖掘影响舆情流行度的关键因素，提取并构建了相应的特征，并结合机器学习算法构建模型来分析这些特征与舆情流行度之间的关系。随着深度学习的飞速发展，特征提取和模型构建方面取得了许多突破，这也进一步推动了相关研究的进展。常用特征主要包含用户特征、博文内容特征、时间特征等；也可以利用多模态技术，将图像视觉特征考虑在内。

1）用户特征

用户特征包括用户的性别、地区、影响力、活跃度、社交网络关系等。这些特征可以通过用户的历史行为数据（如个人资料、粉丝数、博文数等）来提取，也可以使用前文提到的社交网络分析方法来分析用户之间的关系；处在同一社交圈层中的用户倾向于关注相似信息，联系也更为密切，导致圈层内用户的相互影响，对舆情传播起到了一定促进作用。群体规模也是一个值得关注的影响因素。已有研究发现，网民群体规模会对舆情传播起到驱动作用，而从众特性也是舆情传播过程中的一大普遍现象。因此，规模越大的话题群体对其他用户的感染力越大。

2）内容特征

内容特征对舆情传播的流行度产生了重要影响，以下是一些常见的内容特征。

情感倾向：舆情文本中的情感倾向可能会引起读者共鸣，从而影响舆情的传播流行度。

话题：有吸引力的话题往往能够吸引更多的用户参与讨论和分享，微博中的超话就是网友因共同爱好参与相关话题的讨论。因此，话题也可以作为影响舆情流行度的自变量。

在文本的内容特征提取任务中，主要使用的模型有主题模型、预训练模型、自训练模型以及词嵌入方法。通过 LDA、BERT、TF-IDF、Word2Vec 等模型来学习内容的语义，表示文本特征，以便后续进一步处理分析。

3）时间特征

时间特征可以帮助分析舆情信息传播的趋势，可将发布时间点、传播持续时间等作为特征进行建模分析。

在完成不同特征的提取和构建后，需要对得到的特征进行整合，并对获得的特征与最终流行度之间的关系进行建模，以完成预测模型的构建和训练。

3.2.7 本节小结

本节探讨了网络舆情信息监测的主要技术手段，包括数据采集、数据清洗以及一些常用的数据分析方法。数据是开展舆情分析的基础，通过合理选取采集工具，设置对应采集规则，可以获取到较为准确、全面的舆情数据集。

在数据收集好后，可以利用数据分析技术来了解和应对网络舆情。通过将文本转换成向量形式，能够让计算机理解语义并进行后续分析。通过对舆情数据进行主题提取，可以从大量舆情文本中识别出用户重点关注的话题，便于更好理解舆情的核心内容。情感分析是另一个重要的技术，它可以帮助判断民意倾向。基于情感词典、机器学习和深度学习等方法，可以自动化地分析舆情文本中的情感倾向，更好地评估舆情的影响力和态势。通过识别意见领袖和预测舆情的流行度可以帮助更好地了解舆情的传播路径和影响力。

以上这些技术构成了一个基本的网络舆情信息监测技术系统，通过灵活应用上述技术，相关部门可以快速掌握舆情事件演化过程，更好地了解民意倾向，从而采取相对应的舆情治理措施，助力营造良好的网络舆情生态。

3.3 网络舆情信息监测实施

3.3.1 确定监测对象

1. 部署监测对象的基本原则

在选取监测对象时，重点关注涉及国家安全和社会稳定的信息、涉及政府形象和公信力的信息、涉及公众利益和社会关注度较高的信息。具体应遵循以下原则。

（1）准确性原则。互联网信息在传播时缺乏有效的审核机制，导致信息在经过多层级传播后会出现失真现象，可能存在虚假，甚至是恶意造谣的内容。因此，应检查内容是否符合逻辑，是否存在其他权威来源，以及检查内容时间、地点、人物等要素是否准确。

（2）时效性原则。信息的价值来自时效性。应在第一时间进行预警，否则信息的价值就会大打折扣。此外，对一般信息的监测和报送同样应该重视时效性，从而帮助相关部门更好地开展舆情应对工作。

（3）全面性原则。网络舆情信息数量巨大且内容庞杂，在监测时应尽可能扩大范围并争取涵盖与特定主题相关的所有信息内容。舆情监测的信息主题应全面，包括但不限于国内重大事件、社会热点和国际事务等。监测时应将批评建议也包括在内，因为有些理性的批评建议对政府改进工作具有重要参考价值。

2. 部署监测对象的方法技巧

（1）热点追踪。应把握重要时间节点和最近社会关注度较高的话题，以此为方向，有重点地对信息进行监测和报送。

（2）持续跟进。应持续跟进热点事件，收集公众对事件关注的变化趋势。要关注事件的发展，在出现反转后及时进行报送。

（3）延伸思考。某一事件的发生往往会产生多方面的影响，应关注蝴蝶效应，搜集相关信息，开展全面的舆情监测。例如，在自然灾害发生后，除媒体的报道评论外，在监测时还可以关注受灾情况、救援情况、次生灾害、灾后重建、有关灾害谣言等信息。

（4）挖掘关系。引起舆论热议的事件往往会影响媒体的议程设置，例如，当某一食品安全类事件引发公众大量讨论时，媒体会在短时间内集中对类似的食品安全类事件进行报道。对此，不应针对每一起事件进行分别专门性的报送，而应汇集此类事件，对食品安全类事件在短时间内引发大量关注的原因进行分析，并进行集中性的报送。

3.3.2　明确监测信息源

1. 主要信息源

（1）新闻网站。新闻网站是指主要经营新闻业务的网站，为公众提供在线新闻信息服务，包括国有传统媒体主办的新闻网站和市场化新闻网站两类。传统媒体主办的新闻网站包括人民网、新华网、央视网等。此类网站多发布独家权威报道，在针对热点事件发表的媒体评论中具有官方代表性，能够在众多观点争论中起到给事件定性的作用，在监测时需要对国有新闻网站的官方背景给予关注。市场化新闻网站以转载和整合已有报道为主，与国有新闻网站代表官方的权威性相比，市场化新闻网站的报道更加灵活多元，在发表媒体评论时观点更加创新，语言也更加丰富且具有"网感"，往往能够起到推动公众讨论的作用，在监测时需要加以重视。

（2）微博平台。微博是一种能够分享实时信息的社交平台。当前，微博已成为当下最为活跃和重要的社交媒体平台之一。截至 2024 年 3 月底，微博的月活跃用户为 5.88 亿人，日活跃用户为 2.55 亿人，是我国重要的民间舆论场和舆情集散地。微博平台文字发表门槛低，简短的字数不仅方便用户发布内容，同样便于用户浏览内容。内容方面，涉及汽车、数码、医疗、时尚、游戏、电竞、动漫等垂直领域，领域广泛、流量较大。微博允许单向和双向关注的机制使其具备多种传播形态，在热点事件发生后可以实现几何式增长的"病毒式传播"。因此，微博成了许多突发事件和热点事件的首发平台。

（3）微信平台。微信是当下用户最为活跃的社交媒体平台之一。截至2024年3月底，微信月活跃账户数达13.59亿个，同比增长了3%，几乎覆盖了全中国的人口，稳居"国民第一社交App"的位置。微信群、朋友圈和微信公众号为微信舆情的产生提供了表达空间。微信社交的特点使用户倾向于主动积极地分享消息并表达看法，微信的"强连接性"也使舆情容易迅速传播。微信具有"熟人社交"的特点，用户朋友圈存在重叠情况，这导致微信平台的信息传播会出现"叠加"现象，推动信息在极短时间内扩散到极大范围，使微信成为舆情发酵的重要平台。

（4）短视频平台。短视频成为最受公众欢迎的内容传播方式之一，主要平台包括抖音、快手、微视、西瓜视频等。中国互联网络信息中心（CNNIC）第53次《中国互联网络发展状况统计报告》显示，截至2023年12月，短视频用户规模达到了10.53亿人，占总网民规模的96.4%。短视频平台主要通过用户和平台两个层面对舆情产生影响。用户层面而言，公众成为短视频舆情的生产者。例如，在突发事件发生后，公众不仅会在短视频平台了解事件发展态势，而且会发布与危机相关的内容，并通过点赞、评论和转发他人的视频作品来表达自己的情绪和观点。短视频的视听性特点可能会造成对事实还原不足、对情绪过于强调的后果，加之平台使用人数众多，舆情呈现增长速度快、情感色彩极化、舆情总量多等特点。平台层面而言，算法的推波助澜导致舆情对此类事件的讨论更加活跃，也提高了舆情方面的风险。由于短视频平台信息发布的门槛低、匿名性和监管难度大等原因，在突发、热点等事件的讨论中往往会混入谣言等虚假信息，可能引发舆论危机。

（5）移动新闻客户端。新闻客户端同样分为传统媒体和商业媒体两类。传统媒体开发的新闻客户端包括央视新闻客户端、人民网等；商业媒体开发的新闻客户端包括今日头条、搜狐新闻、网易新闻、腾讯新闻等。新闻客户端相较于新闻网站的优势在于：一是算法智能推荐新闻，借助机器学习、数据挖掘等技术将内容与用户特征进行匹配，实现了精准的算法个性化推荐；二是满足用户的个性化需求，新闻客户端在运营过程中注重对用户特征、行为、偏好等方面进行调查分析，以此为依据开发产品的多元化内容以及创新现有的营销手段，使客户端首页内容更符合用户需求；三是强化了社交属性，新闻客户端鼓励用户绑定已有的社交平台账号，便于用户表达与分享观点。移动新闻客户端已成为舆情主要集散地之一，使用人数与日俱增，在舆情监测时应给予相应重视。

（6）视频类网站。视频网站弹幕功能的开发使弹幕逐渐成为用户发表在线评论以表达情感态度的主要形式之一，支持弹幕功能的视频网站用户数量更为众多。弹幕主要是通过评论互动、情感传染等方式增加用户的舆情生产，成为监测舆情时的重要信息来源。在评论互动层面，互动能够促使用户发布信息内容。弹幕功能迎合了当下流行的吐槽文化，满足了用户对视频内容即时发表观点的需求。在情感传染层面，弹幕视频网站更易形成集体感，通过发送弹幕强化彼此的情绪。在观看视频时，用户的关注点和情感体验相近，当有弹幕进行表达时，这一情感体验会得到强化，用户会积极发送弹幕以表达共鸣并集体反对其他不同的意见，可能会造成情绪极化，引发舆情事件。

（7）论坛。论坛是一种供网民交流的网络互动空间，根据功能性可分为综合性论坛、地方性论坛、主题论坛、机构论坛等。尽管随着网络平台的更新迭代，论坛的地位有所下降，但论坛有其独特的优势，仍是用户进行信息和观点交流的重要平台。论坛容易成为舆情发酵地，原因在于论坛的匿名性和开放性以及发言的便利性，使公众往往倾向于在网络论坛上对事件发表看法和意见，当公众的意见汇集了相当程度和强度的共识时，媒体会选择进行报道，这会扩大事件的关注度和讨论度，进一步引发舆论热议。另外，媒体报道会增加讨论声浪，在进行舆情监测工作时应给予相应关注。

2. 其他信息源

舆情监测的范围不仅包括国内互联网平台，还应关注海外网络平台，包括境外主流媒体，如华尔街日报、纽约时报、华盛顿邮报等，以及境外社交媒体，如脸书、推特等平台。涉华舆情呈现出较为复杂的特点。由于意识形态、利益冲突和刻板印象等因素，美英等西方国家报道有关我国的舆情时常出现正面和负面舆情交替出现的现象。应关注涉华舆情的各种信息来源，掌握主动权，努力改变国外公众因为报道偏差等原因对我国产生错误认知。

3.3.3 规范操作流程

（1）信息采集部署。首先要明确监测目的，获取有效信息。监测者设定关键词描述目标舆情信息，缩小搜寻范围，在海量网络舆情中提取出目标舆情信息。在对舆情信息进行描述和限定时，关键词选择过于精确可能无法完全覆盖相关舆情内容。要对关键词进行动态管理，当出现新的事件或者监测事件出现新的进展时，需要补充与调整关键词。随后通过舆情监测的专项方案，集中呈现目标类别的舆情监测内容，增强舆情监测的针对性。

（2）具体信息筛选。对前期采集的信息，需要进行分析和选择。依据已设定的舆情主题，利用网络技术对舆情案例、舆情观点等内容进行采集，通过分析舆情走势、来源渠道、热点信息等数据筛选信息，再将筛选结果分类汇总，分级评定，做好信息预警准备。

（3）敏感信息预警。预警信息一般包含主题敏感和情感负向等类别。主题敏感的舆情信息一般在监测到时会直接发出预警，例如，舆情信息出现违反国家法律法规、恶意攻击国家政治体制等主题的内容，将会直接触发预警机制。情感负向的舆情信息应继续监测传播热度，当热度、强度和影响范围超过了特定数量时将会对该舆情信息进行预警。在预警时，应划分信息的预警等级，以区分风险和危害级别，便于相关部门在处理舆情事件时，能够迅速将危机分类并制定相应的处理方案，更好地化解风险。

（4）生成舆情简报。形成简报是舆情监测工作的最后一步。对于监测到的风险信息，应以简报形式呈现，便于管理者把握风险信息发展脉络，为后续处置提供基准。

3.3.4 健全工作机制

（1）日常值班机制。网络舆情监测应建立日常值班制度，以便迅速、及时地发现最新的敏感舆情信息。为确保日常值班制度的实行，管理者应明确舆情监测人员的具体工作内容，如确定监测要求、规范报送流程等。

（2）团队协作机制。团队协作在完成舆情监测任务上具有优势。团队工作人员应强化责任意识和集体意识，以便合理、高效地推动网络舆情监测工作。

（3）数据管理机制。舆情数据是分析研判舆情信息、撰写舆情报告的重要依据。舆情数据管理应关注存储、分类和安全等问题。首先，监测者应做好存储工作，为随后的数据结构化处理等提供基础。其次，将舆情数据进行分类，提高使用效率。最后，应重点关注舆情数据的安全问题，做好舆情信息监测工作的安全管理。

3.4 网络舆情信息监测工具

3.4.1 通用网络舆情信息监测系统

1. 人民网舆情监测平台：人民众云

人民网舆情数据中心依托多年的舆情服务经验，基于先进的大数据技术，推出了面向舆情领域的智能化新闻舆论管理平台——人民众云（https://www.peopleonline.cn/）。该平台集智能监测、智能分析、智能预警、智能报告等功能于一体，助力用户全面开展网络舆情管理。人民众云为用户提供一键发起监测、预警、协作的便捷服务，实时进行流程管理。人民众云提供了舆情事件定向监测和分析、舆情数据实时检索和浏览、热点话题自动识别和追踪等系列功能，帮助政府和企事业单位及时感知网络动向，快速应对重大舆情。监测范围涵盖了网站、论坛、博客、平面媒体、微博、微信公众号、境外媒体、新闻客户端、自媒体号、短视频、广播电视及视频等多个平台（如图3-6所示）。人民网舆情监测平台采用技术整合、功能整合、数据整合、业务整合等技术手段，将各个分离的系统集成到统一的平台之中，实现各系统的简单操作性、连贯性和安全性，能够帮助政府及企事业单位对各系统进行集中、高效、便利的管理，有效提高资源利用率，减少资本投入。

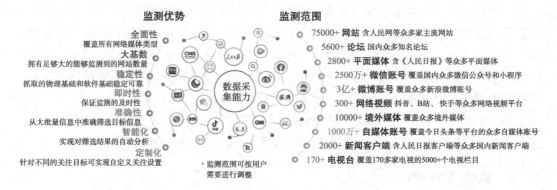

图3-6 人民在线舆情监测平台数据监测能力

2. 智慧星光舆情秘书监测系统

智慧星光舆情秘书（istarshine.com）是面向政府和企业客户提供互联网舆情监测及智

能分析的大数据服务平台。舆情秘书采用 SaaS 模式，运用智能科学的大数据挖掘分析技术，引用极具前沿的人工智能技术，定向提供互联网舆情监测及智能分析。该平台分为数据采集模块、数据处理模块、数据管理和存储模块、数据展现四个模块，实现对采集后的互联网数据自动地进行分析、管理和可视化处理。其具备舆情监测、专题浏览、统计分析、推送预警、网络情报、舆情简报、全网搜索、话题挖掘、我的关注、网参等多个业务模块，能提供 PC 客户端和手机客户端同时登录平台，方便工作人员随时随地掌握属地舆情信息，如图 3-7 所示。该平台可以根据时间和专题对指定舆情事件进行综合统计和深度挖掘，并按照时间、事件、种类等生成智能工作报告。舆情秘书（标准版）系统实时监控 5 万多个新闻、论坛、微博、博客、微博、平媒、视频等网站的 20 多万个频道，分析后在 5 分钟之内把舆情信息推送给用户，为不同用户提供全面、及时的舆情信息服务。

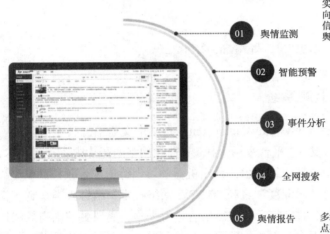

图 3-7　智慧星光舆情秘书主要功能

3. 清博舆情监测系统

清博舆情监测系统（yuqing.gsdata.cn）以全网数据分析、智能语义分析为技术支撑，全方位整合传统媒体、门户网站、微信、微博、论坛等舆情信息，可实时追踪热门舆情信息。系统向用户提供实时舆情分析、阶段性舆情研判、专题性舆情分析、定制化舆情会商等服务，为企业品牌评估、战略部署提供有力数据支持。具体而言，在舆情分析层面，支持自定义分析方案，境内外全网数据分析和多维度数据挖掘分析；在舆情研判层面，该系统灵活配置预警逻辑，支持短信、微信、邮件多种渠道预警方式；基于数据分析，系统可以呈现多种样式、内容直观的专业舆情报告。另外，结合互联网与媒体数据，系统还可打造企业专属大数据可视化大屏（如图 3-8 所示）。清博系统在企业、政务和媒体系统中均有应用，其优势在于通过大数据和人工智能深度学习实现舆论事件发展、演变，以及未来走向的自动化预测、研判；突发舆情事件时，回溯事件相关数据信息，宏观分析整体舆情事件，提供决策参考。

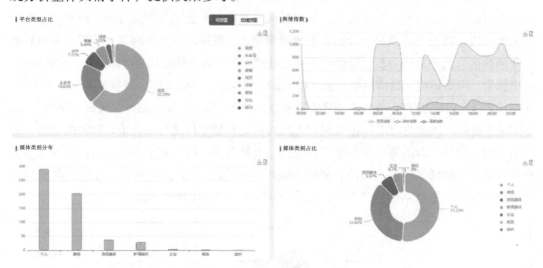

图 3-8　清博舆情监测系统的可视化呈现

3.4.2　视频类网络舆情信息监测系统

　　文盾内容安全感知与检测平台（www.hnwendun.com）是湖南文盾信息技术有限公司敏感数据感知与风控平台的应用分支。该平台采用依托 BP 神经网络的图片内容检测技术，实现对图片内容的有效检测。采用音频指纹技术，利用机器学习训练违规音频检测模型，最终实现对音频内容的检测。同时采用深度学习和 BLSTM 网络技术，结合人类视觉感知和人脑注意力方面的研究，对视频的时空特征和内容信息进行采集，实现更准确高效的视频内容检测（如图 3-9 所示）。对该平台视频内容检测流程进行简要概括就是：视频转码压缩—视频流分析—截图/截帧分析—视频特征分析。目前，该平台音视频检测技术已经在部分项目中进行运用，总体而言领先于大部分仅用视频标题关键字进行监测的系统。

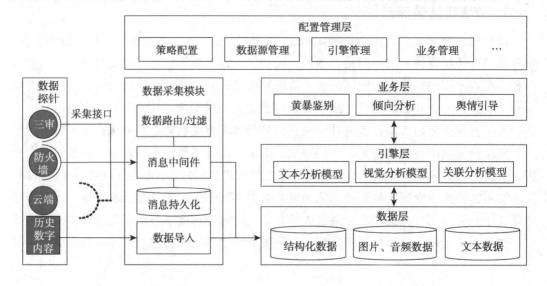

图 3-9　文盾内容安全感知与检测平台的总体框架

3.4.3　社交媒体类舆情信息监测系统

1. 舆情通政企舆情大数据服务平台

舆情通（www.yqt365.com）是新浪旗下的舆情监测平台，拥有新浪微博官方数据，对新浪微博内容监测有着天然优势。该平台可以实现视频监测、全文搜索、热搜监测和以图搜图等舆情发现方式，同时还可以进行全网事件分析、微博事件分析、微博传播效果分析、评论分析和热度指数等多种舆情分析（如图 3-10 所示）。该平台在音视频处理上也有一定的先进性，可以进行图像 OCR 识别与主体检测、音频对象识别、字母与弹幕识别提取、视频对象识别与分类。除了 PC 端使用以外，该平台还支持 Android、iOS 客户端下载使用。

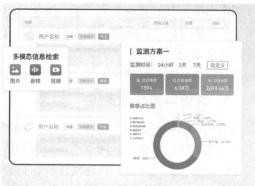

图 3-10　舆情通舆情监测与分析功能

2. 微热点

微热点（www.wrd.cn）是新浪旗下的另一款舆情监测产品，相比于舆情通更开放，收费更低廉，更适合大众使用。微热点也是以新浪微博的官方数据和采集到的全网数据为基础，提供微博事件分析、微博传播分析、微博情绪和全网事件分析等功能。用户在微热点官网首页的搜索框输入人名、地名、机构、公司或事件等关键词，即可查看其 24 小时内的全网热度概况、全网热度指数趋势和全网关键词云，免费注册登录后还可以查看更细致的热度指数和微博情绪分析。此外，通过该平台还可以进行微博传播分析，分析单条博文的传播路径、转发层级、转发评论趋势图、关键传播路径、引爆点、转发评论者地域分析、评论分析等，对微博内容的分析非常细致。

3. 文盾微信舆情监测系统

文盾微信舆情监测系统可及时监测各个微信群、微信公众号、朋友圈等发布的相关信息，做到微信舆情的及时掌握，帮助政府单位对辖区内街道、社区、村镇中的各种微信群、公众号、部分朋友圈进行舆情监测，掌握民众的舆论动向，同时政府单位可在该平台建立官方到社区各群的信息发布渠道，及时向微信群推送相关通告消息等，实现信息精准发布，协助政府单位及时发现重大舆情，督促各级积极应对，增强政府公信力及服务政府决策等。该平台支持 500 个以上微信群监测，能够抓取群内所有文字消息；支持微信公众号监测，可监测包含关键词的公众号文章，并进行倾向性判定，必要时可以审核推送至相关微信区；支持微信朋友圈的管理，能自动抓取和分析朋友圈发布的消息内容，并根据设定的判定规则，如敏感词、倾向性等条件分析，得出综合评价。

3.4.4 境外网络舆情信息监测系统

1. 军犬舆情监控系统

军犬舆情监控系统（junquan.com.cn）是中国科学院旗下公司开发的产品，是目前国内较为专业的舆情监测系统。军犬舆情最早推出各国语种（中、英、法、西、俄、朝、日等）和少数民族语言（藏、维、蒙、彝等）的监测，覆盖 500 多个境外站点，可实现对境外网络舆情信息的有效监测。军犬舆情运用大数据和人工智能技术，实时对海量数据进行采集和智能分析，实现舆情监测、舆情分析、舆情预警、舆情报告、舆情导控、身份落地等舆情全流程服务。军犬舆情提供 PC 端、移动端和超屏端三类平台使用服务，将监测到的信息以短信、App 和弹窗预警三种方式进行预警，还可以生成舆情简报和舆情专报。

2. 蚁坊舆情监测系统

蚁坊舆情监测系统（www.eefung.com）是一款主要面向政府的舆情监测系统，包括鹰击早发现系统、鹰眼速读网系统、鹰领舆情态势和舆情报告四种产品和服务。该系统可实现实时监测、及时预警、快速阅读和综合分析等，还可进行事件监测、重点网站监测和多语种监测等，对国外的新闻网站、社交网站等实现有效监测。该系统可支持自定义主题监测，如对特定区域（如美国、日本、俄罗斯等）、媒体类型（如 Facebook、Google+、Twitter、VKontakte 等）、时间范围（如近一周、近一月、近三月）的热点舆情数据进行自定义监测。分析内容包括舆情的滋生来源、传播声量大小、影响地域/范围、传播媒体、舆情情感倾向以及舆情演变发展趋势等，帮助组织机构掌握海外舆论情况。

思考题

1. 简述网络舆情信息监测的规范化操作流程。
2. 网络舆情信息监测的主要信息源有哪些？分别有什么特点？
3. 结合实际谈谈网络舆情信息监测的未来发展。

即测即练

第 4 章

网络舆情报告写作

移动互联网的发展和新媒体的崛起促使媒介环境发生了翻天覆地的变化，人们接收信息的方式不断简化，传播信息的门槛得以降低。媒介话语权下放，公民互联网参与更加频繁，网络舆情的规模也呈指数增长。决策者从中提取出关键信息的难度不断攀升。因此，以报告文本的形式对网络舆情进行汇总分析与反馈，形成简明扼要的网络舆情报告，对于提升网络舆情治理效能具有重要意义。网络舆情报告一般包括舆情事件概述、网络舆情的传播情况和媒介报道情况、网络舆情的未来发展态势以及应对建议等内容。本章内容将在整体把握网络舆情报告概念的基础上，阐述网络舆情报告编制与报送。

4.1 网络舆情报告概述

网络舆情报告，即针对某一特定的事件或主题，选定时间、区域范围，整合归纳与此相关的网络舆情信息，辅之以针对性的分析，并按照一定的逻辑结构编制的书面报告。网络舆情报告内容多元、形式灵活，可依据服务对象和所掌握的舆情信息选择恰当的框架范式和语言风格，形成兼具科学性、可读性和实用性的报告文本。

4.1.1 网络舆情报告的原则

1. 客观性原则

网络舆情报告主要用于呈现网络舆情现象并为决策者提供科学决策依据，服务舆论引导和形象修复工作。立场偏颇、内容不实可能会引起判断失误，进而引发错误决策，不利于后续处置的开展。因此，客观真实在网络舆情报告编制中非常重要。首先，网络舆情报告的撰写要基于多渠道信息追溯，保障呈报信息的真实性和准确性，避免出现数据、要素上的错漏。其次，要在文本中真实呈现舆情事件的受关注程度、严重程度等，不夸大成绩也不逃避问题，力求以第三方视角全面反映各方声音，不刻意隐藏或无故忽视任何一方的发声。最后，要保障撰写内容的用词精准、逻辑严密、观点可靠，避免文本呈现上的错漏影响读者进行客观判断。

2. 时效性原则

网络舆情传播迅速、复杂多变，如果不能及时掌握信息并作出反应，就容易陷入被动。因此，网络舆情报告要格外注重时效性。对于近期发生的重大事件或某些领域受到关注的热点事件，要迅速反应，第一时间搜集和梳理信息，编制网络舆情报告并及时向相关机构报送。对于某些发酵周期长的舆情热点事件，还需以日报、周报、月报等形式持续追踪事件发展和网络舆论变化，以便及时掌握最新舆情动态，防范"次生舆情"。

3. 专业性原则

网络舆情报告要重视内容深度，具有专业性。撰写者应主动积累专业知识和舆情工作经验，并在写作时充分结合全网舆情信息，形成由表及里的研究型报告。应借力多样化的数据分析软件和平台，以确保信息完整、论据充分、结论科学。

4. 简明性原则

网络舆情报告服务于危机应对、声誉管理、舆论引导等现实需求，要注重实际传播效率和传播效果。报告应当简洁清晰、富有层次、观点明确、便于理解，以便决策者能够在纷繁复杂的网络信息中以最少的时间和精力成本掌握网络舆情概况，捕捉重点内容。

4.1.2　网络舆情报告的功能

1. 整合信息

网络舆情报告可以帮助服务对象快速、高效、准确地收集网络观点和把握社会动态。网络言论多聚焦于问题浅表，且海量内容中存在诸多冗余信息。去冗余，取精华，才能提高网络舆情信息的利用率，保障舆情治理工作的科学和高效。因此，需要对收集到的网络舆情进行加工，通过客观科学的归纳总结，形成简明的舆情报告，才能帮助决策者从中快速获取有价值的信息，从而在最短时间内把握舆情要点。

2. 沟通民意

网络舆情报告是民意上达决策者的重要载体。随着网民规模的稳步增长，网民行使监督权的方式也发生了变化，互联网已经成为群众发表观点、表达诉求、提出建议的重要渠道。网络意见集合是社会治理的"富矿"，但由于个体观点多元且分散，需要有人员对网络意见进行提取，将网络舆情中的核心要义反馈给决策者，帮助其全面听取公众意见，汇集民智。网络舆情报告正是民意高度凝练的产物，决策者通过舆情报告能够迅速知晓民众关心什么、想要什么，从而比照政策蓝本，切实走深走实新时代党的群众路线。

3. 支持决策

网络舆情报告可以为决策者提供较为充分的信息支撑和适当的治理参考。面对舆情事件，除了对舆情进行"降温"，更重要的是解决舆情背后的现实问题。网络舆情报告以社会问题为导向，集中梳理与特定问题有关的全网信息，能够为政府、企事业单位等服务对象实施综合治理提供所需的信息线索，帮助其更加准确地洞察社会动态，及时找到问题症结，最大限度避免舆情风险扩大化。同时，网络舆情报告中通常会包含网络舆情应对策略，相关内容可供决策者参考借鉴。

4. 留存"判例"

网络舆情报告通常以完整的文本形态呈现，是事件复盘和经验教训总结的重要参考资料。当后续治理工作中遇到类似情况时，即可从案例库中调取过往的网络舆情报告，并将其作为现实"判例"，汲取经验，辅助当下舆情事件的处置应对。

4.1.3 网络舆情报告的分类

网络舆情报告的编制并无严格统一的写作范式，依据其功能、时效、内容、地域等特征，可以将网络舆情报告划分为多种类型。

1. 不同服务对象的网络舆情报告

根据服务对象不同，网络舆情报告可以分为政府网络舆情报告、企业网络舆情报告、高校网络舆情报告等。政府网络舆情报告包括政府部门对自身舆情的分析以及了解社会动态的报告。一方面，政府需要就新的政策措施听取社会意见，关注本单位运作过程中出现的问题纰漏，对涉及本单位的网络评价进行收集；另一方面，政府也要对全社会范围内普遍关注的议题进行追踪，梳理总结相关网络舆情信息，并对其所造成的社会影响进行预估。因此，政府网络舆情报告的内容较为丰富，体量相对庞大。企业网络舆情报告是企业对互联网上涉及自身发展的政策新规、行业动态及运营情况等信息汇总分析后所形成的报告。此类报告聚焦于特定的企业，以风险防控为目的进行资料收集和汇报，核心要义是维护企业声誉和减少经济损失。高校网络舆情报告则是针对某一特定院校，就其已经发生或潜在的网络舆情风险进行针对性报送的文本内容。此类报告以教育事业发展为背景，就自身在教育管理中的问题进行汇报。此外，其他网络舆情工作机制相对成熟的单位或社会组织也会编制聚焦于其自身发展的网络舆情报告，用于内部管理和风险规避。

2. 不同时间跨度的网络舆情报告

根据时间跨度不同，网络舆情报告可以分为网络舆情日报、网络舆情周报、网络舆情月报、网络舆情季报及网络舆情年报等。根据每日、每周、每月、每个季度或年度的舆情动态，分别采取不同的报告形式，呈现某个时间周期内的舆情发展态势，梳理归纳舆情信息，研究分析舆论情况，为舆情应对提供参考。网络舆情日报追踪每日舆情变化，时效性和针对性较强。在一些重大突发、冲突集中的热点事件面前，采取每日一报有利于及时发现网络舆情中的新情况，为问题解决与舆情应对提供依据。网络舆情周报、月报、季报和年报等通常汇总一段时期内的监测数据并加入分析与研判内容，更加注重阶段性的总结与评价，具有一定的前瞻性，为下一阶段工作给出综合指导。实践中，决策者要依据自身资源配置、行政级别以及舆情工作的重要程度等因素，选择具体的报送周期。

3. 不同内容侧重的网络舆情报告

根据网络舆情报告的内容侧重可将其分为思想反应类网络舆情报告、对策建议类网络舆情报告和专题分析类网络舆情报告。思想反应类网络舆情报告注重意见收集和整合，主要是针对当下的特定热点事件或社会长期存在的某一重要议题，汇编网民在网络公开平台上所发表的观点、言论，内容包括即时性流行观点和共识性经典论调。对策建议类网络舆情报告侧重于解决问题，通常会在归纳总结媒体、专家、网友意见的基础上，为促进社会问题解决提出一系列切实可靠的对策建议。专题分析类网络舆情报告总结性较强，注重对某一类事件或某一系列重大网络舆情事件进行综合性解读，剖析此类事件及相关事件的共性，挖掘传播规律，为政府部门、企事业单位或其他社会组织处置类似情况提供参考。

4. 不同地域属性的网络舆情报告

根据区域要素的不同，网络舆情报告可以分为区域性网络舆情报告、全国性网络舆情报告和全球性网络舆情报告。区域性网络舆情报告立足特定区域范围内的网络舆情热点，为地方部门及时掌握和治理舆情提供依据，防范和化解舆情风险，解决现实问题。全国性网络舆情报告着眼于具有全国性影响力的热点事件或话题，收集和梳理媒体、网民等多方意见，并通过报告文本汇报给本单位领导以及上级管理部门，以便国家层面快速、准确地掌握网络舆论态势，并指导涉事单位及时介入治理。全球性网络舆情报告是指针对具有国际影响力的网络舆情所撰写的研究报告。此类报告通常涉及国家安全、国家形象等，涵盖国家领土主权争端、贸易战、文化渗透以及宗教问题等诸多具体议题。

4.1.4 网络舆情报告的基本要求

1. 科学选题

网络舆情报告选题空间宽泛，没有特定的主题限制，但为了提升报告的效用性，撰写时应当以事件的价值、热度、敏感程度以及有无扩大化趋势为选题标准，编制和报送服务对象所需的网络舆情信息。

1）价值

网络舆情报告的价值在于是否为服务对象提供了符合其需求的信息，报送内容是否对当前问题的解决或涉事单位的长远发展有帮助。在选题过程中，要秉持需求导向，判断报告主题与服务对象的相关性，选择利益关联度高的话题优先报送。如某项民生政策出台后，民众是否准确地理解和认同该政策、有没有相关建议等，是政府部门希望获取的关键信息。因此，网络舆论对该政策的反响应该作为舆情报告的重点选题。

2）热度

选题的热度是指相关话题受到社会的关注程度。热度越高，说明越多的网友注意并参与到该舆情事件的讨论中，表明该事件具有重要性。编制网络舆情报告时应优先选择热度更高的事件，帮助决策者及时掌握热门议题的核心信息。值得注意的是，能够引发网络舆情的事件通常都是有热度的，但并非所有具备热度的事件都要被写进舆情报告。一般来讲，报告应包括对全社会皆有影响的高热度事件，但对于低热度网络舆情事件则应依据其他选题标准进行二次衡量，非必要时可不向上级报送。

3）敏感程度

选题敏感程度是群体利益矛盾冲突程度的外化表征，网络舆情事件涉及的群体越多、关系越复杂，敏感程度就越高。如民工讨薪属于一般社会事件，但若出现大面积讨薪潮、涉事企业与黑恶势力勾结、官商相护等爆点时，该舆情事件的敏感程度则会大幅提升。网络舆情报告选题时应格外注意敏感话题，特别是涉及军政要务、社会思潮、民主人权等方面的内容时,要及时提报。即使相关议题的热度较低,如果该话题被炒作的可能性较大,也应在发现苗头时就尽快形成舆情报告并上报。

4)扩大化趋势

网络舆情报告的选题还应具有前瞻性和预见性,对于明显存在扩大化风险的网络舆情事件,要及早提报并预判其发展趋势。网络舆情千变万化,在编制网络舆情报告时,要及早捕捉到出现的各类苗头性、趋向性信息,发现潜在问题,并在数据处理与分析的基础上,把握舆情发展规律,对其未来发展倾向作出一定的预测、预警与预防,帮助相关主体及早采取应对措施,减少网络舆情的负面影响,避免热点形成后陷入被动的尴尬局面。

2. 规范撰写

1)主题明确

网络舆情报告的内容应当紧密围绕主题展开,突出对核心信息的呈现和分析,确保主题明确。撰写时可以适当举例类比,但切忌天马行空,喧宾夺主。

2)结构清晰

网络舆情报告要根据不同需求、不同主题和不同类型等合理安排具体要素、内容结构等,做到层次清晰,具有逻辑性。

3)信息完整

网络舆情报告要完整地呈现相关网络舆情中涉及的事件要素、网民观点等内容,切忌瞒报、漏报。在剔除无意义表达的基础上,对信息进行梳理汇总,凝练出理性的、具有建设性和代表性的观点编入报告当中。

4)格式合规

网络舆情报告没有统一的格式要求,但要注意报告结构完整,图例清晰。撰写时要注意前后文的表意一致性,成文内容要逻辑严密,符合读者的阅读习惯。此外,还要避免错别字、错误表述、歧义表述等问题。

3. 注重效用

网络舆情报告服务于实际工作,首先要考虑实用性,要通俗易懂、简明扼要、突出重点。行文中要避免华丽的词汇和深奥的专业术语,语言精练,不铺陈、不赘述、不渲染。语言表达要考虑读者的阅读习惯,简洁朴实,具有亲和力,方便理解,切忌使用高高在上、冷漠呆板的官话套话以及具有争议性的词语,要以中性客观的视角呈现网络舆情内容。

4.2 网络舆情报告编制

4.2.1 报告前期准备

1. 初步认知舆情

编制网络舆情报告前要对舆情事件形成基本认知和初步判断,从传播情况、网络反响和舆情回应等着手,讨论该网络舆情是否要报送、向谁报送以及如何报送。

传播分析主要包括传播过程分析和传播渠道分析。传播过程分析侧重呈现舆情事件或话题的产生发展过程，着重寻找传播转折点及形成原因。例如，2021年特斯拉车主维权事件中，《金融时报》《每日经济新闻》《经济观察报》等多家媒体的报道促成了第一次舆论高峰，后续特斯拉的强硬式回应再次助推舆论热度攀升。传播渠道分析关注舆情信息在各类传播平台分布占比及占比变化，包括微博、抖音、微信等，用于寻找舆论主场域，判断舆情主体在不同舆情传播场域的影响力。

受众反馈分析侧重网民意见倾向，抓取和分析网友观点，关注受众反馈的渠道分布、网络热词与政治隐喻等方面，推测舆情事件本身特征，观察舆情生态变化。

舆情回应分析则聚焦舆情当事人判断和处理舆情危机的本领和水平，具体可从官方回应的时效性、回应信息的真实性、动态反应的针对性、公信力大小、问责整改力度、应对技巧等角度展开，评估舆情回应的实际效果。

2. 确定关注指标

撰写网络舆情报告前要先确定需要关注和测量的指标。在形成研究报告时，工作者需要重点呈现舆情事件或话题的讨论度、传播平台的影响力、舆情事件的总体情况等指标测度结果。常用的测度指标包括舆情热度指标、媒体指标和综合性指标三种，具体如下。

舆情热度指标，又称热度指数、热度系数等，是人们对某一事件或话题进行讨论的热烈程度，包括关键词热度指标和事件热度指标。例如，人民网每年会制定包括报刊、网络新闻、论坛、博客等媒介形态的舆情热度指标体系，并邀请舆情研究领域专家对各形态的权重进行赋分，在统计处理后得出各媒介形态在舆情事件或话题传播中的比重。具体应用上，会将一定时期的热点词汇数据代入上述体系，计算出该词热度。事件热度指标则需要提取若干相关关键词，再计算这些关键词的热度。

媒体指标包括新媒体评估指标和媒体融合指标。新媒体评估指标主要基于微博、微信、客户端等平台，可以用来衡量官方微博、微信等的影响力。微博平台上，需要微博阅读量、评论量、转发量等元素。例如，《人民日报》官方微博影响力指数的评价体系包括传播力、服务力和互动力3个维度，传播力以微博阅读数衡量，服务力包括主动评论数、私信次数、私信人数、发博总数和原创发博数，互动力包括被转发、被评论、被赞等。官方微信传播影响力可以参考人民网的WMI指数（微信传播力指数），从微信公众号总发文数、总阅读数、点赞数、最高阅读数、最高点赞数等方面衡量。媒体融合指标结合各大媒体积极推进传统媒体与新兴媒体融合发展的现状，通过整理传统终端、网站、微博、微信、客户端、App等平台的数据，计算各指标权重，考察各大传统媒体（报刊、广播电台和电视台）在传统终端、PC端、移动端的综合传播力。

综合性指标可以帮助我们深入评估舆情事件的总体情况，需要通过长期研究相关行业并与相关专家充分沟通与反复论证。

3. 选择合适的报告范式

编制网络舆情报告前，要根据所服务对象的需要，选择合适的舆情报告范式。要明确报告涉及的时间跨度、地域属性、事件属性等，有所侧重地开展编制活动，具体类别范式参考"4.1.3 网络舆情报告的分类"和"4.2.3 报告的写作"部分。

4.2.2 报告的基本要素

网络舆情报告以实用为主,可根据具体用途变化内容和形式,但是标题、导语、正文和结尾必不可少。网络舆情报告包括事件概述、舆情概况、发展趋势、对策建议等要素。

1. 事件概述

事件概述部分相当于报告的导语,主要介绍舆情事件或话题的基本情况,告诉读者这篇报告是围绕什么内容展开的。应当交代事件发生的时间、地点、传播者、情节、争议点等或话题产生原因、讨论情况等,如果事件或话题仍在发酵,需要说明最新情况或阶段性进展。此外,还可以加入背景信息,解释事件或话题出现的背景。背景信息也可作为单独部分呈现。

2. 舆情概况

舆情概况是整个报告中最重要的部分,用以呈现与该事件相关的舆情要点,包括传播分析、观点分析、情感倾向分析等内容。

传播分析方面,网络信息来源多样,包括官方发布、媒体报道、个人披露等。信息上网后会通过不同的传播渠道发酵,诸如微博、抖音、微信等都会成为传播的重要介质。撰写舆情报告时可以借助各种统计图表直观呈现信息的分布和传播情况,如扇形图可以用来描述不同平台的信息量占比、折线图可以用来表现信息在不同时间段的热度走势等。

观点分析方面,需要关注媒体、网友、专家等多方观点。媒体作为传统把关人的代表,具有较高的影响力和号召力,更容易被看见,并通过转发、评论等方式扩大传播范围;网友观点相较媒体更加多样,也更容易形成情绪化传播,是网络舆情报告分析的重点;专家在各自领域有专门的技能或全面的专业知识,造诣较高,其观点往往具有专业性和权威性,更容易得到媒体和网友的信任和支持。一些媒体会在新闻报道中加入专家和网友的观点以表明自身的"第三方"立场,报告编制者在搜集整理信息时要仔细甄别。

情感倾向分析方面,要在报告中直观地体现出总体情感的正负性,在此基础上可以将情感属性进一步细分,呈现出愤怒、喜悦、疑惑等情绪的占比。

3. 发展趋势

基于网络舆情概况,对舆情传播规律和未来走势进行深剖。比如,当下网友对某一热点事件的关注度较高,评论分化严重,对涉事主体造成了一定的压力,那么在未来一段时间内,有关该事件的网络舆情是否可能会平息?如果未平息,随着关注和讨论的深入,会有哪些潜在风险,在未来一段时间可能出现的情感倾向是什么?如果相关主体回应不及时或不当,可能会形成哪些新的负面舆情?

4. 对策建议

网络舆情报告应尝试提出相关对策建议,为决策者如何治理舆情提供参考。

4.2.3 报告的写作

根据用途和目的的不同,网络舆情报告的架构设计和写作方法也不同。本节将重点介绍周期性报告、专题性报告和综合性报告的架构设计和写作方法。

1. 周期性报告

常规舆情报告通常是周期性报告，分为日报、周报、月报、季报和年报，不同时间周期内的舆情量级和内容侧重点不同。

1）日报

日报是为了掌握当天的最新舆情动态，篇幅短、时效强，要求"快、新、全、准、精"，内容一般围绕三个方面：一是敏感信息，指对政府或企业等相关单位造成不良影响或潜在危险的信息；二是重要信息，需要整理当日与特定主体相关且受到一定关注的热门信息、重要媒体的报道等；三是与政府或企业等单位重要人物相关的舆情信息。舆情日报可分为信息摘录型和分析评价型。

信息摘录型舆情日报以信息搜集与整理为主，强调迅速、准确把握舆情主要观点和基本走势。写作时应注意数据可视化和观点凝练，切忌全盘搬移。首先，要进行观点分类，避免反复出现同质化信息。其次，要切中要害，优先选择与主体关联度较高的重要信息，而后再进行适当的二次加工，如删减情绪化表意、突显舆情"痛点"等。此外，可以通过折线图、饼状图、柱状图等图表形式来直观反映舆情分布和走势。

分析评价型舆情日报突出对舆情的深剖，旨在预判舆情走势和提出处置策略。舆情工作者需要在当日数据的基础上，综合媒体报道、网民反馈和专业知识等对舆情事件进行深度解剖，并给出初步的处理意见供决策者参考。分析评价型舆情日报多应用于影响大、热度高的舆情事件，不仅对当前事件具有指导意义，而且对同类型事件具有借鉴价值。

2）周报

周报与日报的不同之处在于监测周期、舆情信息量和篇幅，前者对于数据及趋势走向、重点、焦点等进行综合分析的要求更高。二者也有共通之处，信息整理型和分析评价型报告的要求也同样适用于网络舆情周报。

常见的周报形式还包括"地方 + 全国"型周报、"整体 + 个案"型周报。其中，在典型个案汇编时应注意挖掘热点话题的传播细节，关注首次曝光的媒体、传播拐点、网络舆论观点、网友意见分布与倾向等信息特征及变化，为后续舆情分析提供经验借鉴。

3）月报

网络舆情月报主要用于阶段性总结和经验汲取，一般包含 3 个要素。其一是数据，它是舆情月报的根基，要求对本月所有重要舆情信息进行统计，并在此基础上整理归纳、科学运算和深度分析。其二是态势，即以数据、各渠道信息和各种关联因素为依据，对本月发生的舆情现象进行总结和评价，呈现出舆情传播的基本规律。其三是趋势，要基于对本月舆情的全面了解，讨论相关责任主体所处的舆情环境变化以及未来舆情的发展趋势。

舆情月报的常规结构包括本月舆情综述、重点案例解析、舆情特点总结、舆情风险预测和研判建议等部分。本月舆情综述应当总结本月舆情态势，明确主次。重点案例解析应当对本月发生的高热度案例进行解析，既要有正面案例，也要有反面案例。舆情特点总结、舆情风险预测和研判建议主要用于深度剖析，为后续工作开展提供行动指南。

值得注意的是，月报、季报和年报作为体量较大的网络舆情报告，可将相应阶段内的行业发展情况、同类型组织的舆情应对经验等作为补充信息编入其中。

4）季报和年报

网络舆情季报和年报时间周期较长，要求对此时间周期内舆情的产生、发展及传播情况进行全面综合且深入的分析，注重从宏观上把握舆情发展传播规律和特点，以及判断未来舆情风险或走势并给予建议。

2. 专题性报告

专题性报告通常具有较强的目的性和针对性，包括突发事件类舆情报告、宣传评估类舆情报告、会议政策类舆情报告和话题性舆情报告。

1）突发事件类舆情报告

突发事件类舆情指突然发生的对主体形成冲击或造成社会危害的舆情，具有以下特点：第一，舆情突发，热度高涨，涉事主体措手不及；第二，在短时间内迅速传播，部分突发性舆情会呈现传播的长尾效应；第三，负面倾向明显，自媒体渠道的批评信息较多，占比通常过半，甚至出现绝大多数占比的局面；第四，复杂多变，群体体量直接决定舆情的热度及影响力。突发事件类舆情报告要包含舆情概述、传播分析、舆论观点、态度分析以及对策建议等内容。

舆情概述主要用于全面呈现报告的总论和核心观点。概述需要传递大量的信息，客观全面地呈现舆情发展的整体情况。概述内容通常要包括舆情发展现状、舆情传播数据、传播渠道及特点解析、研判建议，给出舆情的总体性定论。概述部分应当详细说明首发媒体及时间、首发标题和内容、转载等有关信息源的情况；应当呈现各个渠道信息传播量的统计情况，以数据说明核心传播渠道是什么，并对其进行更加详细的分析；最后以研判为结尾，重点突出宏观分析结论。若是信息传播量较少，舆情报告的概述部分也可直接呈现舆情事件或话题自身的核心矛盾点。对于自媒体渠道首发的舆情事件，概述的核心内容可聚焦相关媒体的传导力和关键时间节点，数据相较而言就不是那么重要了。

传播分析主要包括分析传播渠道、传播拐点及诱因等。分析传播拐点，可以明确导致舆情出现衰退或信息量骤减的原因，获知不同渠道的作用力。传播渠道分析主要以图文呈现（即舆情传播趋势图）的方式对信息传播过程展开分析。舆情传播趋势图可以清楚呈现各渠道在不同时间点的信息量增减，据此判断未来信息量变化。传播分析着重观察各节点的传播推动力，查找促使舆情传播变化的报道、信息或事件的转折。报告精准把握舆情的细微变化，能够提高舆情研判的准确性。传播分析与研判应当具有关联性，切忌割裂。

舆论观点及态度分析可从倾向性分析和观点分析等维度呈现。倾向性分析需要聚类分析舆情信息所传递出的意见倾向，也可通过图文形式详细解读；随后分析不同倾向舆情信息的权重，即可获知舆论焦点、舆情分类和关键点。倾向性聚类既可偏向正面、负面、中性等宏观层面，也可偏向赞成、反对、弃权、纠结等微观层面。倾向性分析可呈现舆情的阻力所在，为制定舆情应对策略提供借鉴。

对策建议指对舆情的发展脉络进行梳理分析后所提供的处置意见。该部分重点针对当前突发事件处置及次生风险应对提出切实可行的应对策略。其重点在于转危为机，要善用技巧，助力形象和声誉维护。

此外，突发事件类舆情报告还可根据舆情发展状态，调整增加舆情影响、处置效果评估、风险提示等内容。

2）宣传评估类舆情报告

网络舆情包括正面、负面和中性信息，宣传评估类报告就是针对正面信息进行深入分析的舆情报告。随着政府和企业危机管理的不断优化，危机应对和舆论引导能力逐渐加强，负面舆情处置变得更加游刃有余，而正面宣传却成为"短板"。当下，部分政府和企业的正面宣传策略单一、语言生硬，难以在多元社会中达到预期效果。由于宣传策略和最终效果的偏差，需要通过评估报告来反思问题所在。以舆论反馈为主要内容的宣传评估类报告满足了这一需求。在形成报告时要遵循以下步骤。

首先，完善分析体系，确定评估模型。不同于危机管理报告的重点在于寻找负面舆情的转机，宣传评估类报告更加关注舆论场对于信息的反馈，因此需要根据具体的宣传情况选择分析体系和评估模型。分析体系以传播路径和渠道为基础，以网络舆论为关键，最后得出有关传播特点和亮点的结论。

其次，把握外部环境，科学客观评价。评价宣传工作不能独立评价，需要结合宏观环境、产业或领域环境等开展全面评估。宏观环境指的是国家层面的方针、战略、体系、政策等顶层设计与规划；产业或领域环境指的是在有关产业和领域内的发展趋势。通过观察二者的契合度，有助于更准确地评估传播效果。

再次，关注整体效果，形成最终结论。评估宣传效果要以特定宣传活动为时间点，综合语言措辞、版面呈现、发布时机、发布渠道等细节，结合社会以及行业环境、企业性质等元素，对比前后认知、情感和互动方面的变化，如美誉度、与受众的有效互动等。作为较常见的宣传手段，借势宣传也应获得关注，在评估借势宣传的效果时，应当侧重考察宣传效果与"势"的契合程度，二者越契合，正面宣传效果就越显著，反之则越差。

最后，宣传评估类舆情报告可以通过数据可视化呈现，提升报告内容的可读性。第一，可用数据展示分析结论，以数据来代替相关结论的推导过程，清晰直观地展现所获信息与所得结论之间的关系；第二，可用关联数据分析解释抽象概念，使得抽象概念具象化，但要注意避免偷换概念；第三，用图表代替复杂描述，描述过多、过细可能会造成报告的冗长啰嗦和重点缺失，合理使用图表可以减少或避免相似问题出现。

3）会议政策类舆情报告

会议政策类舆情报告用于分析重要会议、相关政策的舆情传播形势，为有关部门和机构把握社会舆论反响提供参考。报告主要包括舆情传播分析、观点分析和导向分析。舆情传播分析需要从传播路径、具体内容、传播渠道来衡量会议或政策舆情的传播情况，特别是注意媒体的报道角度、语言、版面等潜在信息，同时结合具体内容所传达的表象信息，最终形成舆情传播分析。舆情观点分析要着重观察媒体的观点，包括自媒体，可按照媒体国别（境外媒体和境内媒体）或媒体属性统计分析观点。舆情导向分析关注新闻媒体的议程设置功能，即新闻媒体在传播会议或政策相关信息时，对舆论的影响及引导效果。

该类型报告在写作时要从主流意识形态、舆论共识层面进行观察，要有高度和深度，分析时要兼具全面性和逻辑性，行文时要科学严谨，精益求精。

4）话题性舆情报告

话题性舆情报告通常指向现象级舆情或话题性、新闻性人物及客户群体的舆情，关注度高，时间周期较长。现象级舆情指的是具有较高讨论度，可发生在多数领域、行业、组织机构，多个事件的核心问题均围绕同一深层原因，并且一些元素不断蔓延、发展，短时间内很难处置的舆情。编写现象级舆情分析报告时，首先要明确分析的主线——核心现象级舆情，即舆情事件背后所映射的社会现象、问题、趋势，而非具体事件。报告也要分析具体案例，对成因、影响因素、发展趋势进行深入观察、分析与挖掘，形成研究结论。

人物舆情形象分析报告通常选取具有新闻性的人物，应结合具体事件和相关单位，呈现人物的舆情性格、个人品牌形象和标签等内容。要关注舆论对话题人物的倾向以及关键词，呈现舆论态度，聚焦正面与负面之间转变的可能性，以及变化的成因、背景等内容。

此外，话题性舆情报告也可用于客户舆情画像，关注的是某个群体的行为、观点和态度，分析思路与人物舆情形象报告相近，注重描摹客户群体的整体舆论倾向，采用聚类分析推导出关注点、影响要素等结论。同时，报告也可对具体评论内容和群体展开关联分析，如通过某一群体对相关热点事件或话题的评论语言，可以看出他们的思维逻辑习惯，从而获得年龄、工作等线索，为相关数据和结果纠偏提供参考。

3．综合性报告

网络舆情蓝皮书和排行榜类报告是常见的两种综合性报告，一般由专业的舆情分析机构或研究团队编制，用于宏观反映社会动向或为特定行业提供参考和行动指南。

1）舆情蓝皮书类报告

蓝皮书，通常指第三方所完成的综合性研究报告。舆情蓝皮书涵盖了行业舆情蓝皮书、政策舆情蓝皮书、重大事件蓝皮书等类型。不同类型蓝皮书的内容侧重点也不同。舆情蓝皮书依托于数据调研与分析，一般包括舆情环境概述、受众分析和趋势分析。

舆情环境概述重点关注传播分析与观点分析，是对研究对象所面临的政策环境、媒体环境、意见领袖认知现状以及网民评价的总体概述。政策环境是指宏观的政策背景及导向，是一切舆情报告编撰的原则性指南。媒体环境分析，需要梳理某个时期媒体对于研究对象的报道内容，精细分析报道的关注点、文章倾向、版面权重，综合媒体分布，描述媒体报道的整体情况。意见领袖认知现状分析，需要梳理某个时期内网络意见领袖的领域职业分布、讨论的具体话题、观点倾向性及发声渠道，知晓意见领袖对研究对象的认知状态。网民评价分析，需要重点关注网民评论渠道和观点倾向，还可借助人口学画像分析，提升网民评价分析的精准性和细致性。

舆情蓝皮书中的受众分析可分为受众人群画像分析与受众行为分析等。受众人群画像分析，需要对与某一话题有关的人群在地域、性别、年龄、学历、爱好、收入、家庭等方面进行统计分析，得出受众人群的分布特征。受众行为分析，主要研究受众针对研究话题的共同行为倾向和模式，如习惯使用弹幕的用户经常传递主流价值还是负面能量，更愿意讨论表象还是讨论深层次话题等。

舆情蓝皮书中的舆情趋势分析，需要以传播分析、观点解析、受众分析等内容为基础，判断未来走向。严谨的数据信息搜集与分析、科学的理论依据以及全面的变量元素分析，是精准分析舆情未来走向的基础。

2）排行榜类舆情报告

排行榜类舆情报告通常包括前言或背景介绍、评估指标体系与说明、排行榜主要内容、对于排行榜数据的解析、典型案例分析、综合性分析、未来趋势与展望等内容。编写过程中，可根据具体情况增减内容，但评估指标体系与说明、排行榜主要内容不可或缺。对于排行榜数据的解析与综合性分析都是为了提升报告深度，通常需要二者择其一或整合为一个部分。综合性分析有时也可同未来趋势与展望整合为一个部分。典型案例分析可提升报告的生动性，可以视情况增加。报告体系越完善，越能展现科学性、客观性和权威性。

前言或背景介绍要包括研究背景、目的和意义、当前发展趋势、相关政策和方针、研究机构信息等，部分内容可以整合。评估指标体系与说明需要介绍评估对象和范围等，评估指标制定方法及权重，既可以使用文字，也可以综合使用图表等多种形式。排行榜主要内容通常采用表格的形式呈现，按照指标列出得分并排序，以增加可读性和可传播性。典型案例分析一般选择具有代表性的优秀案例，更生动地展示评估对象。综合性分析与趋势展望是结合榜单和具体指标，总结发展趋势，一般可以从内容呈现、传播效果、未来发展、媒体平台、技术运用等角度进行点评与总结。

4.2.4 报告编制的技巧

1. 善用工具，事半功倍

舆情报告写作中，如何从海量信息中快速、准确、深入地搜索到舆情事件的发展过程、发展拐点、媒体和网友评价等至关重要。"工欲善其事，必先利其器"，熟练掌握和运用舆情分析搜索工具以及网络舆情监测平台，可以提升报告的时效性和准确性。

1）大众化搜索引擎工具

大众化搜索引擎是基于特定的算法程序与运算策略，根据用户需求，从互联网中检索定制化信息并反馈给用户的一种检索工具。目前，市面上常见的大众化搜索引擎工具主要有百度高级搜索、搜狗微信搜索平台等。这些搜索平台能够基于特定的关键词，帮助分析人员快速收集到大量舆情线索，从而在复杂的数据中挖掘舆情事件的发展脉络、总结归纳媒体和公众的观点态度、掌握公众的情绪等。大众化搜索引擎的优势在于操作简单、方便快捷，能够为报告写作提供基础论据支撑。

2）新媒体平台检索

微博、微信、抖音、今日头条等社交媒体平台逐渐成为公众发表观点的重要空间，此类平台内置的搜索引擎能够帮助舆情工作者快速检索本平台内的舆情要点。以微博为例，分析微博热搜话题的关注程度、舆情走势、媒体或者网友观点等，能够为舆情报告的撰写奠定基础。在舆情报告中，热点事件的关注程度是常见的指标，在微博搜索中输入热点关键词，就可以轻松获取网民关注热点话题的总数据。此外，舆情报告还可以对微博用户的言论倾向性进行分析，从而迅速归纳网友对热点舆情事件的态度和看法，制作网友言论倾向分析图表。值得注意的是，在选取言论的时候，要尽量选取不同网友、不同媒体、不同意见领袖、不同学者的评论或者跟帖，以确保言论倾向的科学性、客观性和全面性。舆情报告也涵盖了对热点事件不同时间段的追踪统计。通过微博高级搜索设定关键词和时间点，可以清晰地了解舆情事件开始、发展、高涨和回落的演进过程。

3）专业化舆情监测平台

网络舆情体量庞大，仅通过人工搜索或者大众化搜索工具搜集信息不但效率低下，而且容易遗漏关键信息点。引进更加专业、科学、系统的网络舆情信息监测平台已经成为许多政府或企事业单位的共识。目前，市面上已有大量由专业舆情机构和科技公司共同研发的网络舆情监测平台，如新浪舆情通、人民网在线舆情监测平台、清博大数据、百度指数等。它们不仅能够通过计算机爬虫快速抓取所需信息，还能够在主界面上给出可视化的初步分析结果，如舆情热度走势、媒介来源等。编制网络舆情报告时，可以参考上述监测平台提供的数据资料，保障分析的科学性和全面性。

4）辅助性工具

熟练地运用和掌握一些辅助性工具和软件，能够使舆情分析师更加快速、便捷地制作出图文并茂、不同类型的舆情分析报告，增强报告的可读性。时下热门辅助工具的功能主要包括分析词频并制作词云图、分析热点信息的区域分布、识别图像及音视频的内在语义、解析事件的社会属性以及形成其他可视化成果等。

在图文和音视频识别方面，不少单位尝试利用人工智能技术推出语义解码的工具性软件，如百度识图可以通过用户上传的图片或者 URL 网址，找到相关的图片资源和信息，满足用户寻找图片来源、去伪存真、小图换大图、模糊图换清晰图、遮挡图换全貌图等需求，是一款网络辟谣神器，可以帮助舆情分析师客观、理性地研判网络舆情。

在词频分析和可视化呈现方面，诸如图悦、镝数、易词云、微词云等网站都可以用于在线作图和分析。以图悦为例，它是一款免费的词云图制作软件，在页面的左侧文本框输入长文或者 URL，右侧便制作出热词词频图，词频图的模式包含标准模式、微信模式和地图模式，舆情分析师可以根据自己的需要选择不同的词频图。

在地域分析方面，地图慧是行业内较早提出互联网交互式制图的企业之一，它能够将 Excel 工作表中的数据快速制作成各种焦点分布图、区域分布图、统计地图等，最终导出为地图图片或者地图应用，能很直观地体现到舆情报告中。

2. 规避"雷区"，提升报告质量

不同类型报告的写作格式有着不同的要求，规避舆情月报、半年报、年报、专报中的常见问题，能够提升舆情报告质量。

针对舆情报告的写作格式，标题不宜过长或过短、标志要清晰且摆放位置适当、设定的监测时间段要明晰、报告结构要完整、图例序号要规范、排版内容要统一。清晰、规范、完整的报告结构会给人以深刻的印象。

针对舆情月报，要综合性地处理和分析舆情事件。除了分析舆情趋势、热点、关注度、处置方式等内容外，还要深度研判舆情事件，通过对舆情数据的同比或环比比较，更加全面、立体地研判舆情，向决策部门发出警示并提出相应解决策略。要重点关注热点事件，将相关结论和数据与月报有机结合起来，覆盖点、线、面，增强报告深度与广度。

针对舆情半年报或年报，既要有个性化的提炼，又要有过往经验的总结，形式上要完整统一。要善于归纳总结共性问题、原因、难点、策略等，以便决策者对该领域舆情热点有宏观把握和微观认识。针对不同行业，舆情报告要反映不同行业特殊的活动情况、国家对不同行业的管理情况以及公众对不同行业的普遍看法。应注意行业的特殊性和独特性，兼顾公众对不同行业观点的变化。要正确处理舆情分析和客户之间的关系，要有"客观、理性、中立、包容"的职业道德底线，"知情不报"或者"为尊者讳"都会损害客户利益。要客观反映事件真实情况，避免"只报喜不报忧"，不断提升舆情分析的能力和水平。

针对舆情专报，要围绕某一个特定的主题撰写，或为某一特定的客户服务，或作为内部刊物给某一个行业或者领导阅读参考。这就要求撰写者要事先掌握该行业的相关特性，眼光紧盯某一热点事件，整理和分析媒体观点、网友态度和高层意见等。要注重舆情评论的指导性，舆情分析师要结合服务对象的实际情况给出科学合理的研判建议，切忌泛谈现象或给出操作性差的建议。

3. 做好知识储备，提升个人素养

写好一份舆情报告，与个人的"基本功"密切相关，包括个人的政治素养、文字功底、洞察能力、专业水平等。

政治素养方面，舆情报告撰写人要"讲政治、知大局"，要对党和国家的大政方针政策熟稔于心。舆情报告要与国家治理、社会治理、企业治理的需求和目标相契合，站位要高、立意要新，充分发挥舆情报告的"内参"作用。

文字功底方面，要具备扎实的写作功底和基本的公文写作技巧。舆情分析师需要在有限的时间里，在海量的信息中搜寻媒体报道、网友评论、事件发展进程等关键信息和重点内容，不仅要保持高度的敏锐性，而且还要拥有文字整合与写作能力。如何展现报告的逻辑性、如何突出报告的重点性、如何增强报告的可阅读性等问题，都考验着撰写者的文字写作功底和编辑"转码"能力。

洞察能力方面，舆情报告撰写者要具备在互联网复杂舆论环境中发现舆情、找准症结的能力。依托社会学、心理学、传播学、政治学等领域的理论和方法，不仅要分析网络舆论生态，还要对网民心理动态、新媒体的融合变化趋势等情况进行深入分析，善于"以点带面、点面结合"，从个体舆情事件中总结整个行业、整个领域的舆情规律和应对策略，为治理者提供切实可行的舆情应对方案。

专业水平方面，不同行业的舆情分析师对各自行业的热点舆情要有充分认知和分析能力。政务舆情报告撰写人要对公检法、教育、环保等领域的热点事件了如指掌；企业舆情报告撰写人要对央企、私企、食药、新能源等领域的热点事件了如指掌。在普遍了解"行情"的基础上，要深入探索特定领域的内在逻辑及舆情规律，让自己成为该领域的"专家"，从"参考者"变为"决策者"。

4.3 网络舆情信息报送

在对网络舆情事件进行深入分析研判之后，舆情分析师需要及时、客观、精准地撰写网络舆情报告，第一时间向上级领导或业务主管部门报送舆情信息。网络舆情信息报送工作是网络舆情工作中的重要环节，对舆情引导和处置具有重要意义，对有关单位或部门作出科学决策、避免被动局面起着至关重要的作用。

4.3.1 网络舆情信息报送概述

1. 网络舆情信息报送的内涵

报送，是一种信息传输的形式，通常涉及下级部门向上级部门报告并传递相关信息。网络舆情信息报送是指政府部门、企事业单位、专业舆情监测机构等主体，通过书面材料、新媒体平台、内网系统或者口头传达等形式向上级部门或主管领导报送舆情事件发生的时间、地点、起因、经过、结果以及前期应对处置、下一步工作措施等重要内容。

2. 网络舆情信息报送的意义

1）辅助应急处置

网络舆情信息报送工作是应急管理机制的重要组成部分，对于突发事件的预测预警、应急处置及善后工作有着直接的影响，对于全面掌握舆情事件的情况、妥善处置重大紧急事件有着重大价值。随着互联网的飞速发展，网络舆情事件从产生到发酵，可能在非常短的时间内就会产生不可想象的后果。如果决策部门没有成熟的信息报送体系、畅通的信息报送渠道，便会影响其介入舆论引导和事件处置的速度，甚至丧失舆论场话语权。因此，各组织机构应重视并强化网络舆情报送，形成具有专业人员配置、固定上报渠道、主体责任明确的报送机制。

2）提升治理效能

网络舆情信息报送能够为管理部门持续输送网络声音和社会动态，便于决策者通过网络舆情了解民生关切。互联网的快速发展、新型传播手段和方式的不断革新，对决策者的治理能力和治理手段提出了更新、更快、更高的要求。只有重视舆情工作，不断完善舆情报送制度，提升舆情报送的质量和水平，才能切实了解老百姓的真实想法，提升决策能力和管理水平，树立积极正面的良好形象。

3）营造健康的网络舆论环境

网络舆情已经成为社会舆论的"风向标"和"晴雨表"，在人人都有麦克风的网络时代，每个人都可以通过微博、微信、知乎等新型媒介渠道发表自己的看法和意见。如果不重视、不理会网络舆情事件，任其自由发展，必然会造成政府和民众之间的隔阂，有损政府形象，进而导致政府信任危机，不利于社会的稳定发展。因此，及时、准确、全面、真实地搜集各方意见，分析研判舆情事件的发展态势并及时报送，有利于及时捕捉突发事件和紧急情况线索，确保舆情事件早发现、早报告、早处置，营造积极健康的网络舆论环境。

3. 网络舆情信息报送的要求

网络舆情信息报送要正确处理主观与客观的关系、时机与时效的关系、深剖与浅析的关系、报忧与报喜的关系等四对关系。

1）正确处理主观与客观的关系

舆情工作者要正确处理好主观与客观的关系，尽量避免个人价值观、文化背景、自身经历、情感偏好等因素对选题、撰写和报送工作产生影响。开展舆情报送工作时，要注意以下三点：一是要客观看待舆情事件，不能凭自己的主观判断来推断舆情事件是否具有上报的价值和意义；二是要全面上报舆情事件，不能只挑领导爱看的内容上报，这会导致领导可能作出片面、不合理的决策；三是舆情报送者要不断提高业务能力，将涵盖特殊性、普适性、对策性的网络舆情信息呈送给相关部门。

2）正确处理时机与时效的关系

网络舆情具有突发性、即时性等诸多特征，这就要求快及时地上报舆情信息。不过，舆情信息报送是否有价值也并不完全取决于速度的快慢，合适的报送时机也至关重要。合适的时机意味着事件的转机，时机恰当，便会引起相关部门的高度关注，快速推动舆情事件的解决。要辩证地看待时机与时效的关系，二者相互独立，又相辅相成。时效性是第一位的，能否第一时间上报决定了舆情信息是否有价值。在满足时效性后，要重点关注合适的时机，要有高度的政治判断力和敏锐性，要与国家大政方针政策、热点领域、重点工作相契合，主动预判、把握时机、快速上报，不断提高信息报送的实效。

3）正确处理深剖与浅析的关系

浅析，指的是在面对重大突发舆情事件时，及时报送舆情事件的基本情况，让决策者第一时间了解该事件。舆情事件的浅析非常注重时效性，及时、客观、真实地报送既定事实信息，做到"接报即报"。深剖，指的是深入挖掘舆情事件背后深层次的原因、社会公众心态、社会矛盾等情况，整理报送给相关决策部门。深剖的舆情事件往往具有复杂性、变化性、难预测性等特点。在处理舆情事件过程中，要坚持"浅析与深剖"相结合的原则，不仅要及时、准确地上报舆情信息，还要用长远的眼光挖掘舆情事件背后深层次的原因及问题所在，从而提高所报舆情信息的研判性、前瞻性、指导性。

4）正确处理报忧与报喜的关系

舆情信息报送要兼顾正面信息和负面评价，切忌"报喜不报忧"或"报忧不报喜"。"报喜"指的是只报送积极正面的内容。有些单位只着眼于自己本地区、本部门的工作业绩，有成绩、有功劳的内容重点报送，夸大渲染、浓墨重彩，对于存在的问题要么只字不提，要么轻描淡写，给信息接收者营造祥和的假象。"报忧"指的是只报送消极负面的内容。有些舆情报送人为了博人眼球，夸大事实，放大负面信息，甚至造成一定的社会恐慌，误导决策。在处理二者关系的时候，要坚持实事求是、"喜忧兼报"的原则。要客观、真实地报送舆情信息，为决策者提供有价值、可参考的内容。针对"喜"的部分，要不带个人主观看法，不偏不倚地报送舆情内容；针对"忧"的部分，要考虑负面事件的典型性和教育性，如果有借鉴启示意义，那就具有报送价值。

4.3.2 网络舆情信息报送渠道与方式

互联网的迅速发展使得网络舆情信息报送渠道和方式也呈现出一定的变化，通过不同渠道将信息及时报送到有关部门，对于及时和科学决策具有重要意义。

1. 报送的主要渠道

一是通过书面材料进行报送。书面报送是当前最常用的报送形式，将舆情信息用文字的形式表述出来，整理成稿，通过邮箱、传真、信件等形式报给上级主管部门。书面报送的内容要有标准格式、发文号、发送部门、密级、成文日期、抄送单位等，其优点是方便保存和传阅，缺点是不利于传播、时效性差。

二是通过内网系统进行报送。不少政府机构都建设有舆情信息报送系统，通过内部系统报送舆情信息，更加高效简便、便于双向互动、提高工作效率和节约办公成本。

三是通过新媒体平台进行报送。各级行政机关在微博、微信、抖音、B站等平台开设了官方账号，公民可以通过这些平台留言，舆情信息报送者可以实时监测评论内容，分析言论倾向性，及时报送舆情信息。

2. 报送的主要方式

舆情信息报送的方式主要有3种：总结式、专题式、综合式。实际报送时可以依据舆情的紧迫性、敏感性等选择最为合适的报送方式。

总结式报送是指提炼、概括主要舆情内容进行报送，只阐述事实，不加以评论。此种报送方式的特点是：形式短小精悍、内容意简言赅、反应迅速快捷。决策者可以在最短的时间内了解舆情事件的概貌，以最快的速度掌握关键信息。但此种方式也有很多局限性，比如内容浅显分散、形式单一简略，无法深入细致地阐述舆情热点事件。

专题式报送是指针对具有典型意义和较高新闻价值的重大突发事件、舆论热点、社会现象等，进行深入的调查、详细的记录、全面的分析和合理的解释等，透过现象看本质、立足现在看未来，对于解决同类型舆情突发事件具有借鉴意义。专题式报送方式的特点是：主题鲜明、策划性较强、具有一定的连续性。

综合式报送是指围绕某一热点舆情事件，将分散但具有共性的舆情现象综合到一起加以整理。其特点是：将全面分析与典型事例相结合、将图片资料与文字提炼相结合，既有全面的概括，又有典型材料，点面结合，具有较强的说服力和影响力。综合式报送内容具体、形象、生动、全面，可以以小见大、由近及远地反映全局，避免了以点带面、以偏概全、顾此失彼的弊端。

4.3.3 网络舆情信息报送工作机制

网络舆情事件具有突发性、不确定性和多变性，在舆情信息报送过程中，需要解决责任归属不清楚、渠道不畅通、内容质量不高、报送不及时等现实问题。为了提升舆情信息报送质量，积极应对新形势、新挑战和新要求，要制定合理、规范、高效、精准的舆情报送工作机制，充分发挥舆情信息的决策功能和作用。

1. 提升思想认识，夯实主责主业

习近平总书记在中国共产党第二十次全国代表大会上提出："建设具有强大凝聚力和引领力的社会主义意识形态……牢牢掌握党对意识形态工作领导权，全面落实意识形态工作责任制，巩固壮大奋进新时代的主流思想舆论……加强全媒体传播体系建设，塑造主流舆论新格局。健全网络综合治理体系，推动形成良好网络生态。"要顺应新时代的舆情信息工作要求，在思想上高度重视舆情信息报送工作，把舆情信息报送工作摆在重要位置。要强化主体责任，提高政治敏锐性、责任感、紧迫感，总结经验、开拓创新，切实提高舆情信息报送工作的能力、水平和实效。

2. 强化组织领导，落实主体责任

习近平总书记在中央办公厅调研时强调："要围绕大局反映情况、报送信息，做'千里眼、顺风耳'，把各方面新情况新问题、贯彻落实党中央方针政策的意见和建议、干部群众关注的热点焦点问题等及时收集上来，归纳综合，分析研判，第一时间报送党中央，为党中央科学决策提供重要依据。"为确保舆情信息报送工作顺利开展，要成立舆情信息报送工作领导小组，并依据部门设置和人员配置确定组长、副组长、专班成员及具体分工。舆情报送工作实行归口管理负责制，专班成员收集到舆情信息之后，要全面掌握舆情事件发生情况，第一时间上报分管领导，经分管领导审核后，按照程序上报给上级主管部门。专班负责人要定期或者不定期地指导、检查并督办舆情报送工作，切实压实主体责任，杜绝迟报、瞒报、漏报等情况。

3. 完善报送机制，规范报送要求

为了高效、快捷地处理舆情事件，要建立健全舆情信息报送制度，理顺工作机制，加大专班成员的培训力度。熟练掌握突发舆情事件报送的相关规定和要求，扎实落实舆情信息收集、分析研判、报告处置、跟踪反馈等各个环节。加强舆情报送工作的值班值守制度，严格执行领导带班和24小时值班制度，坚持突发事件做到"应报尽报、尽量早报、绝不迟报"，确保重要舆情事件早发现、早报告、早处置。拓宽舆情信息的获取渠道，完善信息沟通共享机制，加大舆情信息覆盖面，第一时间掌握一手资料。建立网络舆情监测机制，通过舆情监测大数据系统，加强对微博、微信、抖音等新媒体平台的监测分析，及时捕捉突发舆情事件的发展脉络及线索，对敏感性、趋势性、苗头性事件做到早发现、早报告。报送机制规范化能够优化信息报送程序，理顺报送环节，提高报送时效性。

4. 突出重点热点，提升报送质量

网络舆情信息纷繁复杂，有的一时难辨真假。网络舆情报送专员要厘清事情发展的概况及脉络，报告要符合客观实际，具有严密的逻辑性，分析结论要清晰，要突出重点内容和重要观点，方便读者快速准确地抓住核心要点，不遗漏关键结论。对于复杂多变的舆情信息，需要不断跟进和更新事件发展变化，遵循"先报事后报情、边处置边报告、边核实边报告"的原则及时续报补充。舆情信息报送要突出重点热点问题，要将最紧急、最难啃的问题整理出来报送给决策机构。要确保信息报送的真实性，本着"速报实情、慎报原因、

续报进展、终报结果"的原则,多种渠道、多种方式,第一时间了解、核实、还原真实情况,减少信息报送的不确定因素,高质量地完成报送工作。要严把审核关,严控报送内容,确保报送的舆情信息都能达到"速度快、内容准、要素全、文字精"的要求。要提升报送专员的业务能力和素质,重点培训获取重点信息、撰写舆情报告、高质量报送舆情等业务能力,确保各类突发舆情事件能够平稳解决。

5. 严格考核奖惩,落实责任追究

为了进一步调动舆情信息报送工作的积极性,确保舆情信息准确、客观地呈送给上级部门,需制定相关考评机制。考核方式一般可采用按篇计分的方式,舆情报告被不同级别的政府部门采用后,增加相应的分数。主管部门可以按月或者按季度计算分数,并公开通报得分排名情况。对质量较差、乱报滥报的信息不予以统计;对错报、漏报、误报、迟报、不报、虚报、瞒报较差的个人或单位,要予以通报批评,造成严重后果的,依纪依法严肃追究责任。年底综合考评时对表现优异的个人或单位予以表彰奖励。要扎实落实第一责任人的责任,对于未按照要求报送紧急信息或者重要舆情信息的,根据情况进行通报或约谈;对于迟报、瞒报、谎报、不报重要舆情信息并造成严重后果或不良影响的责任人,要依纪严肃追责;对于失职渎职并造成严重后果的责任人,要依法追究相关法律责任。

思考题

1. 简述网络舆情报告的功能有哪些。
2. 选择一起当下热门的网络舆情事件,撰写一份网络舆情报告。
3. 使用一种专业化的网络舆情分析工具,对某个单位的网络舆情展开研究并撰写一份网络舆情月报。

即测即练

自学自测　扫描此码

第 5 章

网络舆情分析研判

网络舆情分析研判是指通过系统收集和归纳总结，对特定主题的网络舆情信息进行研究，提取具有指导意义的预警线索和关键资料的过程。目的在于从零散、无序的内容中整理出有价值的舆情信息，对舆情的性质和未来走向作出判断，服务舆情事件的妥善处置。作为社会动态的"晴雨表"，网络舆情能够及时反映出当下社会系统中存在的风险因子。做好网络舆情研判，不仅能够帮助管理者准确认识潜在风险并作出快速、有效的反应，还能够通过经验总结和趋势分析为后续治理工作提供参考，这对于社会长治久安意义重大。本章包括网络舆情研判的基本原则、工作流程以及常见的方式方法和实践案例等。此外，本章针对不同传播阶段、不同类别的网络舆情研判提出相应分析思路。

5.1 网络舆情研判原则

5.1.1 人民性原则

人民性是反映人民大众的思想、感情、愿望和利益的一种特性，是网络舆情研判工作的首要原则。网络舆情研判应坚持以人民为中心，认真走好网上群众路线，从社情民意中提取有效信息，提升治理效能。要把满足人民群众需求作为工作出发点、落脚点，通达社情民意，反映人民心声，体现人文关怀，更好地强信心、聚民心、暖人心、筑同心；要善于通过互联网倾听民声、汇集民智、排解民忧、为民办事，构筑网络连心桥，画好社会同心圆；要善于调动群众中的积极因素，共同面对矛盾问题，共同寻求解决之道。

5.1.2 真实性原则

网络舆情研判旨在化解社会危机、实现良政善治。要确保研判过程的科学规范、真实有效，从而为舆情处置提供科学准确的依据。从源头上看，网络信息复杂多元，大量的舆论泡沫会对舆情研判产生干扰。要做到"去伪存真"，过滤不实信息、情绪性发泄内容，确保搜集到的信息是民意的真实反映，减少误判，避免方向性失误。从研判过程来看，事件影响力越大，舆情信息体量也越大，正面与负面内容兼而有之。应坚决避免对舆情信息的过度加工，诸如篡改资料、数据造假、"报喜不报忧"等，做到真实呈现，有效服务于问题的解决。从结果呈现来看，要尽可能真实完整地保留研判资料，做好内部留存，为二次舆情或同类舆情的处置提供参考依据，保障研判的可持续性。

5.1.3 全面性原则

网络舆情研判要实现多渠道采样和多维度分析，防止断章取义和以偏概全。全面性原则要求管理者强化总体协调，确保同步研究、同步部署、同步推进，统筹开展线上线下双重调研，覆盖不同平台渠道，兼顾各类群体的意见表达，尽可能呈现完整的时间线索和充分的社情民意。在复杂多元的网络信息面前，单一视角的分析显然无法匹配实践需求。这就要求立体地、综合地分析各类声音。除了政治、经济、文化的宏观维度，分析视角越细致，越能挖掘出深层次的问题，为高效处置网络舆情提供点面结合的参考。

5.1.4 及时性原则

舆情爆发尤其是突发事件舆情爆发往往具有潜伏和发酵期，早期事件热度低，风险小，更有利于危机管理。要在舆情爆发之前或舆情爆发之后的第一时间搜集信息并作出快速研判，以便及时开展应对处置工作。只有保证及时性，才能发挥网络舆情研判的预判效用和指导价值，满足相关部门决策参考的需求。

5.1.5 针对性原则

网络舆情的传播过程往往涉及多元主体，探讨议题也相对复杂，且随着事态演化而不断发生变化。研判者若是对所有网络信息简单搬运并全盘照收，则很容易浮于表面，避开问题的症结所在，导致事倍功半。要学会抽丝剥茧，找准重点，不断提高针对性。权威媒体、重点地域、意见领袖、相关利益群体，以及事件的"5W"要素等都可作为关键信息。只有尽快从繁杂的网络信息中提取出上述要点，才能帮助有关部门及时了解舆情态势，判断舆情性质，把握舆论诉求，为有关部门决定是否回应、由谁回应、回应什么，以及以什么方式回应等提供有价值的参考。

5.2 网络舆情研判流程

互联网时代去中心化的媒介发展趋势使得社会议题延展和下沉，赋予大众知情权、监督权和表达权的同时也在客观上增加了舆论场的复杂性。从舆情事件被抛入网络平台开始，各利益相关方就会相继介入并提出一系列衍生观点。想要在众说纷纭的信息池中提取出核心信息，并作出准确、科学的研判，就要兼顾信源、事件、传播、走势和对策等多方面内容，依次完成相应的研判步骤。

5.2.1 甄别信源属性

网络舆情通常发酵于复杂的社会化媒介平台。平台信息真伪并存，其在广泛传播中也难免出现语义上的变化。网络舆情研判时要找准信息源头，排查内容真实性。

1. 核实发布者的身份

重点核实发布者是否为冒名发布、是否为虚拟身份发布、是否带有特殊身份（境外组织人员等），分辨出信息发布者的意图，初步判断是否存在无事生非或蓄意报复的嫌疑，将明显博眼球炒作的内容提取出来并加以应对。

2. 核实信息传播状态的合理性

研判时要查证信息发布的途径及信息在舆论池中早期发酵的形态。要基于信息发布平台及性质，考察相关内容中是否存在技术手段介入，重点关注诸如图片或音视频二次加工、机器人水军辅助传播等现象。随后，再依据受众画像考察舆情扩散程度，初步判断相关事态的扩散是否符合正常情况，排查恶意营销、炒热点的情况。

3. 核实信息内容和基本的语义逻辑

要联系相关职能部门和属地责任部门介入调查，核实是否真有此事发生，网络信息中提供的时间、地点及其他情况是否与真实情况吻合；要对爆料信息的文辞开展深度分析，若出现前后矛盾和逻辑漏洞等，则很有可能是虚假信息。

5.2.2 判断舆情性质

判断舆情性质即对具体舆情信息开展性质认定和价值判断，着重分析言论立场和民意诉求，从中发现关键问题。在搜集到充足信息的前提下，对舆情性质进行判断，去冗余，击要害。分析时可以从事件敏感程度、社会关注程度和事件危害程度等方面着手，提取舆情事件所涉及的关键信息，并基于统计数据结果在客观上判断是否需要以及需要在多大程度上进行处置。若事件的敏感程度、社会关注度和社会危害程度都较高，则应及时发出预警并提出处置方案；若事件的敏感程度、社会关注度和社会危害程度都比较低，一般只需日常提报和归档，同时保持3~5日的持续跟进，观测有无突变因素出现。

5.2.3 定位特殊角色

网络舆情研判者应重点甄别舆情传播过程中所涉及的网络意见领袖和网络水军等特殊角色及观点。这一过程有助于研判者快速排除冗余信息，及时掌握舆论焦点，精准定位恶意制造负面因子的对象。

1. 网络意见领袖

网络意见领袖通常分布在不同专业领域，具有一定的话语权和影响力，能够在很大程度上左右普通公众的观点。公众意见会在其信任的意见领袖之下迅速聚合，形成网络集群，提高特定观点的输出声量。研判时，应当充分总结涉事意见领袖的观点，形成涉事意见领袖名录，最大限度团结和借力意见领袖，做好舆论引导工作。

2. 网络水军

网络水军是指利用特定事件对信息进行二次加工和放大，并通过信息传播所带来的流量获取不正当利益的组织或个人。面对热点舆情事件时，网络水军通常会凭借情绪化渲染和故事化表达来强化事件的戏剧性，从而增强观点的煽动性。网络水军与网络意见领袖的不同在于营利性，故而网络水军及背后的利益集团更希望事态闹大，并不关注社会问题是否得到有效解决。研判时，有必要精准识别网络水军，过滤干扰言论。

5.2.4 预测舆情走势

网络舆情是动态发展的，随着舆情事件的演变和多方利益团体的加入，舆论焦点和民众诉求都可能发生相应变化。要明确重要敏感舆情事件所处的发展阶段，依据舆情热度和事态特征划分出潜伏期、升温期、爆炸期和平息期等阶段展开具体研判。

研判时，应着重把握相关网络舆情的扩散程度、言论倾向以及发展趋势。扩散程度关注网络舆情传播的范围，言论倾向指网络舆情信息包含的正负面情绪及各自所占比重，发展趋势则是指网络舆情中的网民行为是否有从线上发展到线下的可能。依据上述信息可以判断出该网络舆情是否会进一步扩大、会向什么方向扩大、会波及哪些群体等。

5.2.5 提出对策建议

舆情研判的最后需要提出具有针对性的对策建议。在完成上述研判步骤的基础上，应当基于客观经济条件和技术水平等因素，为相关部门提供操作性强的处理意见，以简明扼要的内部参考报告形式呈现。

唐山打人事件引发持续性舆论风波

1. 事件回溯

2022年6月10日，河北唐山一家烧烤店多名男子骚扰殴打女子一事引发关注。河北省廊坊市公安局广阳分局12日通报，陈继志等9名犯罪嫌疑人已执行逮捕。但事件仍在舆论层面持续发酵，并且引发一系列的连锁反应。

2. 研判分析

依照网络舆情研判的流程复盘唐山打人事件。首先，从信源上看，唐山打人事件起源于两段网络视频，内容真实，不存在恶意剪辑抹黑等问题，因此从信源上可以将其初步认定为值得介入的网络舆情事件。其次，判断舆情性质，这是一起社会恶性事件，打人者存在违法犯罪行为，事件背后潜藏人权问题、女性权益保护、黑恶势力等敏感点，极易造成风险的扩大化。梳理此次舆情传播中的特殊角色可以发现，唐山打人事件由单一的社会恶性事件逐步演化为具有高风险、强影响、多爆点的系列网络舆情，与诸多网络、意见领袖和网络水军的介入密不可分。部分公众人物出面发声，其所带来的名人效应使相关信息更易被扩散和关注，推动社会问题解决的同时也在客观上激化社会矛盾，带来社会风险；大量网络言论放大事件中的男女性别差异等敏感话题，渗透性别对立、极端女权主义等思想，其规模化、组织化发声与恶性社会事件热度叠加，激发民愤、引战网络，模糊事件焦点。从舆情走势看，舆论过热决定了该事件难以在短期内平息。因此，要着重关注事件本身的后续发展动态以及与此相关的其他社会事件，及时处置线下的社会问题，做好信息公开，实现舆情善治，提高人民群众的满意度。

5.3 网络舆情走势研判

5.3.1 网络舆情研判方式

网络舆情研判是一个对海量信息进行整合、提取的过程,需要依靠多种分析手段和多种具体方法来完成,包括宏观分析与微观分析相结合、技术分析与人工分析相结合、定量分析与定性分析相结合等。

1. 宏观分析与微观分析相结合

宏观分析指对网络舆情的总体走势进行研究和归纳,强调从社会治理的高度出发,凝练和总结舆情并给出方向性预判。这就要求研判人员在全面收集网络信息的基础上,给出具有概括性的舆情评价、一针见血的问题解读和简明扼要的指导意见。微观分析是对特定的舆情事件进行拆解,基于时间、地点、主体、观点等关键要素,提供更为详尽、完整的线索链条,并从中挖掘出潜在的风险点。要将宏观分析与微观分析相统一,既要凝练总体动向,又要聚焦于细节,以保证研判的全面性和科学性。

2. 技术分析与人工分析相结合

目前,市场上存在诸多类型的网络舆情监测软件,可对舆情的基本倾向、内容摘要、类别归属、热度值、敏感词等信息进行初步分析。技术的高效性、全面性等优势能够辅助舆情研判者有序开展相关工作。但在价值判断、情感分析、属性解构等方面,技术分析效果要弱于人工分析。当前的大数据舆情研判通常基于固定的语料库进行分析,并依托报告模板输出研判结果。这使得纯技术分析结果呈现出简单化、机械化的特点,缺乏对人与社会关系的考量,对后续舆情处置的参考价值有限。这就需要专业舆情研判工作者结合社会学、心理学、传播学等领域的相关知识,对技术分析结果进行补充完善,具体可能涉及网民情感、社会网络关系、风险诱因等方面的研判工作。

3. 定量分析与定性分析相结合

定量分析是指对网络舆情信息进行量化处理,表现为对可计量数据进行综合统计,通过对阅读量、转发量、评论量等的分类与计数,衡量网络舆情热度、影响程度和发展趋势。定性分析关注如何陈述和解读网络舆情属性、特点、风险点、诱因等内容。前者通常采用图文结合方式直观呈现,后者主要是文字呈现的深度分析。研判实践中,定量分析多用于现象描述,定性分析可以用来深剖结果,二者相结合才能呈现出完整的舆情研判结果。

5.3.2 网络舆情影响力分析

网络舆情影响力作为实践中的抽象概念,需要通过多项具体的指标综合判定。

1. 舆情信息传播量

网络舆情信息传播量是用来计量网络空间内某一具体信息内容传播情况的指标。测算时,可以通过对点击量、点赞数、收藏量、评论量等可见数据来衡量。其中,与点击、转发等行为不同，评论往往需要付出更多的努力，故应将其作为最重要的参考因子。

2. 舆情信息传播渠道

传播渠道越多元，网络舆情信息的全网影响力也越大。微博、微信、抖音、今日头条等不同传播渠道的目标受众不同，舆情信息的跨平台传播意味着该舆情事件热度较高。要关注网络舆情信息在哪些渠道出现，结合不同平台传播量来评价其影响程度。

3. 媒体参与情况

媒体在网络舆情传播过程中发挥至关重要的作用。参与媒体的类型、媒体报道视角、媒体评论情况以及媒体对于舆情信息的挖掘情况等是分析媒体参与度的重要依据。参与媒体类型可以用来判断舆情事件的影响力，中央主流媒体、具有全国影响力的地方性媒体的介入会让特定舆情事件在短时间内达到高峰；媒体报道视角强调媒体在报道中的价值判断，是否进行了中性报道，是否进行了观点预设，有无标签化等都会影响到舆情事件的发展演化；媒体评论情况包括评论内容的角度、深度、指向以及影响力等；媒体内容挖掘情况是指媒体是否对相关舆情事件进行了深入分析，是否延伸了与该事件相关的其他敏感要素，如相关政策缺陷、工作作风问题、体制机制问题等。内容挖掘越深，影响程度越大。

4. 舆情信息传播范围

舆情信息传播范围是用来界定舆情事件在多大范围内引发了关注的测量指标，分析时，一般以地域范围来讨论舆情事件的影响。例如，在全国范围产生影响的舆情事件要优于在局部范围产生影响的事件。

5. 上级部门关注程度

网络舆情影响程度不仅基于传播要素，还要考虑上级部门对特定舆情事件的重视程度。在实际工作中，即使某一舆情事件的网络影响力较弱，上级部门的关注也会提升该事件的显著性。上级部门重视与否是判断网络舆情影响力的重要指标。

5.3.3 网络舆情风险等级

网络舆情研判的重要工作是依据影响程度、传播广度、危害程度等对舆情事件的风险等级作出预判，并随着舆情演化不断调整风险等级。不同风险级别的网络舆情在应对策略上有所不同，风险等级越高意味着投入的人力和物力也越多。

1. 一般风险

一般风险指小范围且无扩大趋势的网络舆情事件，也可称为Ⅳ级风险。此类舆情的公众关注度、传播速度较低，局限在较小范围内，没有出现对特定事件的积聚表达。网民对某项政策或某类问题进行询问、质疑、表达诉求，仅有少量围观，且未有主流媒体介入报道，评论量也是零星分布，由涉事主体及时解决网民诉求，回应网民关切。

2. 较大风险

较大风险也称Ⅲ级风险，指已出现负面苗头且有扩大趋势的网络舆情事件。此类网络舆情有一定的公众关注度，传播速度较快，可能会造成负面影响。相关敏感信息在不同网站和平台出现，评论量有所增加，且负面声音有所上升，发酵趋势明显。由涉事主体密切关注，及时调查核实，及时跟帖回应，妥善处置。

3. 重大风险

重大风险代表相关舆情事件已经在社会面上形成大范围讨论，且负面信息居多，又称Ⅱ级风险。此类网络舆情的公众关注度高或被重要媒体报道，传播速度快，传播范围广，舆论形成了一定的规模程度，可能造成较大负面影响。比如，涉及重点领域、重要节点、重要事件、重要人物的敏感信息迅速发酵；对重大政策措施存在严重误解误读的，涉及公众切身利益且产生较大影响的，涉及民生领域严重冲击社会道德底线的舆情等。

4. 特大风险

特大风险出现时，表明网络舆情出现过热状态，议题上升到政治立场、意识形态高度，网络情绪出现失控反应。此类风险被定义为Ⅰ级风险。此类网络舆情的公众关注度极高或被境内外主要媒体报道、迅速波及全社会，涉及特别重大事项或重大突发事件，严重影响社会稳定、扰乱社会秩序、造成重大负面影响，需要立即采取措施予以处置。

5.3.4 网络舆情焦点研判

网络舆情焦点研判应重点考察以下内容：舆情信息来源、媒体报道情况、网上舆情动向、当地民众反应、境外舆论反应等。要及时发现煽动性、行动性信息和衍生话题，严防政治化苗头。表5-1为网络舆情研判要点简表。

表 5-1　网络舆情研判要点简表

研判要素	研判内容	研判目的
信息源头	在何处可以找到该信息？谁在曝光？谁在搜索、传播、评论？该信息的曝光背景？	分析网络舆情的影响范围，追溯传播路径，厘清事件脉络
观点诉求	媒体及受众的关注焦点、诉求和争议点	分析舆情发酵症结，研判舆情处置关键点
情绪心态	分析网络舆情背后的情绪和心态（如仇官仇富、焦虑情绪、民族主义、女权主义、弱势心态等）	研判舆情爆点及核心诉求
相关背景	相关政策取向及是否与之相符合？同期有无类似热点舆情事件集中爆发？	掌握宏观背景，精准引导处置
发展趋势	综合评估境内外媒体报道情况和公众反应，把握舆情热度和未来发展趋势	掌握舆情发展所处的阶段，因时因势利导
处置措施	跟踪监测已采取措施的实际效果和舆论反响	为后续处置提供参考

研究者要基于上述内容，针对特定时间内舆论所关注的问题领域，具体分析舆论影响力、关注群体等，并对问题领域可能影响的广度和深度进行预测。

1. 确定当下焦点

网络舆情出现后，要对其线上动态和线下情况进行调查，初步确定当下公众关切的问题是什么，综合分析网络舆情的基本属性、影响力和扩散趋势，开展后续研判处置工作。

2. 跟踪焦点变化

网络舆情是动态发展的，舆论焦点也会不断变化。在舆情发展的不同阶段，要通过动态跟踪，实时把握舆论焦点，防止因对焦点的把握不准而出现回应失焦的问题。

3. 排序焦点的影响程度

网络舆情事件当中，舆论焦点通常是多元的。研判时往往需要提取出复杂的舆论焦点，对不同焦点的影响程度进行排序，确定哪些焦点的影响力更大，哪些影响力更小，从而对舆情所反映的问题进行差异化的处置。

4. 辨识焦点的可回应性

网络舆论焦点与主体权责并非总是对应的。要判断舆情焦点是否与本单位直接相关，是否有能力或有责任回应此事，是否具备解决舆情所反映问题的客观条件。若相关舆情焦点超出所在单位的职能或权限范围，则应将所掌握的情况及时通报给相关责任主体，或上报给更高层级的单位开展舆情响应。

5.3.5 网络舆情环境把控

1. 内部环境

内部环境是指网络舆情涉事主体的内部情况，包括长期存在的客观条件以及曾经发生过、当下正在发生的，可能诱发连带效应的其他事件。研判网络舆情时应格外注意，若涉事单位内部组织能力差、应急管理体系不完善、资金技术不充分，则内部环境会成为网络舆情的应对的阻力；若涉事单位此前发生过类似的负面事件，或同期发生了其他负面事件，则负面效应共振也会使当前网络舆情的应对变得困难。

2. 外部环境

外部环境是指网络舆情涉事主体所处的社会系统状况。网络舆情研判过程中，要重点观察当前社会是否存在以下情况：是否有同类型负面事件或其他可能被关联的恶性事件发生；是否存在特殊时间节点或重要活动；涉事主体在地域属性、政治文化、网络风评等方面是否存在可以炒作的点。要将上述情况与当下发生的网络舆情事件结合起来，充分考虑风险的叠加效应，避免因外部环境因素考虑不周带来网络舆情恶化。

西安地铁拖拽事件

1. 事件回溯

2021年8月30日，西安地铁3号线一名女性乘客被地铁安保人员强制拖离车厢。次日，西安地铁运营分公司发布声明称：该女子曾在列车上与其他乘客发生口角，安保人员劝离未果后将其带离车厢。该事件在互联网上引发热议。

2. 研判分析

依据网络舆情走势研判知识点对该事件进行分析，结合人工检索和大数据信息收集可以看到，西安地铁事件的全网信息量巨大、信息传播渠道广泛、媒体参与度高、信息传播范围广，尤其是下沉平台讨论声量巨大，公众的负面情绪高涨。初步判定其既涉及个体之间的冲突纠纷，也潜藏人权、意识形态方面的风险，触发较大及以上舆情风险。女乘客的行为确有不当之处，但舆论焦点明显更多集中于地铁方的行为，认为地铁方存在法理和情理上的双重过失。此时，作为决策者应当先对舆情进行降温，放低回应姿态，采取温和的回应方式对相关过失先行道歉，再还原事件。但西安地铁方急于澄清原委，在首次回应中使用"劝离"这一表述弱化本应重点回应的"拖拽"，大量篇幅讲述女乘客的过错。上述回应表面上看能够自证执法行为的合理性，实则是搞错了重点，不仅将公众从情感上推向了对立面，而且留下了逻辑漏洞，不但没能有效应对舆情，反而导致网络舆情风险升级。值得注意的是，从舆情环境来看，西安是著名的旅游城市，且事件发生时正值西安即将组织召开第十四届全运会，环境因素也会导致负面事件的影响升级。

5.4　不同阶段的舆情研判

5.4.1　潜伏期网络舆情研判

潜伏期主要指现实社会中的利益矛盾和冲突尚未反映到网上，虽发生线下实体事件但相关信息尚未扩散到网上，或网上有零星贴文但未引起关注等。实际工作中，要着眼于敏感时间节点、重要敏感人员、关键敏感话题等，提前发现可能的舆情风险点。

潜伏期舆情研判应着重：定期梳理与本单位有关的各类问题（利益冲突、典型矛盾等），根据时间、人物和事件敏感与否分级分类评估风险，对那些可能在网上传播的现实问题要及时介入，在满足合理诉求的基础上化解矛盾，尽可能避免上网。对那些现实社会中已经发生的各种突发事件，要时刻关注网络动态，做好事件信息在网络传播的准备，提前制定行动预案，做到心中有数。对那些已经在网上有零星贴文的苗头性信息，需要密切注意舆情热度相关指标，一旦波动较大就需要及时介入。

5.4.2　扩散期网络舆情研判

扩散期内，网络平台中开始出现敏感贴文并披露出零散的关键信息，引发公众关注，热度逐渐升高。以下几种情况出现时，需要及时开展研判工作：通过网络舆情监测软件发现与事件相关的敏感信息或动员类信息时；当开始有传统媒体及其官方新媒体账号从负面角度报道该事件时；发现有影响力且经常参与舆情事件的意见领袖介入时。

扩散期网络舆情研判的重点是核实事件信息、对舆情事件定性和把握舆情态势。要迅速查明信息源头，确定首发平台，核实发布者身份，同时综合分析事件所处的时空环境；要在排除网络谣言的前提下，初步判定舆情事件性质，明确敏感性、危害程度和扩散趋势等，必要时可协调相关机构开展联合研判。

5.4.3 爆发期网络舆情研判

爆发期网络舆情持续在全网扩散，评论信息尤其是负面评论信息迅速叠加，多家主流媒体介入报道，网络意见领袖及公众广泛讨论，舆情事件登上新浪微博、抖音、今日头条、百度等多家平台的热搜榜单。该阶段的网络舆情体量极大、内容庞杂且涉及多元主体。研判时要全面归纳网民和媒体的关注焦点，结合政治损失、经济损失、人员伤亡、环境破坏、社会冲突等各类可能发生的情况，综合评估舆情事件的负面影响。要关注舆情事件是否可能冲击或消解主流意识形态，是否可能危害国家安全和破坏社会稳定等。要滚动研判网络舆论的新动向、新焦点、新诉求，根据实际情况及时披露权威信息，开展线下工作（实实在在地解决问题等），构建线上线下同心圆，最大限度地凝聚社会共识；对于谣言类信息，要第一时间上报给相关部门，加大惩处力度；对于政治动员类信息，要综合采用多种方式进行引导，如果发现刻意策划的痕迹，则应果断处置。

5.4.4 恢复期网络舆情研判

恢复期直接表现为某一事件舆情热度的大幅下降，通常因事件背后的问题得到解决、事件本身没有新的讨论点、其他热点舆情事件的发生等因素造成公众注意力的大面积转移。该阶段研判的重点是：要在一段时间内关注舆情是否有反复的苗头，要特别注意媒体是否有可能关联与本单位有关的其他问题等。此外，要及时复盘，从已发生的网络舆情事件中汲取经验教训，为本单位网络舆情应急处置体系的优化提供参考。

东方航空 MU5735 航空器坠机事件

1. 事件回溯

2022 年 3 月 21 日，东方航空云南有限公司的 MU5735 航班执行昆明至广州的客运任务。飞机在广州管制区域巡航时不幸坠毁。飞机撞地后解体，机上的 123 名旅客、9 名机组成员全部遇难。

2. 研判分析

东航坠机事件是一起典型的突发公共安全事件，故而不存在潜伏期。自 3 月 21 日事故发生起，网络舆情信息量迅速暴涨，首日有效信息量超过 800 万条。3 月 27 日出现二次热度峰值。4 月 20 日，事故调查报告发布，舆论热度出现第三次峰值，但相较于前两次而言，第三次热度峰值很小，且发酵周期很短。由此，可以对该事件网络舆情传播周期的扩散期、爆发期和恢复期进行划分。

东航坠机事件的舆情扩散期热度增长迅猛。从网络公开信息来看，网络舆情由公众爆料发起，且前期由公众主导。媒体紧随其后，反应迅速，呈现出由地方性、商业媒体开始，主流媒体引导舆论走势，外媒稍晚介入的传播样态。政府部门虽然没有第一时间介入舆论场，但从其发声内容和频率反映出官方对舆论动态的关切，多次新闻发布会基本实现了有效沟通，对网络舆情风险控制具有关键性作用。

网络舆情爆发期官方大量介入，网络舆情得到有效处置。该阶段的网络舆情由政府和官方媒体主导，其他媒体参与传播并提供补充性信息。总体而言，官方应对得当，公众层面没有出现大范围负面情绪，公众参与主要表现为转发相关信息并表示悼念；少量公众对于调查处置结果依然存疑，因此网络舆论空间依然存在"不能接受""担忧个人安全"的声音和中度的悲观情绪。

恢复期风险逐步消解。4月20日下午，中国民用航空局通过全平台发布《关于"3·21"东航 MU5735 飞行事故调查初步报告的情况通报》，《人民日报》、央视新闻等主流媒体即时转载，地方媒体、商业媒体、自媒体包括网络大V陆续转发相关通报。公众层面的信息相较于前两阶段而言非常少，个别民众依然存疑，认为"打官腔""缺乏实质性内容""解释力不足"，而绝大多数公众已不再参与公开讨论。网络舆情此后逐渐消解。

5.5 不同类型的舆情研判

5.5.1 企业经济类网络舆情研判

企业经济类网络舆情通常指特定时间范围内，互联网平台中围绕某一具体企业或某一特定行业所产生的社情民意集合，包括但不限于企业宣传、经营行为所引发的社会情绪，企业产品优劣所带来的消费反馈以及行业波动带给企业的具体影响等。市场经济导向下，企业承载着社会的主要经济活动，其波动与经济发展关系密切，故在讨论时可以将企业经济类网络舆情作为特定的舆情类别。

企业经济类舆情出现后，企业可能面临形象和信誉风险、收益和后继力风险以及其他可能存在的关联性影响。政府、媒体和公众等将通过不同方式和途径对企业进行诘问，所带来的直接影响就是产品销售下降和经济处罚所带来的收益损失。网络负面评价会大大降低企业信誉和社会评价，造成持续性危害。如果相关负面事件与特定社会事件相关，如"选秀倒奶打投事件"涉及"浪费"，则可能因面临"点名批评""约谈"等更多危机。

在研判企业经济类网络舆情时，以企业自身的情况为切入口，密切关注企业发展中存在的问题，及时搜集分析社会各阶层对于企业的评价，结合对行业和政策环境等因素综合评估，预判潜在政治、经济和社会性风险。研判者应准确把握事态走向，跟踪网络舆论发展动态，提出相关对策建议，供决策者参考。

当企业经济类网络舆情出现时，决策者和管理部门关心舆情事件对国家、政府、品牌代言人以及消费者等的影响。研判时要分析上述对象面临的风险性因素，并结合具体的舆情事件有选择、有侧重地进行上报。企业经济类网络舆情对国家的影响多见于国际贸易议题。近年来的国际贸易争端中，不少大企业成了排头兵，包括"中美贸易战"中美方对华为、中兴等企业的制裁行为，以及H&M等公司抵制新疆棉花等。政治与经贸的交融，国际舆论战围绕企业经济议题展开，将"国家"的整体概念变成特定语境下的舆情主体，使企业面临国际争端、意识形态安全等方面的风险。就政府而言，应当重点研判其是否严格履职，在相关舆情事件中尽到督导、管控、规划等方面的责任。就品牌代言人而言，应当研判自身形象和信誉是否存在问题，分析其个人风险是否会对企业产生连带影响。消费者方面，除了收集和分析其对于企业的评价和基本诉求之外，还应密切关注是否存在雇佣水军等干预舆论的行为，做好应对预案；要对个体可能出现的名誉危机做好舆情预案。

乐事薯片产品安全风波

1. 事件回溯

2020 年 6 月 21 日，百事公司针对网传"员工出现确诊病例"事件发出声明，指出百事食品在中国的食品工厂生产合规，唯一一家受到疫情影响的工厂已在第一时间启动应急预案，不存在食品感染问题，保证新发地疫情后的产品均已封存。对于确诊的员工，也提供相关额外保险服务，同时全面开展涉事工厂人员核酸检测，工厂全部员工居家隔离。

2. 研判分析

该舆情事件属于企业经济类网络舆情，涉及知名食品企业和食药安全行业监管。由于事发于疫情期间，公众对病毒的恐慌情绪也会对舆情事件的传播产生影响。

从企业的角度来看，百事公司及时回应网络争议，此后又及时跟进舆情，不断提供补充信息，其回应内容得到了部分网友的理解。但网络舆论并未平息，观点主要包括：其一是认为企业没有第一时间直面问题，信息内容前后不符，对问题产品的处理方案不能使人信服，存在欺瞒消费者的行为；其二是不信任欧美检测体系，对企业自检结果保持怀疑，希望能有医学、质检方面的专家出面调查和发声，疏解民众恐慌；其三是表示会适当减少购买和使用相关产品，但是也认为"病毒寄生在薯片上"的说法并不科学，呼吁不要草木皆兵；其四是希望关注患病工人的保障问题，避免其因此承担不必要的连带责任。

食品安全问题关系民生基础，此前已有食品企业曝出"感染风险"，民众恐慌情绪叠加。除了企业方面做好自查自纠，官方质监检查以及日常科普工作也应适当加强，要及时疏导社会恐慌情绪，保障行业秩序和正常生产生活。

5.5.2 政策治理类网络舆情研判

政策治理类网络舆情是指国家政权机关、政党组织和其他社会政治集团为实现阶级利益，规范社会秩序，采取相应的政策治理手段后所收到的社会舆论反馈。具体包括党和国家重大决策部署、重要政策文件、重要会议、重大活动等。

政策治理类网络舆情出现时，社会层面可能出现阶段性的失序和混乱，如新冠疫情初期部分地区出现的行政效率低下、社会大众恐慌情绪蔓延等情况。这些容易导致公众对政府产生信任危机，使相关政府部门陷入"塔西佗陷阱"，为良政善治埋下隐患。

研判政策治理类网络舆情时应重点把握政府与各社会主体之间的关系，尤其是要协调好政民关系，要充分认知和深入分析社会各阶层的政治态度，既要高度重视国家和地方的重大项目工程，搞好民意收集和舆情风险评估，防止群体性舆情事件的发生；又要注意常态化行政管理中出现的网络舆情风险苗头。当行政纰漏出现或治理思路与公众诉求出现严重偏差时，往往会激化矛盾，舆情也因此产生，要及时预警和尽早介入。当决策者需要尽快掌握民意反馈时，研判时不需要做过多深入解读，只需快速梳理并汇总网民、媒体、专家和意见领袖等相关方的观点，第一时间提报即可。

5.5.3 科教文化类网络舆情研判

科教文化类网络舆情是由科教文化领域问题所引发的社会反应，具体包括由书籍、歌曲、知识、言论、发明成果等所引发的讨论，相关人员行为所引发的争议，行业管理和常态化工作开展中出现的问题以及其他相关网络讨论。文化和教育承载社会的精神内核，因而该领域的网络舆情通常更为敏感，一旦出现，则很容易被上升高度，如教职人员的德行作风有亏则可能由单纯的行业问题上升到社会意识形态高度。

研判科教文化类网络舆情要从教育或文化背景入手，对相应话题了解充分，明确其行业规范，理解特定专业用语，保证研判结果的专业性。应重点收集和分析当事人的具体诉求，厘清事件中的"施害方"或被质询主体面临的指控内容，从法理和情理角度考察已经作出的处置是否合适。当出现涉及制度体系的舆情时，则应着重分析研判质询的合理性，若确实存在制度缺位，应及时整改。如有些网络歌曲将知名歌曲的旋律、歌词进行重组，生成新作品盈利，相关网络舆情直指"洗歌"现象背后的版权保护制度缺失。面对此类舆情应提请优先解决当前问题，同时从长远立场上给出完善制度的建议。若相关言论夸大其词、故弄玄虚，则应判断言论发布者动机，警惕网络水军干预舆论或其他敌对势力介入。

高校系列网络舆情

1. 事件回溯

近年来，教育领域网络舆情频现。如 2022 年 4 月，某大学学生在网络上晒出照片，称学生午餐盒饭中疑似吃出猪肉绦虫卵、猪毛、昆虫及蜗牛等异物，希望能彻查食品安全问题。2023 年 11 月，"某大学食堂饭菜吃出 1.5 厘米针头"事件引发热议，校方表示，"学校高度重视，已成立工作专班调查处理。目前，后勤保障中心已封存该批次原材料并启动自查，涉事档口已暂停营业。市场监督管理局正在介入调查，学校将全力配合。对此，我们深表歉意，将引以为戒，举一反三，进一步加强食品原材料溯源、强化品质管控，切实保障师生健康安全"。

2. 研判分析

高校舆情属于典型的科教文化类网络舆情，其发展通常呈现出"前期批评'不作为'，中期质疑'热搜治校'，后期出现次生舆情"的基本规律。高校网络舆情，特别是涉及师生非正常死亡、校园安全、师德师风、学术不端等事件发生时，相关议题容易被全网聚焦。受害人对于学校能否公正处理存有疑虑和不信任，若处理不符合受害人或家属的诉求，往往会寻求网络爆料、媒体曝光等，控诉校方不作为。由于事件早期相关调查多在内部进行，当事方爆料就成为公众了解进展的主要途径，舆论因此容易受爆料内容影响，出现微博治校、热搜治校等舆论倒逼情形,造成巨大负面影响。

值得注意的是,高校师生的知识储备量往往比普通社会公众要大,信息接触渠道更便捷,思想也更为活跃,对于社会问题的认知也较为系统深入。因此,表层现象发生后容易引发深挖的讨论。较为常见的是对于制度合理性的审视,甚至可能会上升到意识形态高度,出现激进行为。此类舆情风险隐蔽性强、积蓄时间长,化解难度大,需要通过日常教研工作的规范化来建构良性体验,以务实的态度去不断化解,寻求最大公约数。

5.5.4 涉外涉军类网络舆情研判

涉外涉军类网络舆情特指国际间的政治、经济、军事摩擦,也包含常态化的军备竞赛及综合国力竞争等。涉外涉军问题敏感且小众,只作用于特定群体,但一旦扩大,风险程度极高。因此,无论舆情热度是否高涨,发现苗头后都应第一时间组织研判。

涉外涉军类网络舆情会影响到国家和公民。从宏观层面上看,国际议题和军事议题是大国之间的力量博弈,国家置于全球体系之中要为自身利益和立场发声。在涉外涉军舆情爆发后,国家会面临实际干预和政治压力。前者包括经济制裁、军事冲突等;后者则指舆论谴责、政治孤立等。从微观层面上看,国家博弈也会影响到个体的生产生活,为公众带来人身安全和情绪价值等方面的风险效应。普通民众被迫进行风险共担,进而容易产生理性或非理性的言论和行为。

研判涉外涉军类网络舆情要从国家利益视角出发,将维护国家主权、安全、领土完整,保障国家和平发展作为第一要义,在充分描述国际局势的基础上,结合本国国情作出具体的分析研判。同时,要具备全球视野,深刻理解大国博弈背后的政治经济渊源,分析各主体的行为动机,重点识别有无境外敌对势力干预舆情。研判时切忌掺杂民族主义观点,避免情绪化表达,尽可能客观完整地还原网络舆情动向。

孟晚舟归国事件

1. 事件回溯

2018年12月1日,孟晚舟在加拿大温哥华被无理拘押。6日,中国使馆要求立即恢复孟晚舟女士人身自由。11日,孟晚舟获得保释。经中国政府不懈努力,2021年9月25日晚,孟晚舟女士乘坐中国政府包机回到祖国,并与家人团聚。该话题在网上引起热烈关注,话题"欢迎孟晚舟回家"总阅读量达6亿次,讨论次数达23万次。

2. 研判分析

孟晚舟归国事件的本质在于中美摩擦,是比较有代表性的涉外网络舆情。孟晚舟作为"中美贸易战"中华为公司的重要人物,其被拘押与"中美贸易战""华为被美国制裁"等事件相关联,而她得以回国是中国实力强大的表现,也是美国企图缓和中美关系来处理国内经济风险所采取的措施。从舆论场反馈来看,孟晚舟事件持续超千日,其中进展受到网民高度关注。中国民众对西方霸权主义的抵触情绪高涨。孟晚舟归国路程被全程直播也印证了传播仪式对集体情感凝聚的重要性。网友声音总体正向,对该事件表现出积极态度,肯定了政府对国民的关怀,"欢迎回家"是主要关键词。也有网友表示,"中美贸易战"还将持续,提高国家硬实力是未来安全的根本保障。同时,个别负面声音包括:结合其他社会事件表示不应该大搞欢迎,以及部分披着理性外衣实则没有根据的形势分析谣言。

5.5.5 公共民生类网络舆情研判

公共民生类网络舆情是最为常见的,涉及社会生活的方方面面。它主要是指关乎公众切身利益的突发或常态化社会问题所引发的社会关注。具体包括自然灾害、突发事故、就业社保、收入分配、征地拆迁、教育医疗等以及网民反映强烈的其他热点事件。

公共民生类网络舆情的影响范围广,涉及主体多且关系复杂,会对政府、行业、媒体和公众产生不同程度的影响。需要对不同主体可能面临的风险性因素进行区分研判。

政府在公共民生类网络舆情事件中主要面临回应压力、政府形象维护和监管制度质询等风险。作为整个社会行政管理的中枢系统,政府在公共民生类事件中不可避免地成为社会情感寄托和需求诉诸的对象。舆情事件发生后,社会期望行政系统高效运作,在信息和行动层面给出有效反馈。一方面,政府需要通过公开回应等手段向社会披露事件细节,以信息公开透明削减恐惧、焦虑等负面社会情绪,维持社会稳定;另一方面,政府需要采取及时有效的行政措施,跟进和处置相关事态,并在事后对监管制度上的漏洞加以修补。若未能有效履职,则会受到舆论的指责,严重时会演化为线下集群行为。

行业风险主要表现为行业信任危机或行业结构质询、规则调试等。如"三鹿奶粉事件"对我国乳制品行业带来的严重冲击;再如"陶勇医生受伤事件"与多起医闹事件共振引发全社会对医疗行业的关注等。

从媒体角度看,媒体可能会面临各种压力,舆论监督能力被大大削弱,如食药安全事件中揭露企业、行业问题时可能会受到威胁等。此外,媒体也面临来自公众层面的质疑和芥蒂。如媒介报道失真或严重偏离社情民意,引发公众不满,媒介公信力也会因此受到严重损害。

公众层面,公共民生类舆情事件波及的公众可以被划分为两大类,分别是利益相关群体和非利益相关群体。其中,利益相关者直接或间接遭受风险侵害,出于自我保护和风险预防的动机,相应群体容易基于事缘核心产生过激的言论或行动。非利益相关者大多并非出于维权目的,其行为路径比较多元,或是由于情感共振,也可能基于"看热闹"的心态。由于非利益相关者并不直接接触事件本身,而是基于网络媒介等渠道获取信息,因而其发声和采取行动的逻辑可能会出现多次反转。当谣言或其他负面现象出现时,非利益相关者的加入可能会成为风险效应扩散的助推力量。

基于上述分析,在研判公共民生类网络舆情时,要准确定位事件中涉及的责任主体,明确该事件已经造成和可能造成的影响,逐一拆分解读;要切实把握社会各阶层舆论焦点,跟踪当前社会情绪和社会心理,把握各类社会热点的特点和规律,适时提出应对措施。

2022年"春运"舆情

1. 事件回溯

"春运"是指春节时间段因大量外出务工人员等群体集中返乡所形成的大规模交通运输调动现象,是每年我国最重要的人口流动活动之一。2022年"春运"于1月17日启动,于2月25日结束,为期40天。

2. 研判分析

各级政府、媒体以及社会各界对2022"春运"热切关注。2022年1月1日起至1月22日期间,全网共发布与"春运"相关的信息1591295条。"春运"相关报道主要包括以下内容:疫情形势下的"春运"注意事项和工作安排;地方"春运"工作中出现的社会新闻;交通、天气等重要保障性信息报道;"春运历史"等回溯性质或科普性质文章发布。

从政府管理角度看,2022年是疫情发生后的第三个年关,民众为响应就地过年倡导已长时间滞留他乡,这与中国传统"年"文化的团圆主题有所冲突。提升防疫工作的人性化程度,响应公民合理情感诉求是探讨的重要议题。个别地方政府的不当宣传或错误言论也引发了小范围的舆情危机。例如,不当措辞"恶意返乡"引发严重负面舆情,对当地政府形象造成负面影响。网络舆情反馈中也涉及了政民之间的矛盾点,应予以重点关注。

从行业角度看,"春运"主要涉及交通运输行业。2022北京冬奥会召开,协调全球性体育赛会与"春运"在交通方面的冲突应作为研判重点。

从媒体和公众角度,2022"春运"受到各级媒体报道,为公众所热议,"温情"主题突出,但也应警惕过度宣传。

5.5.6 社会思潮与意识形态类网络舆情研判

社会思潮反映的是特定环境中人们的某种利益诉求所激起的思想趋势或倾向,具有广泛影响。意识形态则指能够系统地反映社会经济形态、政治制度和文化模式的思想体系,通常建立在经济、政治的基础之上,隐匿于文化和社会生活的表象之下,属于潜在的社会要素。社会思潮与意识形态方面的网络舆情通常呈现出长期性、隐匿性、敏感性的特点。

看待社会思潮与意识形态领域网络舆情的视角与涉外涉军类相近。从宏观上,思想文明对冲会影响到国家发展。无论是国内还是国际环境中,新社会思潮的出现都会给国家治理带来新的治理风险;"民主""自由"及宗教民族等方面的固有议题也会在各类特定事件中被反复提起。因此,当社会思潮与意识形态类网络舆情出现时,国家层面面临治理受阻和形象受损的双重风险。从微观上看,公众也会在思想和行为两方面承担风险。思想上,特定价值观念对社会主流价值和意识形态形成冲击,导致公众陷入自我负面情绪或对他人的敌意中,积蓄社会负能量,严重时导致文化和观念的倒退。近年来,以虚拟社群为代表的网络圈群之间的冲突逐渐成为网络风险治理的一大困境。

由于社会思潮与意识形态类舆情通常伴生于其他类别事件,难以被察觉,在研判时要注重深度挖掘和趋势预测。研判者应密切关注相关事件的动向，通过有代表性的观点和言论，警觉其中可能出现的重大问题，跟踪、了解社会思潮演变的影响，及时搜集有关发展道路和改革方向的评价信息，及时作出预判和研判，并提出防范敌对势力渗透破坏和舆论炒作攻击的有效对策。

5.6　网络舆情研判机制

网络舆情研判机制同时包含阶段性研判、专题研判和即时研判。其中，阶段性研判和专题研判属于日常研判，具有长期性、稳定性、系统性的特点，主要应用于经验总结和趋势预判；即时研判则具有更强的时效性和针对性，主要应用于特定舆情事件的分析和应对。不同的研判方式所采取的组织形式通常也有所区别。

5.6.1　网络舆情即时研判

即时研判是网络舆情研判工作中最为常见的一种，表现为对正在发生或已经发生的网络舆情事件进行信息收集和分析处理，其核心目的是对潜在舆情风险进行提炼，并制定科学有效的舆情处置方案。网络舆情研判分析涉及社会学、管理学、政治学、心理学和新闻传播学等多个学科领域，涉及政府行政系统和现实社会的多个层级，触及新闻媒介的认知系统和公众行动力等多个方面。在重大突发事件发生后，不仅要依靠自身力量完成即时性舆情研判，还应当借助多方平台整合资源，采取专家会商的形式汇聚多方力量，提高研判的科学性和准确性。通过聘请与舆情事件所属领域相匹配的专家学者为专家顾问，能够获取他者视角的分析结果，从不同角度、不同侧面、不同层次对网络舆情的整体走势和热点进行分析阐释，提高舆情信息研判的真实性、可信度和客观性。

5.6.2　网络舆情专题研判

专题研判是对某一特定主题或特定类别的舆情进行综合分析的过程。一般情况下，当同类舆情事件高频出现或相关主题成为社会热点时，管理者需要通过类比归纳的方式从中汲取经验，制定更为系统化的舆情处置方案。联席会议是专题研判常用的形式。会议由上级行政单位或核心职能部门牵头，组织与舆情事件相关的多机构、多领域专家联合召开，实现网络舆情的集中研判。通过横向协调的方式，形成多部门联动，最大限度地整合力量，确保研判结果的科学性。在网络舆情事件发生之后或发展过程中的某个阶段，相关部门组织人员召开联席会议，集中集体智慧，弥补单一职能部门知识能力的不足，不但可以保证对各类重要敏感事件的稳妥处置和引导，而且能有效提升网络舆情队伍的整体素质。

5.6.3　网络舆情阶段性研判

阶段性研判是以时间划分研判周期的一种总结性研究，可以分为年度研判、季度研判、月度研判等。实践中，各单位通常会设立专人专职处理舆情事务，或采取外包形式，组织专家力量介入常态化舆情研判。研究人员在开展日常性和持续性研判工作的基础上，依据搜集来的网络舆情建立信息库，并汇总出阶段性成果，供管理者参阅，以便其及时准确地把握社情民意的总体动向。阶段性研判开展的具体形式包括组织开展舆情研判例会、递交阶段性舆情报告等。基层组织在开展舆情工作时，应将阶段性网络舆情研判作为常态化工作流程固定下来，定时针对网络舆情信息展开汇总，并对汇总后的信息归类分析；可以依据自身客观条件来确定阶段性汇总的周期长度、人员配置和具体开展形式等。

思考题

1. 简述网络舆情研判的基本流程。
2. 采用技术分析与人工分析相结合的方式，选择一个舆情事件进行分析研判。
3. 简述一般、较大、重大、特大网络舆情风险的区别。
4. 结合具体案例，分析其所属的网络舆情类别并进行研判。

即测即练

自学自测　扫描此码

第 6 章 网络舆情应对处置

网络媒介赋予社会大众,扩展其自由表达空间的同时也在某种程度上削弱主流话语体系的引领力。因此,有必要在充分把握网络舆论环境的基础上,系统全面地提升网络舆情治理能力。本章将围绕网络舆情应对处置的理念、策略与方法展开论述。

6.1 网络舆情应对的"二四四"

6.1.1 网络舆情处置的"两同步"

网络舆情处置的核心在于坚持"两同步",即同步进行网络舆情处置与相关实体事件处置,做到线上线下处置的有机统一。要将网络舆情的处置同步嵌入到实体事件的处置过程当中,做到同步开展、同步部署,两方面工作高度契合、紧密衔接。

网络舆情的发展与线下事件的处置情况密切相关。实体事件得到妥善处置,则网络舆情处置的阻碍和困难将会大幅减少;线上舆情处置及时跟进,则会减少事件所带来的负面影响,更好地维护责任主体的社会形象。如果忽视了二者当中的任何一方,则很有可能会加剧事态的负面效应,甚至酿成激烈的群体性事件。因此,在实际工作中,网络舆情管理部门与实体事件处置部门应建立高效的沟通协调机制,将线下实体事件的处置放在第一位,同时快速启动网络舆情处置应急预案,确保网络舆情预警发出后,有关部门能够积极回应、有效应对,以最短的时间、最快的速度,发布最权威的信息,正确引导舆论,从根本上化解网络舆情风险。

6.1.2 网络舆情处置的"四个报"

网络舆情处置要冷热有度、把好分寸,要基于专业知识综合分析网上所反映的情况,结合调查进展客观准确地向公众公开处置情况。要严格遵循网络舆情的"四个报",即快报事实、慎报原因、重报态度、准报结果。

1. 快报事实

快报事实是指及时向公众公布事态进展。谣言止于真相,只有迅速发声,才能在纷繁复杂的网络舆论场中赢得主动,最大限度消除网络舆情事件带来的负面社会效应,为网络舆情处置提供更为有利的环境条件。因此,要在核实后的第一时间发布真实、准确、权威的通报,以信息公开来提升透明度。如果事件原因等尚未调查清楚,则可以通报所掌握的事实性信息。要及时关注事件发展动态,不仅要及时向公众披露最新进展,而且要充分收集网络民意，基于广大网民对事件的关切程度，有所侧重地发布信息。

2. 慎报原因

慎报原因即在完全查明相关网络舆情事件的来龙去脉之前，要审慎发声，更切忌盲目下结论。现实中，网络舆情往往是基于错综复杂的线下事件产生的，事件背后的多重诱因难以在第一时间被调查清楚。此时，若贸然出面对事件进行盖棺定论，不仅可能给公众带来先入为主的误导，更可能导致出现前后自相矛盾的情况，不利于后续网络舆情和线下事件的处置。因此，在回应时应当格外谨慎，要在充分掌握事件的基本情况、起因、性质等信息后，再制定完备的处置方案，对事件进行科学的回应处置，避免激化矛盾和事态扩大。

3. 重报态度

重报态度指责任主体在回应和处置网络舆情事件时，应当重视对外态度呈现，通过积极响应、谦和对话、诚恳叙事的方式赢得共情共鸣，最大限度凝聚社会共识，缓解舆论场负面情绪，避免矛盾激化。回应时，相关部门应表达出切实承担责任的态度，在条件允许的情况下邀请公众和媒体等相关方参与监督事件的处置过程，认真吸纳建设性意见和建议。此外，当事件情况不明朗的时候，表达积极的态度也能够起到事半功倍的效果。值得注意的是，积极态度的表达并不是万能的，尤其不能用来替代实际问题的解决。一而再再而三地表态，而实际诉求的解决却毫无进展，会招致更严厉的批评和质疑。

4. 准报结果

准报结果也是舆情事件处置过程透明化的重要部分，是责任主体向公众展现处置能力并进行形象修复的重要方式。实践中，应深度跟进实体事件处置的各个环节，核准细节，确保实体事件的有效应对。在此基础上，准确发布处置情况，通过动态化的信息公开为公众和媒体等相关方提供更充分的结果性信息，最大限度减少误解、误读和误传，把好网络舆情回应与处置的最后一环。

6.1.3 网络舆情回应的"四个要"

网络舆情回应的频繁程度以及所提供信息量的多少并不能直接导致回应效果的好与坏。要以事实为依据，以公众关切为导向，审时度势，发布可读性强、逻辑性强、针对性强的回应内容，切实满足公众的信息需求，牢牢把握回应的"四个要"。

1. 要理性看待质疑

网络舆情出现之初，网络中的批评性意见通常会占据主导，公众容易将自身的不满、愤怒甚至过激情绪通过网络言论表露出来。涉事主体不必过于恐慌此类负面声音，而应当对网络舆情发展中出现的批评保持气度，避免对抗性态度激化舆情。近年来的实践规律表明，若畏惧批评，急于避责，则无异于扬汤止沸，使舆论进一步扩大；但若摆正姿态，正视反映的问题，基本能得到公众的谅解，快速化解舆情危机。因此，在进行网络舆情回应时应当采取包容客观的心态看待网络批评，对舆论质疑采取"有则改之，无则加勉"的处置方式，积极汲取具有建设性的观点，推动网络舆情的高效处置。

2. 要保持大局意识

网络舆情回应要做到站位坚定，有大局观。一是要从自身肩负的责任出发，以客观事实为准绳，积极承认过错，不包庇、不护短，也不能为了大事化小就一味迎合舆论。二是要维护所在系统和单位的形象，注重与其他部门协同，不能"自扫门前雪"，为了一时的风平浪静而为后续处置留下"后遗症"。三是要从社会效益出发，维护公平正义，通过积极有效的网络舆情处置来凝聚社会共识，保障社会和谐稳定。

3. 要提供充分支撑

网络舆情回应所依据的支撑力度决定了回应成效。只有对事件进行充分的调查，从法理和情理上确认事件当中的权责关系，并通过精准的数据和可靠的技术分析结果进行佐证，才能使回应更有底气。网络舆情出现后，有关责任主体应当对网络反映的问题进行全力调查，最大限度还原事实，通过反复求证来确保收集到的数据和信息经得起推敲；对回应中所涉及的法律法规也应当做到准确，体现公平公正，不渎职，不滥用权力。为了优化回应效果，必要时可采用热度地图、3D影像还原等技术手段辅助回应。

4. 要坚持公众导向

网络舆情回应的本质在于通过与公众的有效沟通促进社会问题解决。因此，回应内容的可读性非常关键。只有以公众需求为导向，确保回应言之有物、亲和自然，才能使公众愿意接受和认同相关信息，提升回应内容的触达率和影响力，避免自说自话。

一是提供充足信息。网络舆情回应的首要目标是阐明基本事实，要持续不断地提供舆论所关心的信息。相关单位应对舆论所关心的问题进行客观、理性的阐述，不能存在任何不实内容。回应前，要先在内部对回应内容进行必要性评估，若即将发布的信息存在争议点，或与公众关切并不匹配，则应审慎发布，避免引发新的质询。面对突发事件时，如果在事件之初所掌握的信息并不准确，则可以选择阶段性地披露信息，先对所掌握的且公众关切的信息进行公开，后续不断依据调查和处置进展对公开信息进行补充和完善。

二是表达诚恳态度。得到公众的谅解和支持是网络舆情回应的重要目的之一。回应内容所呈现出的态度直接影响受众感官，诚恳、温和的回应态度往往能够带来事半功倍的效果。实践中，一些网络舆情存在夸大其词、恶意抹黑、情绪化表达的情况，面对这种现象时，涉事主体更应表现出克制和理性的态度，采用说理而非"对骂"的方式赢得更广大群体的支持，用事实说话，降低次生舆情风险。

三是善于换位思考。相关单位在进行网络舆情回应时，应当设身处地站在诉求方的角度思考问题，分析其行为动因、关注焦点以及具体诉求等，从而深度解构网络舆情产生的核心原因，做到有的放矢地回应。换位思考的方式也更容易唤起情感共振，帮助回应者凝练出更能打动对方的内容，切实提升回应效能。

四是拥有人文关怀。网络舆情回应切忌高高在上地指责公众，而应当从情感立场上进一步思考事件当中是否存在道德层面有待商榷的舆情焦点。如果某一网络舆情从法理角度上看基本合理，但在情理层面反响强烈，则应在不违背规则和法律的基础上，着重从感性的立场上进行回应，通过更具人文关怀的处置措施争取民心，避免使公众产生逆反情绪，进而衍生新的社会矛盾。

6.2 网络舆情应对的方法与技巧

6.2.1 网络舆情处置的"七方面"

1. 及时发布权威信息

舆情事件发生后,网络促使信息高速传播,并不断在传播过程中发生变化。公众会基于自身的威胁感知而产生焦虑、恐惧等负面情绪,情绪共振引发舆情风险的扩大化。想要减少负面信息传播,实现高效治理,就必须保证相关方面在第一时间了解整个网络舆情事件的情况,并随着事态发展滚动发布权威信息,及时、准确、充分地认知危机,促成网络舆情和线下问题的有效处置。

2. 保证信息公开透明

保证信息公开透明是实现良性对话、推动网络舆情处置的重要前提。当危机发生时,所有利益相关者都有权知晓并参与到与之切身利益相关的决策活动。要始终明确危机公关的目的不应该是转移公众视线,而应通过信息公开赢得公众信任,最大限度凝聚社会共识,使得多元社会主体都能够参与到危机管理的工作中来,表现出积极合作的态度。

3. 积极回应公众诉求

网络舆情是反映公众诉求的窗口。当社会性危机发生时,公众关注的并不仅仅是危机所造成的破坏或是所得到的补偿,更关心当事方是否在意他们的想法,并给予足够的重视。如果相关部门能够在网络舆情处置时充分收集并适当采纳公众建议,则能够在最大限度上争取到公众的情感认同,助力网络舆情危机的化解;反之,如果当事方不能听取公众意见,甚至与公众意见背道而驰,则难以获取公众信任,化解危机也就变得更加困难。

4. 保证回应态度坦诚

保持坦诚是网络舆情处置措施有效实施的基本条件。责任主体应始终保持坦诚的态度,面对危机不逃避,敢于承担责任,通过言辞和行为上的诚恳表现换取公众的信任和谅解,为危机处置争取更多的时间和空间。若试图隐瞒真相或对关键信息含糊其辞,则很容易为后续治理埋下隐患。自媒体时代信息来源丰富,一旦事实真相经由第三方披露将会带来不可挽回的后果,相关部门不仅会丧失公信力,而且容易陷入更大的舆情漩涡。

5. 确保回应口径一致

舆情回应时要特别注意回应口径的一致性。当多个主体同时发布回应性信息时,必须要做到反复核对,确保发布内容的一致性,切忌自相矛盾。网络舆情危机中,核心责任主体掌握更多的事态信息,是最主要的信源。官方发布必须保证其权威性和严肃性。若涉事主体所传递的信息存在较大出入,极易误导公众并破坏危机处置中所建立起来的信任。

6. 回应内容言简意赅

公众和媒体获知网络舆情事件后,通常希望获取更多核心信息,如事件的新进展、处置方案等。此时，作为网络舆情处置方，应当通过言简意赅、通俗易懂的表达方式直接道明与事件相关的重要内容即可，切忌长篇大论打官腔。

7. 实现系统性处置

在制定危机处置方案时，不能过于拘泥眼下的网络舆情事件，要站在整体角度进行全面缜密的策划，兼顾事件发生的社会背景和网络环境，考虑多重因素，才能保证危机处置的有效性和科学性，降低次生舆情发生的可能性。

6.2.2 网络舆情处置的工作机制

网络舆情处置的工作机制是指针对网络舆情处置和应对建立一套科学的、体系化的管理办法，要求有关单位从信息处理流程、人员配置、工作制度等方面入手，建立综合、实用的配套机制。健全的网络舆情工作机制能够提升舆情处置的有效性。

1. 网络舆情信息内部流转机制

要明确部门职能，确保网络舆情信息的收集、汇总、分发、处理等权责到位；要及早确定网络信息汇集的主要内容，保证及时、全面、准确地掌握网络舆情态势，并使相关信息精准送达到相关决策部门；要保障信息流转渠道通畅，推动网络舆情工作高效运转。

2. 网络舆情研判与处置机制

要建立快速研判机制，确定专职工作人员，对网络信息进行科学、全面、合理的分析，对错综复杂、真假难辨的信息进行梳理，及时确定舆情信息的重点内容，把握舆情的本质，作出前瞻性的预测和判断，为舆情决策和处置提供建议和依据。要建立线上线下联动的处置机制，形成体系化、标准化的网络舆情应对指南，避免在网络舆情出现时手忙脚乱。

3. 网络舆情工作综合保障机制

要从组织领导、机构设置等方面规范舆情工作的综合保障机制；要配齐人才队伍，通过奖惩机制保障网络舆情工作持续开展；要引入最新的信息分析工具、监测系统等，从技术设备和经费保障两个方面，切实提升网络舆情工作效能。

6.2.3 网络舆情处置的阶段性方法

网络舆情的发生发展呈现出周期性特点，依照时间线索可以划分为潜伏期、扩散期、爆发期和恢复期，要针对不同传播阶段制定网络舆情应对策略，调整网络舆情应对方法。

1. 潜伏期建立预警

潜伏期的网络舆情处于萌芽阶段，线下实体事件刚发生但未被披露在网络上，或仅有零星信息出现在网络论坛和社交媒体等平台上，内容分散、无序、片面、模糊，并没有形成规模化传播。该阶段应将应对重点放在预警上。相关部门要对舆情事件形成充分的认识，开展全天候实时监测，密切关注网络舆情变化，了解公众关心的重点以及舆论对此事所存在的疑点，对事件的发展态势以及后果进行预估。如有必要，可基于初步调查结果向媒体和公众公布相关信息，通过积极发声抢占舆论先机，有效地疏导和化解风险苗头。要及时启动应急处置预案，制定全面科学的应对方案，为后续应对处置做好充分准备。

2. 扩散期防止蔓延

扩散期内，网络舆情信息量逐渐增多，信息链日趋完整，原本孤立的发声日益聚集，形成特定的观点集群，并开始传播和交互。该阶段，网络舆情逐渐具象化，主体意见和诉求逐渐形成，并衍生出大量有价值的关键信息。值得注意的是，扩散期是网络谣言的高发期，大量博眼球、蹭热点的不实信息涌入网络，混淆视听。应对上述情况，要把控制网络舆情的蔓延趋势和降低负面影响作为首要任务。相关部门要紧跟舆情发展态势，提高响应层级；要通过多种渠道充分回应公众诉求，以解决问题的态度与之进行对话沟通；要采取多种手段遏制谣言，将谣言所带来的不良影响控制到最小。要积极调动媒体、专家以及网络意见领袖等多方外部力量的治理参与，深入分析导致舆情扩散的关键点，以科学有效的方式控制舆情扩散速度和传播范围，促成网络舆情早期处置的成功。

3. 爆发期平稳态势

网络舆情爆发期的出现大多源于前两阶段的应对失效。公众产生严重负面情绪，网络"炸弹"投向现实社会，线上线下互相影响导致信息爆炸局面出现，造成巨大网络影响和现实影响。在爆发期进行形象挽回和弥补是极其困难的。该阶段，大量真假信息堆加，网络讨论不断深入，媒体和公众持续挖掘与原网络舆情相关的系列信息点，不断刺激舆论场，加剧事态严重性，深化网络舆情主客体间的矛盾。应对爆发期网络舆情的重中之重是稳定局势，尽可能地为舆情降温。要充分厘清网络舆论的发展脉络和其中涉及的主要观点，着手解决实际问题，及时提供有利于缓解舆论焦虑的信息，从情感和行动两个层面入手平息舆论。在线下事件处理得当后，通过道歉和信息公开，最大限度争取公众谅解和认可。要谨防网络舆情向线下转移，诱发群体性事件。

4. 恢复期重建信任

网络舆情进入恢复期后，事件热度持续下降，相关信息将逐渐淡出网络平台，公众情绪日趋冷静和理性。该阶段，相关部门可以将应急状态调整至休整阶段，不用疲于应对，但也不可放松警惕。要防止舆情重新被点燃。有时网络舆情热点由爆炸转为平息，并非应对得力，而是由于受众关注对象的转移。若就此松懈而不作为，则很容易在卷土重来的舆情风暴中丧失主动权，遭受二次冲击。要继续做好善后工作，通过科学有效的策略来重塑公众认知，赢得好感，逐步消除负面印象，修复自身形象，重建公信力。

6.2.4　网络舆情处置的工作技巧

网络舆情处置并非简单的一次性信息发布，而应根据事态发展和处置节点等持续滚动发布信息，既要讲究节奏、频率，适时通报事件原因、处置措施及成效，满足公众知情权、监督权，又要把握分寸、火候，适度回应，该热则热，该冷则冷，不做"夹生饭"。

1. 滚动发布重要信息

网络舆情爆发后，当事方持有核心信息，能够左右舆论局势。相关单位要及时介入并为舆论场提供充分的事实性信息，掌握话语权，获取公众信任，减少谣言滋生。面对高关注度的热点事件时，有关部门务必持续跟进，多渠道滚动发布重要信息，确保事实性信息、官方立场以及处置最新进展情况能够顺利触达公众。要重视发布内容的简明性和准确性，避免节外生枝、授人以柄。

2. 审慎发布回应信息

线下问题通过网络曝光后，相关部门需要保持镇定，充分判断舆情事件是否要立刻回应、要回应到什么程度以及后续回应要如何开展，依据综合研判结果逐步回应，切忌过分高调或盲目召开新闻发布会。回应和处置网络舆情之前，要将媒体、意见领袖和公众的观点结合起来，科学认知当前的舆论热度、关注焦点、发展态势、社会环境以及是否存在境外媒体炒作等，并依据分析结果判断要快速回应还是适度"降温"。若事件脉络清晰，公众情绪总体可控，且回应方自身条件充分，则可以考虑开展回应行动，表达积极的处置态度。若尚未调查清楚来龙去脉，则应审慎回应，避免自乱阵脚。

要学会适时适度淡化处理。淡化处理不意味着不处理，而是通过时间上的放缓换取回应效果的最大化。部分网络舆情事件本身热度低、影响小，但回应中的不当措辞、不当态度、逻辑漏洞等反而会引爆公众情绪，导致低风险事件的扩大化；对于热度过高、争议过大的网络舆情，如果官方不断回应，则容易导致舆论热度居高不下，因为每次回应都会使舆情受到进一步关注，反而不利于平息舆情、缓和事态。

3. 巧妙发布心理干预信息

公众心理状态在网络舆情生成、发展和应对处置中都具有重要作用。核心利益群体、敏感群体的负面情绪能否得到及时有效疏导，直接决定了网络舆情走势，关乎社会稳定。因此，在重大网络舆情处置时，有关单位必须要高度重视心理疏导和心理干预，要充分评估当前社会中存在的逆反心理、质疑态度、焦虑情绪、恐慌情绪等，在此基础上采取适时适度的引导措施，着力于标本兼治，实现网络舆情的深度治理。

首先，既要包容公众的过激心理，又要及时纠正认知偏差。公众通过各类社交媒体平台参与舆情事件讨论时，可能带有"释放和发泄心理""从众心理""看客心理"等。在进行疏导和干预时，要尊重和理解公众心理需求，客观分析恐慌、偏执、愤怒等过激情绪产生的现实诱因，有针对性地疏导负面情绪；要注意把握分寸，提供适当的情绪"泄洪区"，避免出现大范围情绪反弹；要将心比心，换位思考，多采用平等交流的态度与公众交朋友，避免将其置于情感对立面。要积极借助媒体、网络意见领袖等外部力量促进矛盾化解。

其次，要因人因事对症下药，增强心理疏导的实际效果。对当事人及利益相关群体进行心理疏导时，应重视诉求反馈，通过解决实际问题来缓解负面情绪；对媒体及意见领袖进行心理疏导时，要积极与之沟通，力求产生共鸣共情，引导舆论走势。此外，还可通过"自揭伤疤"等策略来争取谅解，通过预期折中的方式推动社会共识的达成。

再次，要做好长期性心理干预，消除公众心理阴影。重大网络舆情对公众心理的影响往往难以在短时间内消除；有关部门要予以重视，在舆情平息后对涉事重点人群开展针对性心理调适，有效疏导社会情绪，避免负面情绪给个人和社会留下"后遗症"。

最后,要做好常态化心理服务,保障公众心理健康。要推动社会心理服务体系建设,做好日常宣传引导,增设心理健康类志愿服务岗位,组织相关社会活动、推动心理咨询行业发展,切实提升心理韧性。要强化应急处置中的心理干预能力,切实提高服务力、沟通力、影响力,以更好地凝聚社会共识。

6.3 网络舆情应对中的外部支持

6.3.1 建好建强网络舆情智库

网络舆情智库是指为有关部门提供专业指导或帮助的第三方,包括从事网络舆情研究的学术机构、媒体部门和企业单位等。行政工作人员尤其是基层工作者,通常未受过体系化、专业化的舆情素养训练,缺乏舆情处置经验,加之承担其他事务性工作,有时难以及时识别和妥善处置网络舆情。邀请专业的第三方参与网络舆情的调查、分析和处置,不仅能够提升应对效率和专业化程度,而且能够提供更为客观的分析结果。

网络舆情智库可以分为技术型智库、法律型智库、管理型智库等。不同类型的智库能够为网络舆情处置的不同方面提供支撑。比如,管理型智库主要在网络舆情分析、风险评估、研判咨询、应急处置、管理培训以及制度优化等方面为决策者提供专业支持。

1. 专家参与舆情风险评估

网络舆情处置可根据工作需要,采取长期合作或临时邀约的方式,邀请专业机构对舆情风险进行评估。评估内容包括:(1)风险要素评估。智库专家可基于自身平台优势和专业资源,系统评估网络舆情风险源头、风险传播情况、风险等级等,梳理重大风险源,帮助相关单位在处置好当下网络舆情事件的同时,加强常态化舆情风险防范,最大限度地从源头上降低重大网络舆情风险的发生概率。(2)网络舆情环境评估。考虑到舆情环境的作用,相同敏感程度的舆情信息对不同主体的影响往往具有差异性。因此,相关部门要借助智库专家的力量对自身所处的舆情环境进行综合评估,精准把握舆情环境状况,有的放矢地开展网络舆情处置工作。

2. 专家参与舆情分析研判

智库专家往往长期从事网络舆情研究,具有丰富的专业知识,对网络舆情事件的把控通常更为精准,能够更快更具体地分析出舆情发展态势并指出症结所在。因此,相关部门可借力于专家获取更多中立、客观的研判信息,辅助网络舆情的处置应对。(1)网络舆情风险研判。可借力专家研判网络舆情存在的敏感点、情绪爆点,并预判未来舆情走势和可能产生的次生风险等。(2)网络舆情影响力分析。舆情智库通常拥有更为成熟的舆情分析系统,能够具体分析特定时空背景下网络舆情传播力、公众及媒体参与该舆情的动力、媒体报道角度等,并给出简明扼要的结果报告供参阅。(3)网络舆情阶段性处置建议。智库专家可以在整体性分析的基础上,详剖网络舆情的阶段性特征并给出具有针对性的处置建议,包括阶段性工作重点、阶段性风险防范、阶段性应对措施等。(4)网络舆情回应内容建议。智库专家还可帮助相关单位把握回应口径、审定回应通稿、评估回应效果等。

3. 专家参与舆情培训

要借助舆情智库的专业性，为各层次相关工作人员提供针对性的能力提升训练。①提升领导干部的网络舆情素养。定期组织针对领导班子及职能部门主要负责人开展系统性培训，切实弥补领导干部在意识和能力方面的短板，为网络舆情处置带来更坚实的决策支持。②提升网络舆情处置专职人员的业务能力。针对新闻发言人、网络评论员等开展定期培训，内容包括网络舆情应对的基本理论和实务操作等。

6.3.2 要扩大与外部利益相关者的共识

除了专业化的舆情智库，网络舆情应对处置中还应积极扩大与外部利益相关者的共识。面对不断增多的公众参与以及更广泛的媒体报道，网络舆情处置不能仅凭相关部门的"一厢情愿"，而应主动开展对话沟通、努力消除社会矛盾，积极凝聚社会共识，寻求最大公约数，不断扩大"朋友圈"。要积极与媒体、网络意见领袖以及普通公众达成共识。首先要争取与媒体达成合作，既要在日常工作中维系好媒体关系，又要在舆情事件发生后与媒体保持良性沟通，使媒体进入网络舆情处置的"朋友圈"。其次要争取与网络意见领袖达成共识，发挥社会精英作用，团结舆论主导力量，维护社会主流价值观。要在常态化工作中通过多种渠道深度调研和系统梳理区域内活跃的网络意见领袖，剖析职业专长、关注领域、影响人群等，与各类网络意见领袖建立友好联系，为其发声提供良好环境，鼓励建言献策。此外，在社会价值日益多元化的当下，要对个别不同意见持有包容态度，尽可能团结一切力量。要理性看待网民意见中的不理解、牢骚、怨言等，要在各方意见中汲取有价值的部分，促成事件的圆满解决。

6.4 网络舆情应对中的网络评论

网络评论是指舆情事件发生后，社会各界通过互联网平台围绕该事件发表的观点性内容。网络舆情应对处置实践中，官方发布的网络评论对公众具有导向作用，是有关部门引导舆论的最常见、最重要的方式之一。

6.4.1 网络评论的五个着力点

1. 网评内容要平实

撰写和发布网评时要坚持受众导向，关注受众想看什么内容、乐见何种文风和形式，切忌打官腔。内容要"真"，要以事实为依据，不掩饰、不避责，提供客观完整的权威信息；行文要"短"，要做到主题明确、结构清晰、言简意赅，以鲜明的观点和凝练的表述向公众传递官方立场；文风要"实"，要保持公允，不夸大功绩，也不脱离实际；要用最通俗易懂的语言阐述深刻道理，用最独特的视角表达公允的观点。

2. 网评尺度要得当

网评篇幅有限，不能说多，也不能不说，要用有限的内容传递更多更有价值的信息，实现舆情治理效益的最大化。网评内容要兼顾正方立场和反方观点中合理客观的部分，避免主要观点的一边倒态势；要适度筛选和删减，保留重要信息的同时对特殊观点予以提及，切忌遇到不同声音就"一刀切"；避免过多评论，可以选择 2~3 个网民普遍认同的正向观点进行集中引导，通过情感共振促进社会共识达成。

3. 网评时机要恰切

网评发布要选择合适的时机，既要求稳，又不能错失舆论引导的主动权。因此，舆情工作者要准确判断热点的价值、当前的信息环境、网络舆情与自身的相关性以及是否适合使用网评的方式进行舆论引导。对于能够被新热点迅速覆盖的低热度的负面信息不必进行网评，以免扩大事态；对于初现端倪但极具扩大化趋势的网络舆情要提前准备好网评并及时发布，通过权威观点引导来维护社会理性；对于高热度网络舆情事件，要由当事人或主要责任方进行回应，其他非媒体单位和个人不应过多承担回应责任。

4. 网评平台要适配

网评发布要选择合适的媒体平台或网络渠道，提高触达率和针对性。对于一般社会事件所引发的网络舆情，可以选择本地化媒体发布网评，通过属地内具有影响力的传统媒体、网站以及自媒体，面向事发地群众开展事件说明，引导网络舆论保持理性，避免事态扩大化。对于社会影响恶劣且本地行政系统公信力受损的重大网络舆情，应选择临近属地知名媒体或上级媒体发布网评，通过第三方意见领袖促进对话沟通，减少公众对网评客观性的质疑。对于特定主题和领域的网络议题，应借力于自媒体大 V 或专业人士发布网评。对于涉外网络舆情，可通过"知华友华"力量阐明自身立场，最大限度争取国际共识。

5. 网评手段要灵活

网评发布时应充分发挥新技术、新渠道优势，积极使用公众参与度高的社交媒体平台，促进网评内容的传播。要善于采用公众喜闻乐见的表达方式，如适当加入表情包、漫画形象等生动有趣的内容，或结合网络热梗制作短视频等，提升公众对网评的阅览兴趣。

6.4.2 网络评论的十大策略

1. 开宗明义

网评开篇要直接亮明观点，起笔要率先提出对所评事件的基本态度，随后再简要陈述事件概况和相应社会背景，方便不了解此事的读者快速知晓事态近况。切忌过度铺陈无用信息和过分修饰文辞影响表达效率。碎片化阅读时代，网民容易对长篇大论的内容失去阅读耐心，若发布内容中非必要的前置信息过多，可能导致公众在阅读到关键信息之前就放弃阅读，不利于舆论引导目标的实现。

2. 详略得当

要选择最有价值的点去写，并在敲定主题后紧扣核心内容，做到详略分明。对于事件中涉及的其他内容要有所取舍，择其关键，避免发散性思维导致的复杂行文。

3. 角度新颖

网评内容想要在复杂舆论场中脱颖而出、受到关注，就必须提出令人信服的新观点。要善于从老问题中发现新视角，要能够从小角度切入，以小见大赢得社会共鸣，要见人之未见，从细节中挖掘出对社会发展有价值的新角度。如果网评角度不新，内容人云亦云，表现出明显的站队思维、标签思维、受害者思维或封闭思维等，则很难吸引和打动受众，不利于网评内容传播。只有不断推陈出新，才能使网评常写常新，获得认同。

4. 平等对话

网评应以争取公众认同为目标，越是"接地气"的内容，往往越能取得良好反响。新媒体时代，网民对过于"高大全"的内容并不买账，甚至容易产生先入为主的抵触情绪。因此，网评内容要做到平易近人。要平视公众，敢于认错，通过春风化雨、润物无声的方式将意图融汇于事理，切忌将公众置于情感对立面。

5. 以小见大

具象化的描述和细节呈现能够让公众产生设身处地的情感共鸣。撰写网评时要将"大道理"用具体生动的"小故事"传递出来，采用生动形象的例证和通俗易懂的语言与公众沟通，让公众理解并由此产生认同，而不是卖弄深奥难懂的概念术语。

6. 逻辑严密

网评要保证表意清晰准确，论证逻辑严密，结构层次分明。一旦出现基本的逻辑漏洞，则容易被公众指摘，若有自媒体就此大做文章，则会落入众矢之的，进而丧失公信力，酿成次生舆情，不利于后续的应对与处置。

7. 以理服人

撰写网评之前，相关单位要在内部组织研讨，充分论证自身观点的合理性，并整合充分的论据。撰写时，要对所写的内容有底气，做到观点自洽、言之有物。切忌观点片面、内容说教、强词夺理，要坚决杜绝说假话、说套话、说空话。网评内容平实，用事实和证据说话。要给自身留有余地，不偏激，防止被逼入死角；不回避核心问题和反方观点。在列举支持自己观点的论据之余，可用适当篇幅对所批驳的观点进行阐释，论证其不合理性，举出代表性事例形成正反对比，强化自身观点的说服力。

8. 简明扼要

网评文章大多发布于新媒体平台，要注意篇幅短小、直击要害，其次再修饰文采。为增强可读性，要减少使用晦涩深奥的语言，多用深入浅出、鲜活好读的通俗化表达，可以使用大白话，方便网民最大限度地理解发布者想要表达的意思。

9. 标题凝练

网评标题要足够吸引人，才能在纷繁复杂的网络信息中"脱颖而出"。设计标题时，既要用精练生动的语言归纳出核心观点,又要用醒目独特的文字吸引受众,做到提纲挈领;要避免变成"标题党",失去严肃客观的基本立场。

10. 把握时机

并非所有事件的处置都适合作网评引导,不是舆情的每个阶段都需要网评引导。要准确判断舆情事件的属性及发展阶段,确定何时开展网评工作。要准确把握网络评论引导的量与度,防止次生舆情的发生。

6.5 网络舆情应对中的媒体沟通

6.5.1 媒体沟通的基本原则

互联网为媒介社会化提供了充分的空间。当舆情事件爆发时,站在不同立场的各级媒体会对事件形成不同的看法并发表不同立场的报道。其中,正向宣传和客观中立的报道往往能帮助涉事主体缓解舆论压力或扩大积极影响,但批评报道则通常会扩大事件的消极影响。

面对媒体报道要坚持六个思想原则。

1. 要坚定核心立场

要坚持国家立场、人民立场,要在采访中态度鲜明地表达出对国家利益和公众利益的维护,不受诱导,不留含混模糊的态度,避免授人以柄。

2. 要勇于承担责任

准确定位并积极承担自身的责任是进行媒体沟通的第一要义。媒体报道在本质上是通过行使监督权利,敦促涉事方履职,推动社会问题解决。若有关部门一味推卸责任或试图蒙混过关,则必然会在逻辑上留下漏洞,给媒体留下消极的印象,阻碍后续沟通对话;反之,若能够在事态之初就表现出负责任的态度,着眼于自身所在单位的职能及自身职责,向媒体和公众作出处置承诺,则会赢得媒体的好感,使其在后续报道中减少冲突性内容,成为网络舆情处置的有效助力。

3. 要敢于正面回应

正面回应是将网络舆情危机变为转机的前提条件。网络舆情出现后,社会舆论普遍关心危机真相,涉事责任方要及时发布权威信息,正面回应公众质疑,因势引导舆论走向。回应时切忌顾左右而言他,否则容易引发媒体诘问。正面回应就是针对舆论热点、公众质疑、媒体关切、记者提问等,进行明确的回答与响应。即使遇到敏感话题,只要交代清楚说与不说的原因所在,大多数情况下,涉事责任方是会赢得媒体的理解或谅解。

4. 要坚持"纠错"导向

网络舆情应对处置时,媒体通常是在掌握了部分事件信息的前提下组织采访的,与其遮遮掩掩，不如快速纠错，将负面影响降低到最低程度和范围。官方提供的信息是记者后续报道的关键支点，如果责任主体已经认错，则会降低其深入探究的意愿，网络舆情的风波也可能因此逐渐消停下来，有时甚至会转化为正面报道。纠错是中止危机向深度广度发展的第一要务，新闻媒体和社会舆论，最要看的不是怎么说而是怎么做。

5. 要把握务实原则

在完成初步沟通后，相关责任主体要迅速落实线下问题的处理，避免被后续跟进报道，形成"说一套，做一套"的负面形象。要尽快介入处置，避免错过最佳应对时效而造成更大损失；要找准受害受损的对象，针对具体诉求进行有效应对；要提出切实可行的措施并不断跟进，确保纠错到底，避免出现处置"烂尾"的情形。

6. 要保持平和态度

媒介沟通中要保持理性和善意，不能跟媒体较劲，避免被激怒后口不择言。媒体在进行舆论监督时并非每次都准确无误，有时也存在不了解具体情况的误报。当媒体报道有误并给涉事方带来舆论压力时，相关单位要保持冷静和克制，要准确判断媒体报道的出发点是什么。若只是误会，涉事单位则应保持善意态度，积极向媒体解释，争取与媒体达成共识，让媒体帮助澄清；若媒体报道背后存在恶意抹黑、蓄意煽动、无端炒作等倾向，则应采取必要的管制措施，同时通过事实论据，向公众还原事件真相。

6.5.2 媒体沟通用语

1. 媒体沟通宜用语与慎用语

媒体沟通时，要以掌握的事实性信息为基准，在考虑身份处境是否适合回答相应问题、受访的形式是否恰切、回应时机是否合适以及当下的回应对于全盘处置计划而言是否有碍等情况的基础上，使用精准的措辞对媒体提问作出得体的应答。面对媒体采访时可以使用以及应当尽量避免使用的用语具体如表6-1所示。

表6-1 媒体沟通用语

现实情境	回应原则	媒介沟通宜用语	媒介沟通慎用语
记者电话采访	一般情况下电话采访最好用传真方式问答，避免直接在电话中回应	1)"您好！这里是……，请问有什么可以帮您？" 2)"我们可以接受您的采访申请，麻烦您将问题用传真方式发给我们，加盖公章并留下您的联系方式，我们会尽快给您答复。我们的传真号是……，谢谢您的配合。" 3)"您的传真已经收到，一共 X 个问题对吗？我们将尽快回复您，谢谢！"	1)"有事吗？" 2)"我们不接受采访。" 3)"你的问题我知道了，但是什么时候答复不好说，你们先等通知吧。" 4)"你们一天打了这么多次电话，烦不烦？" 5)"我们领导不接受电话采访，别打了。"

续表

现实情境	回应原则	媒介沟通宜用语	媒介沟通慎用语
记者在电话中要求立即答复	若已形成确切统一的对外口径时，则可以答复；反之，则可以婉拒记者的要求	"对不起，为了保证信息准确，我们只能以书面形式答复您，麻烦您把问题用书面形式发给我们，谢谢您的理解！"	1）"都跟你说了我回答不了。" 2）"你给我打电话没用，我们这边都不让说的。" 3）"这个事我们真的没办法。"
记者在现场要求采访，但暂时不可接受时	出现以下具体情形时，可采取此类应答话术：1）采访内容不在职责范围内；2）采访对象因工作暂时不方便接受采访；3）采访内容暂无相关情况提供	1）"非常抱歉，您所提出的问题尚且没有调查清楚，为了保证信息的准确性，我不能贸然给您答复，请见谅。" 2）"目前了解的情况已经向大家公布，暂时没有进一步的消息，一旦有新的消息，我们会立即向媒体公布，您可以留下您的联系方式，谢谢！" 3）"对不起，您提的问题超出了我单位的职责权限，请向XX部门了解具体情况。谢谢您的理解！" 4）"对不起，由于您采访约请的对象正在参加工作例会，不能在今天下班前接受采访。请给出您方便采访的其他时间。我们之后会与您取得联系。谢谢！"	1）"我们这里也有困难……" 2）"你看我们人手这么紧张，实在没时间处理这个事情。" 3）"现在在忙，以后再说这个事情好吗？" 4）"你们堵门也没用，我们不会接受采访的。"
记者采访到的业务部门，受访人员不宜直接出面回应时	**业务部门**如接到记者的采访要求，一般应转宣传部门统一处理，保证回应信息准确，应答口径一致。**宣传部门**不应直接拒绝记者的采访申请或直接挂断电话，可以先收下传真，待了解情况后再作答复	"您好，感谢您对我单位工作的关注与报道。我单位实行新闻工作归口管理制度，采访由宣传部门统一安排。请您先与宣传部门沟通，他们的电话是……，感谢您的配合！"	1）"这事不归我管。" 2）"宣传上的事情别找我们。"
记者提出质疑或摆出某项观点要求官方给出回应时	以记者所提出的具体质疑问题为出发点，结合统一口径，判断当下是否能够作出回应。如尚未调查清楚，则应婉拒回应	1）"您所提到的这一情况我们已经关注到了，目前已经介入调查，一旦核实具体情况会尽快给媒体一个答复，谢谢！" 2）"您提到的这种说法我们还没有关注到，我们会尽快对此展开调查，尽快给您答复，谢谢！"	1）"谁说的？谁这样说的？" 2）"这话你也信啊？" 3）"回应什么，这有什么好回应的？"

2. 媒体沟通的禁用语

在进行媒体沟通时，受访者的表达可能直接影响媒介报道的倾向。若媒体能够通过采访获取到充分的信息，且在情感上与回应者达成共识，则更易于舆情处置；若回应的信息、态度甚至措辞令媒体产生不满，则反而会将媒体推向对立面。在实践过程中，以下几种话语是媒体沟通中绝对不能出现的。

（1）带有主观色彩的话。避免使用"我认为……""据我推测……""事情可能是这样的……"等主观推测性表述，以及对其他单位或个人的主观评价。此类观点经由媒体发酵容易引发误读，使个人观点与官方立场相混淆，不利于媒体和公众获知真实信息，同时容易使作出回应的单位或个人卷入舆论漩涡，成为众矢之的。

（2）过分强调困难，显示出没有信心、失望的话。如"现在已经没有余地了""只能走一步看一步了""我们的难处你们都不知道"之类的表述容易使媒体和公众受到情绪感染，进而对相关单位丧失信心，不利于凝聚共识和事态解决。

（3）指责记者、基层工作人员以及公众的话。如"这事都是XXX搞出来的，和我们无关""XXX犯的错要我们来收烂摊子""底下的工作人员没有领会领导的意思""这事我们工作人员办得不太好""其实我们上边挺好的，都是下面搞砸的""你们媒体别以为自己多了不起""媒体也要讲点社会责任感，不要写到哪儿算哪儿""你们总是胡乱报道，跟你们没什么好说的""你们光写不好的事情，那么多好的不写，这样有意思吗？"等表述，存在推脱责任的嫌疑，不利于公信力构建和舆情应对。

（4）对立党群关系或不负责任的话。如"这么多事情都要我们管，哪儿管得过来？""让他折腾去好了，自己太平日子不要过""这都是刁民，根本不用理他""你是站在政府这边还是站在百姓这边啊？""你替谁说话的啊？"。上述表态显然是忽视了基本的人民性原则，容易引发情绪逆反，产生更大范围的次生舆情，不利于社会稳定。

（5）假话。与媒体沟通时可以隐去部分干扰理解的旁支信息，但是绝对不能向媒体提供与事实有出入或不够确切的信息，否则容易落入被动。假话一旦被拆穿，相关责任主体将会丧失公信力，在后续舆情处置中丧失主动权。

（6）冷漠生硬、缺乏人文关怀的话。与媒体沟通时，要适当融入人文关怀，避免因为冷漠而触怒公众，切忌出现"无可奉告""别人都没问题怎么就他事多""是他先违反规定我们的执法者才出手打他的"之类的说辞。

（7）国家法律规定需要保密的内容。对于涉及国家秘密、工作秘密、个人隐私或可能危及公共安全和社会稳定的问题，可避而不谈，守口如瓶。

6.5.3 媒体沟通与接受采访

1. 受访者权利

（1）有权知晓采访者身份。面对记者采访，首先要询问对方的真实身份，了解其来自什么组织。在确保调查人员具有采访资质的前提下，依据本单位现阶段的调查处置进度，决定是否要接受采访、由谁来接受采访、在哪里接待记者等。

（2）有权婉拒采访。受访者有权结合自身实际情况，婉拒部分媒体的采访。当来访的媒体机构存在立场问题或记者采访中涉及不恰当的提问、不宜公开的信息以及严重诱导性倾向时，相关单位可以拒绝接受采访或拒绝回答相应问题。

（3）有权提前获得采访提纲。受访者有权在采访前向采访者索要提纲，提前了解采访意图和采访内容，充分准备资料，避免在采访中陷入被动。

（4）有权要求重新录制采访。受访者有权要求回看采访录像及文字资料，若对于自己的应答不满意，则应本着负责任的态度要求重新录制。

（5）有权终止采访。采访者与受访者应提前沟通协商，预设采访的时间限制、内容限制等。若采访超时或采访问题超出受访者专业范畴，受访者则可以要求终止采访。同时，如果该记者有意歪曲表态或存在其他非善意倾向，受访者也有权在采访过程中提出终止要求。采访结束后，接受采访的代表应将相关情况及时告知单位宣传部门。

（6）有权重申重要立场。采访末尾，当记者提问是否有需要补充的内容时，受访对象应抓住机会，重申所代表单位的核心立场，并对公众想要了解的信息进行补充。

（7）有权索要采访录音及公开发表的报道内容。为维护双方利益，避免纠纷，采访过程中，采访人员和受访单位都应组织过程性记录。采访结束后，受访者有权向媒体索要录制的音视频内容以及文字记录，可以向记者询问相关文章和报道内容何时发表，要求在报道公开发表后将当期报刊、网页链接或视频资料寄（抄）送本单位。

2. 受访注意事项

（1）接受采访前。受访者要依据采访者提供的信息，提前准备统一口径并确定要发布的核心信息。要为每一位来访记者提供同等待遇，切忌只接受"熟人"采访。

（2）接受采访时。采访正式开始前要向记者致谢，感谢媒体为本单位提供对话沟通的机会。受访者可以携带事先准备好的材料。采访时，要观点明确、表意清晰、逻辑顺畅，避免使用过于专业化的表达或存在争议的观点；要以事实为依据，反复强调核心立场和关键信息；要理性看待社会批评和质疑，不回避，也不急于应答，若遇到暂时无法回答的问题，应向媒体解释为何不能回答，如会后可回答，则应在确认后给予记者进一步回复的承诺。采访过程中要注意体态、语气、语调等，减少容易令人产生误解或不适的非语言信号。

（3）接受采访后。采访后要再次向记者致谢。受访者可以要求复核采访内容，确保报道信息真实客观，避免因报道偏差造成受众误解。

除上述受访流程外，实践中由于受访对象和采访者的专业程度并不对等，采访者为获取信息会使用特定的沟通策略，如诱导性提问、快速高频提问、"攀关系"等。面对此类情形时，受访对象要保持冷静和客观，坚持"知则言，不知则不言"的基本原则，从容应对提问。具体的应对指南如表6-2所示。

表6-2 媒体沟通要点

困境	应对指南
打断或诱导你	保持礼貌，并坚定自信继续说话；重新陈述你的信息
陈述错误事实或歪曲部分信息	澄清失实之处
硬指你曾说过某些话	表示反对，并重申你的观点
在你给出答复之前提出新的问题	如果前述问题重要就继续原题
以你的朋友自居，并表示会支持你	先视他们为专业记者，然后中视为朋友
提出不引用你的话	不要以所说的话不会被引用为前提发言
遭遇连珠炮式提问	保持冷静，选答其中有把握的问题
问及你的私人意见	不要给出私人意见，转向其他话题
提及其他单位或部门	不要直接谈及其他部门的名称
提出一个无法回答的问题	确认听到了这个问题，然后回头重述你的主要信息

3. 受访时的问题回应方式

1）回应假设类提问

采访过程中经常会出现"如果……您怎么办？""假设……贵单位会……吗？"等预设性提问。当记者依据当下事态发展，对未来可能出现的情况提出假设时，受访者要保持格外冷静，切忌被提问牵着鼻子走。由于假定情况尚未发生，不属于客观事实范畴，受访者可以根据自身情况决定是否回答。若假设情况合理且采访前已做好充分准备，则可以按照准备内容予以回应，如"您所提到的这种可能性确实也存在，不过我们已经准备好了应急预案，一旦这种情况发生，我们将采取……的措施进行处理""就目前的调查结果来看，您提出的这种假设情况不太可能出现，不过后续我们也会不断跟进，有最新进展会及时跟媒体朋友们进行通报"。若记者反复逼问或提出的假设情况存在超前推测、主观臆断，甚至恶意诱导等倾向时，受访者可以阐明自身立场或直接拒绝回答。其一是要表现出负责任的态度，如"……是要严肃而负责任的，我不能贸然答复您的这种假设"；其二可以重申当前事实并表明将会继续调查，如"这件事目前的发展情况是……我们目前的调查结果是……当前还有很多细节都尚在调查过程中，我们只能对调查清楚的事实进行回复，其他情况还请耐心等待我们的进一步调查结果"；其三是对不宜答复的问题要三缄其口，避免自己的不当应答成为报道噱头。

2）回应封闭类提问

当采访者提出"是否"类问题以及给出固定选项的封闭式提问时，受访者应先行判断所给选项是否有符合实际情况的一种。若该问题已有明确答案，则可以直接从备选项中选择并结合调查结果给出解释。若实际情况比较复杂或答案尚不明确，则可以抛开选项，从对方的问题出发，提出自己的观点并加以事实论证，如"目前……尚没有定论，还是要等待进一步的调查结果""也不能说……目前的调查结果是……所以……"。

3）回应敏感提问

当记者提问涉及敏感话题时，受访者不能回避，但也不宜多说，可使用以下三种应答技巧。其一是进行反问。在面对无法正面回答的尴尬时，受访者可以谨慎地将提问抛还给记者，不仅可以获知对方的态度，也可以化被动为主动。如"那您认为呢？""那您觉得应该……？"进行反问要合乎情理，切忌态度傲慢、言辞犀利，避免产生直接冲突。其二是切换话题。受访者可以先简单带过记者抛出的问题，然后运用一些过渡性连接词快速扭转话题，着重事实性陈述。如"您所说情况我们还不清楚，不过整件事的关键点应该是在于……""我不赞成，但同时必须要指出……""我们不对此妄加揣测，我们应当关注的是……"等。受访者要本着真诚友好的态度进行应答，尤其是在记者没有恶意的情形下，不能所有关键问题都回避，避免被认为是顾左右而言他。其三是重申核心立场和关键信息。受访者可以巧妙运用不同的表述方式，反复重申自己的关键立场，将话题转移到可控的领域来。如"更重要的是……""真正的问题是……"。

4. 受访时应避免的行为

（1）切忌口径不一。无论是单独接受媒体采访还是统一召开新闻发布会，务必要保证回应口径的一致性，避免因为相互矛盾的说辞给媒体留下把柄。应由宣传部门牵头，组织各职能部门召开内部会议，把好口径关，确保对外发布的内容权威可信，更好地传递官方态度。切忌篡改事实，这样反而会令事态恶化，不利于网络舆论应对。

（2）切忌用词不当。面向媒体时务必做到用词精准，避免模棱两可的表述或"绝对没有问题""一定是"等堵住自己退路的说辞。此外，面对记者时切忌"打官腔"。个别领导干部平时习惯于说官话套话，在与媒体和公众进行沟通时把工作中的场面话不自觉地带入进来，与公众产生了距离感，给人留下冷漠的印象。

（3）切忌紧张忙乱。突发事件出现后，处置部门应保持镇定，有序应对。切忌在面对媒体时准备不足、仓促上阵、顾此失彼，导致说错话惹风波，引发次生舆情。

（4）切忌情绪失控。当负面问题出现时，要理性面对记者采访，要冷静平和地面对质疑。若直接将记者置于对立面，则容易在面对对方逼问时，陷入激愤、冲动的情绪，情急之下骂记者、说错话，产生一系列"雷言雷语"，成为媒体报道的素材。这些不仅无益于舆情处置，还会将有关部门推向风口浪尖。

（5）切忌一味辩解。回应负面舆情时，切忌刻意粉饰，更不能在没有充分证据或上级部门仍在调查的情况下矢口否认负面传闻，这反而会令人反感，被质疑为"官官相护"。若前期一味辩解否认，而最后调查结论又证实了负面传言，则会激起民愤令舆情反弹，弄巧成拙，极大地损伤公信力。

（6）切忌过度承诺。要依据现实情况给出客观实际的回应，切忌作出不切实际、不留余地的过度承诺。若是将公众期待抬得过高，最终却失信于民，反而会陷入被动。

（7）切忌居高临下。要将媒体置于平等地位，以真诚姿态与之沟通交流，既不回避现实问题，也不过分谦卑讨好，通过良性互动赢得媒体信任。

（8）切忌急于表功。当涉及群众生命财产安全的灾难事故发生时，官方回应务必要将灾情损失和救援情况置于首位。若一开口就颂扬领导如何高度重视，却不顾民生困顿疾苦，则极易陷入舆论声讨漩涡。自我表扬应适时适度，即便处置工作无可挑剔，也不能在总结发言时过度宣扬，以免带来不必要的质询。

（9）切忌电话采访。电话采访存在更大的不可控性，具体表现为：受访时难以厘清记者采访的初衷、无法直观看到记者的同步反应、回应内容容易被断章取义、容易因误听而产生语义曲解。因此，接受采访时应尽可能选择书面采访、面访等形式。

思考题

1. 简述网络舆情应对处置的"二四四"。
2. 简述网络舆情处置的"七方面"。
3. 浅析网络舆情应对中的外部支持。
4. 简述如何增强网络评论实效。
5. 结合具体案例模拟舆情处置过程的媒体沟通。

即测即练

自学自测　扫描此码

第 7 章

网络舆情绩效评估

　　网络舆情治理是一项涉及多个方面的系统性工作。为了提升网络舆情工作效果和治理效能，现实中不仅要注重做好网络舆情的监测预警、分析研判、应对处置和报告写作等工作，也要对特定部门、具体人员的网络舆情工作成效进行评价。同时，为促使各地方、各组织重视网络舆情工作，针对特定地方的网络舆情治理成效进行评估也十分重要。由此，网络舆情绩效评估成了网络舆情研究中不可忽视的内容。本章围绕网络舆情绩效评估的概念内涵、指标体系、方法工具、组织实施、结果运用等进行分析，一方面从总体上审视当前网络舆情绩效评估的发展情况，另一方面也从具体工作层面提出网络舆情绩效评估的实施方式和工作策略。

7.1 网络舆情绩效评估概述

7.1.1 网络舆情绩效评估的概念与类别

1. 网络舆情绩效评估的概念

　　网络舆情作为影响社会稳定的重要因素，已成为各级政府、各类组织的重要工作内容。作为一项工作或事务，各地方、各组织、各部门网络舆情应对或治理工作是否开展、开展情况如何、是否取得效果，需要进行具体的评价评估。由此，网络舆情绩效评估成了网络舆情理论研究以及实务工作不可或缺的部分。概括而言，网络舆情绩效评估是有关网络舆情工作成效以及治理效果的评估。具体来说，网络舆情绩效评估是指依据一定的标准和指标，按照一定的程序和流程，客观、公正、准确地评价特定地方、特定组织或特定主体开展舆情监测、预警、研判以及应对等工作的具体成效。

　　从定义来看，网络舆情绩效评估具有一定的跨学科特点，具体包含网络舆情与绩效评估两个方面，是二者的有机结合。其中，网络舆情属于传播学研究范畴，绩效评估则源自于管理学。从结构层面来看，网络舆情绩效评估涉及评估主体、评估体系、评估内容、评估方法、评估程序、评估对象与评估结果等多方面要素，具有系统性、复杂性与过程性。从功能层面来看，网络舆情绩效评估能够提升各级政府、各个部门甚至各个主体网络舆情应对能力或治理水平，进而推动形成健康有序的网络舆论生态。

2. 网络舆情绩效评估的类别

　　根据评价层面或指向对象的不同，网络舆情绩效评估大体包括以下 3 种类别。

　　（1）针对特定地方的网络舆情绩效评估。一般是对特定地方（包括省、市、县等层级）网络舆情治理情况的总体评估。此类评估重在评价特定地方针对引发热议或广受关注的热点事件网络舆情治理情况，一般以地方网络舆情应对排行榜形式呈现。一些从事网络舆情研究工作的新闻媒体、研究机构发布了有关地方政府网络舆情应对能力的排行榜。

（2）针对网络舆情工作部门的绩效评估。主要针对各级政府以及各个单位中网络舆情工作部门展开，如针对网络舆情应急处、网络舆情信息处、网络舆情办公室等具体工作部门展开工作成效评估。这类评估也带有总体性和抽象性，重在反映网络舆情工作部门的履职尽责情况。此类评估往往与政府部门的年度考核、政府部门接受网民评价等相结合。部门工作的年度考核有较强的内部开展色彩，一般不直接面向社会公开。而政府部门接受网民评价具有较强的灵活性和地方性，不是所有地方、所有部门都会开展。

（3）针对网络舆情工作人员的绩效评估。此类评估以具体从事网络舆情监测、分析、研判等工作的网络舆情分析师、网络舆情管理师等为对象，重在评价网络舆情工作人员是否有效地开展了网络舆情监测预警、分析研判和报送报告等工作。此类评估多与政府部门工作人员的年度考核相结合，也有一些地方为了有效反映网络舆情分析师或网络舆情管理师的工作情况，设定了面向网络舆情分析师或管理师的具体考核规定或办法，如针对网络舆情报告报送量等设定考核指标。

从当前有关网络舆情绩效评估的研究来看，针对特定地方的网络舆情绩效评估是重点，围绕网络舆情工作部门以及网络舆情分析师、管理师等具体工作的绩效评估的研究较少。实际上，由于网络舆情工作部门以及网络舆情工作人员的绩效评估往往与政府部门开展的年度考核等相结合，大多采用的是与其他部门或其他工作人员相似的评估标准和指标。因此，本章有关网络舆情绩效评估的分析以针对特定地方的网络舆情绩效评估为主，兼顾网络舆情工作部门以及网络舆情工作人员的绩效评估。

7.1.2　网络舆情绩效评估的特征与意义

1. 网络舆情绩效评估的特征

网络舆情绩效评估作为绩效评估的一种类型，是针对网络舆情工作或网络舆情治理的状况、成效等展开的评估。从特征来看，网络舆情绩效评估不仅具有一般形态绩效评估的特点，也因为网络舆情传播发展的复杂性、涉及领域的广泛性、形态内容的丰富性等而具有了一些显著的特点。具体而言，网络舆情绩效评估具有以下特征。

（1）评估主体的多元性。从主体层面看，实施网络舆情绩效评估的主体具有多元化的特点。组织实施网络舆情评估的主体既可以是政府及其工作部门，也可以是从事舆情分析研判或研究的新闻媒体、科研院所，还可以是提供舆情监测分析服务的企业、第三部门等。由于实施主体的不同，网络舆情绩效评估采用的评估方式、评估维度、评估指标等也差异较大，由此呈现出的绩效评估的结果差异也较大。

（2）评估对象的多样性。针对哪些对象展开绩效评估是网络舆情绩效评估不可回避的方面。现实中的网络舆情绩效评估既可以以特定地方、特定区域为对象展开，也可以以特定组织、特定部门为对象实施,还可以以特定人员、特定群体为对象进行测评。此外,除了以组织、人员为对象外,一些机构或组织还注重以特定突发事件为对象展开突发事件网络舆情应对绩效的评估。由于组织、人员和事件属性差异较大,因而针对组织、人员和事件的网络舆情绩效评估的设计和实施也会有较大的区别。

（3）评估内容的丰富性。从工作过程来看,网络舆情涉及监测预警、分析研判、应对处置、预防预测等诸多方面。因此,网络舆情绩效评估由于网络舆情环节的丰富性而具有了复杂的内容。此外,从工作开展或工作保障来看,网络舆情又涉及预警系统建设、监测软件建设、分析队伍建设、规章制度建设等诸多方面,因此,网络舆情绩效评估因涉及诸多硬件、软件而具有了内容的丰富性。

（4）评估过程的客观性。相对于其他形态的绩效评估而言,网络舆情绩效评估需要依托各类网络设施、网络平台展开,网络具有良好的痕迹记录、数据保存、自我分析的特点,从而使得网络舆情绩效评估可以充分依据可观可感的各类网络数据展开。由此,网络舆情绩效评估可以做到更为客观、更为真实,减少了因为数据缺乏而带来的评估不准确、不客观的问题。网络舆情绩效评估有更为客观的数据支撑,因而评估结果更容易为各类主体或对象所接受和认可。

（5）评估结果的导向性。开展网络舆情绩效评估既是为了反映各个地方、组织、部门或人员开展网络舆情应对或治理的具体情况和工作效果,也是为了查找各个地方、组织、部门或人员网络舆情工作的不足或短板。由此,网络舆情绩效评估指标具有鲜明的导向性和指向性,绩效评估的结果也提示了下一步或下一阶段工作的重点。

2. 网络舆情绩效评估的意义

网络舆情绩效评估工作作为网络舆情工作体系的组成部分,其充分、有效地开展具有多方面的意义和价值。从直接意义上讲,网络舆情绩效评估是为改进网络舆情应对工作和提升网络舆情治理水平服务的;而从间接意义上讲,通过网络舆情绩效评估改进网络舆情应对能力和治理水平,有利于塑造良好的组织形象,也有利于营造良好的网络舆论生态。

（1）助力提升网络舆情应对能力和治理水平。通过网络舆情绩效评估,可以依据评价标准和指标明晰特定地方、组织、部门或人员网络舆情应对工作或治理水平的短板,如从绩效指标体系中得分较低的项目判断工作短板或不足,从而明确是监测预警不及时,还是应对处置不恰当;是舆情分析人员疏忽大意,还是部门协调不够顺畅等。围绕网络舆情绩效评估反映出来的问题、不足和短板采取针对性的改进措施,包括人员、制度以及技术等层面的改进措施,可以有助于提升网络舆情应对能力和治理水平。

（2）助力提高特定组织社会声誉和良好形象。网络舆情与组织声誉和组织形象关系密切。现实中,一些地方、部门、组织或人员因为网络舆情热点事件才被网民甚至社会所熟知。如果网络舆情应对和治理有效,则可以为组织带来良好的声誉,助力树立良好形象;如果特定组织网络舆情应对低效、无效甚至诱发次生网络舆情危机,则会让特定地方、部门、组织或人员陷入"舆论漩涡",极大地损伤声誉和形象。因此,开展网络舆情绩效评估,加速提升网络舆情应对能力和治理水平,有助于提升组织声誉,塑造良好形象。

（3）助力净化网络舆论环境和网络社会生态。网络舆情中负面舆情、虚假舆情的不断产生和传播会极大地恶化网络舆论环境和网络社会生态。通过网络舆情绩效评估不断改进和提升网络舆情应对能力和治理水平，迅速、有力、有效地介入网络舆情的生产和传播，能够显著降低次生舆情事件，也能够显著减少负面舆情和虚假舆情。由此，网络舆情绩效评估的开展也有助于构建理性和谐的网络舆论氛围，形成沟通、协调、融合的网络环境，保障社会稳定有序发展。

7.2 网络舆情绩效评估的指标体系

在网络舆情绩效评估中，构建科学、合理、有效的指标体系是实施绩效评估的基础和关键。网络舆情绩效评估的指标体系是有关网络舆情绩效评估的具体衡量指标的设计。

从指标层次上看，一般包括一级指标、二级指标，有些甚至包括三级指标和四级指标。从指标设计主体看，目前已有地方政府、新闻媒体以及专家学者等主体构建的网络舆情绩效评估指标体系。从指标适用对象看，主要涉及政府网络舆情应对绩效指标体系、企业网络舆情应对指标体系、高校网络舆情应对指标体系等。从指标体系命名看，包括网络舆情应对能力评估指标体系、地方应对网络舆情能力评估指标体系、网络舆情政府回应综合评价指标、政府网络舆情应对能力动态评价体系以及企业网络舆情危机应对评价体系、企业网络舆情管理绩效评价体系等。

7.2.1 网络舆情绩效评估指标体系的理论与现实依据

网络舆情绩效评估的指标体系是要针对特定地方、特定组织甚至特定人员展开测评，选取哪些指标、指标赋予多少权重等直接影响或关系到各地方、各部门以及各人员的绩效排名。因此，在设计网络舆情绩效评估指标体系时，需要明确网络舆情绩效评估的理论和现实依据，以增强网络舆情绩效评估指标体系的说服力，让各主体愿意按照绩效评估的指标内容或具体维度开展或加强相关工作。

1. 网络舆情绩效评估指标体系构建的理论依据

网络舆情绩效评估指标体系的理论依据主要包括系统理论和利益相关者理论。

（1）系统理论。系统理论认为，任何系统都是一个由若干个相互影响、相互作用的要素构成的具有某种功能的有机整体，包含系统、要素、结构及功能四个部分。系统理论的基本思想是将所研究的对象作为一个系统，探究系统内部的结构和功能，分析系统、要素与环境之间的相互关系和变化规律。网络舆情应对和治理工作是一个具有特定结构和功能的复杂系统，系统理论为分析网络舆情绩效指标及体系结构提供了理论基础。在系统理论指导下，要认识到网络舆情治理绩效涉及诸多主体、各个环节、多种要素等，要将网络舆情绩效评估视为一项需要综合考虑多种因素的系统工程。

（2）利益相关者理论。利益相关者理论认为，任何一个组织周围都有许多利益相关者（团体或个人），他们能够影响组织或被组织目标所影响。利益相关者存在不同的细分类型，不同类型的利益相关者会对管理产生不同程度的影响和作用。因此，多维细分法成为界定利益相关者类型的最常用的方法。网络舆情绩效评估过程中所涉及的利益相关者众多，且构成复杂。综合来看，网络舆情的利益相关者包括政府组织、社会组织、新闻媒体、企业组织以及公众等，不同利益相关者之间是交互影响的关系。在构建网络舆情绩效评估指标体系时，要识别不同属性的利益相关者，结合特定利益相关者所具有的特定利益诉求，有针对性地设计绩效评估指标；要明确网络舆情事件中涉及利益相关者的重要性序列，评估指标体系要重视影响网络舆情走势的核心的、主要的利益相关者，同时也要关注边缘的、次要的利益相关者，提高评估过程的针对性。

2. 网络舆情绩效评估指标体系构建的现实依据

除了理论依据外，构建网络舆情绩效评估指标体系时还要考虑到现实因素，包括组织目标和机构职能等因素。

（1）组织目标。组织目标是确定网络舆情绩效评估指标的重要依据。组织目标具体包括使命、目的、方向、标准、时限等。组织目标提供了衡量工作是否成功的标准。组织目标是多重的而不是单一的，既有总体目标，也有具体目标；既有长期目标，也有中、短期目标；既有集体目标，也有个人目标。网络舆情绩效评估的过程也就是用既定目标去衡量与比较实际取得的网络舆情工作成效的过程，从而划分与确定绩效的等级。

（2）机构职能。机构职能是网络舆情绩效评估指标的重要因素。职能即指部门的职责和任务，包括部门所管理事务的性质、范围以及管理活动的内容、方式等。以职能为依据确定网络舆情绩效评估指标体系，有助于建立与职能行使密切关联的科学绩效评估体系。网络舆情绩效评估应根据职能、职责的不同来确定差异化的绩效目标、评估指标和绩效标准，因此，不存在一套适用于所有部门和所有岗位的网络舆情绩效评估指标体系。例如，在现实中，针对政府、企业及高校的网络舆情绩效评估体系会存在差异。

7.2.2 网络舆情绩效评估指标体系构建的原则与要求

1. 网络舆情绩效评估指标体系构建的原则

网络舆情绩效评估通过建立评估指标体系，将评估标准定量化，有助于明确网络舆情的处置标准，把握网络舆情应对各环节的动态状况，从而进行正确的介入和有效的引导。构建科学、客观和合理的评估指标体系，能够有效反映网络舆情处置结果和成效。在选择网络舆情绩效评估指标时，要遵循以下原则：

（1）科学性原则。网络舆情绩效评估指标的选择要能够准确反映舆情传播规律及实质特征。评估指标的选择应兼顾舆情在不同时期的传播特征和客观规律，要能涵盖和反映网络舆情工作的情况，从科学的角度合理选择评估指标，而非机械地对各类数据进行简单的收集汇总。

（2）系统性原则。网络舆情绩效评估指标体系虽然涉及诸多方面，但指标之间不是孤立的，而是一个相互作用、相互联系的有机体系。选取的每项指标应能够反映网络舆情处置的某一方面能力，同时整个指标体系也应全面、系统地展现网络舆情处置过程的总体特征和趋势。

（3）可操作性原则。纳入网络舆情绩效评估体系的各项指标必须含义明确、内容清晰，能够在具体实施过程中计量或测算。此外，在构建指标时尽可能选取容易计量的指标，减少定性指标的数量。针对一些必要的定性指标，要明确指标含义，尽可能用科学的方法进行量化，确保各项指标内容具有可操作性。

（4）层次性原则。网络舆情绩效评估是对诸多因素进行综合分析的结果，因此评估指标体系也应具有层次性，即从不同角度、不同方面反映网络舆情处置的实际情况和效果。一方面，各级指标之间不仅要有关联性，而且要具有层次性，选取的指标之间要相互独立且不能隶属；另一方面，要按照指标间的层次递进关系设置指标，准确反映指标间的关系。

（5）动态性原则。评估指标体系的构建不能仅仅关注过去的舆情工作或当前的静态状况。因此，设计网络舆情绩效指标时要包含体现动态性、变化性或进展性的指标，通过指标数据或数值的动态变化反映网络舆情工作或治理绩效是趋向好转还是没有成效。

2. 网络舆情绩效评估指标体系构建的要求

网络舆情绩效评估指标体系既是相关部门网络治理能力考核的重要依据，也是提升舆情工作成效的基础。社交媒体的快速发展变革了舆论传播方式，缩短了舆情应对的反应时间，给网络舆情治理带来了新的挑战，对网络舆情应对处置提出了更高的要求。在此背景下，网络舆情绩效评估指标体系的构建应符合以下要求。

（1）多元主体联动，考虑因素全面。网络舆情发生迅速、传播广泛且影响巨大，多元联动的舆情处置机制有助于强化部门之间有效的分工与配合，提升舆情应对能力。网络舆情绩效评估作为一项复杂的系统工程，其过程涉及多个主体及部门。鉴于不同主体对于网络舆情的反应速度及处置方式不尽相同，因此在网络舆情绩效评估指标体系的构建过程中，需要考虑到不同主体在部门内部与部门之间的沟通联动等因素，确保评估指标体系全方位、立体化地反映评估对象的情况。

（2）指标选择科学，评估目标明确。网络舆情绩效评估是一个定性与定量分析相结合的过程。首先，明确核心概念所涉及的范畴，区分需要定性表述的主观概念和定量表述的客观概念；其次，详细说明各项指标的定义内涵，分析其在绩效评估过程中所体现的功能；最后，通过科学的方法筛选各层次的评估指标，并通过可操作性的模型进行检验。

（3）体系层次分明，设计逻辑清晰。评估指标体系的合理与否会直接影响到网络舆情绩效评估结果的科学与否。各项指标的设计应在关注整体性的同时，及时反映被评估对象在舆情处置过程中存在的优势和需要改进的方面，从而推动有关主体更有序、更高效地开展舆情处置工作。

（4）评估导向明确，动态跟踪趋势。网络舆情评估指标体系建立在对大量的网络舆情事件处置成效的分析或总结基础之上，因此一定程度上能够反映舆情处置环节中的共性特征。相较于动态变化的舆情态势，评估指标的选取在时间上要具有延续性，或者指标体系内部具备自动更新机制，确保各项指标能够反映不同阶段的舆情应对或治理情况。

7.2.3 网络舆情绩效评估指标体系构建实例

随着网络舆情绩效评估研究的发展,有关网络舆情应对处置能力分析与测评的研究逐步增多,地方政府、新闻媒体、专家学者等注重围绕网络舆情绩效评估构建评价指标体系。从研究情况来看,有关网络舆情绩效评估指标体系的具体实例大体分为以下形态:

1. 政府部门构建的网络舆情应对能力评估指标体系

政府部门构建的网络舆情应对能力评估指标体系重在评测各地方政府应对网络舆情热点事件的情况,一般由网信部门主导制定,较有代表性的是河南省委网络安全和信息化委员会办公室(简称"河南省委网信办")制定的政府网络舆情应对能力评估指标体系。

河南省网络舆情应对能力评估指标体系。为做好网络舆情绩效评估工作,河南省委网信办委托深圳舆情研究院出台了《河南省网络舆情应对能力排行榜》,制定了政府网络舆情应对能力评估指标。指标体系聚焦重点舆情案例,将政务信息、媒体报道和网民爆料等公开材料作为主要评估依据,对上榜的政府舆情应对案例进行评估,以此推动地方政府更科学有效地应对舆情,不断提升治理能力。该评估指标体系通过6个指标衡量上榜单位的舆情应对及处置表现,测量维度由反应力、行动力、透明度、技巧性、影响力以及好评值六个部分构成(见表7-1)。

表 7-1 河南省网络舆情应对能力评估指标体系

指标名称	指标含义说明
反应力	是否及时发现或预判到舆情风险,是否有预案
行动力	对舆情和实情的处置速度快不快、效率高不高
透明度	信息公开是否及时、充分和有效
技巧性	处置工作是否恰当、得体
影响力	处置工作是否取得良性效用(包括短期效用和长远效用)
好评值	诉求人(群体)及社会是否认可上榜单位在舆情出现后所采取的措施,上榜单位的公众形象是否正面

每个舆情应对案例综合得分按照高低排名,以不同颜色和星级作等级区分,直观呈现出上榜单位舆情工作的亮点、短板以及总体成效。从指标的评估等级来看,反应力、行动力、透明度、技巧性、影响力以及好评值每项指标满分为100分,综合得分取各项平均分。按照综合得分的高低,网络舆情评价等级分为五个等级:

(1)当总分≥90时,对应颜色为绿色,对应评级为"五星",表示上榜单位的舆情应对成绩优,能力强,值得称赞和发扬;

(2)当总分≤70<90时,对应颜色为蓝色,对应评级为"四星",表示上榜单位的舆情应对成效明显,表现良好,可继续提升;

(3)当总分≤50<70时,对应颜色为黄色,对应评级为"三星",表示上榜单位的舆情应对整体可以,但有所不足,有待改善;

(4)当总分≤30<50时,对应颜色为红色,对应评级为"二星",表示上榜单位的舆情应对存在明显问题,须引起重视并加以改进;

（5）当总分＜30时，对应颜色为灰色，对应评级为"一星"，代表上榜单位的舆情应对问题较为严重，亟待反思和改进。

2. 新闻媒体构建的地方应对网络舆情能力评估指标体系

新闻媒体既是网络舆情的重要生产者和传播者，也是网络舆情应对或治理的重要力量，一些新闻媒体注重围绕网络舆情绩效评估建立评价体系，发布地方政府网络舆情应对能力排行榜，如人民网舆情数据中心建立的地方应对网络舆情能力指标体系。

人民网舆情数据中心地方应对网络舆情能力评估指标体系。作为较早从事舆情分析研判的机构，人民网舆情数据中心（原人民网舆情监测室）于2009年首次发布了《2009年上半年地方应对网络舆情能力排行榜》。对2009年上半年10件地方热点舆情事件进行研判点评，就地方政府的网络舆情应对处置能力作出客观分析。该榜单通过分析研究众多地方政府的舆情处置及危机管理案例，从政府响应、信息透明度、地方公信力、恢复秩序、动态反应、官员问责6个维度，探索并建立了政府网络舆情能力测度指标体系，为地方政府实施网络舆情治理提供了参考依据（见表7-2）。

表7-2　人民网舆情数据中心地方应对网络舆情能力评估指标体系

指标分类	指标名称	指标含义说明
常规指标 （主要评价指标）	政府响应	地方政府针对突发公共事件和热点话题的表达立场及响应速度
	信息透明度	地方政府的新闻发布，官方媒体报道，互联网和移动通信管理
	政府公信力	突发公共事件和热点话题本身对政府形象的信任度，以及由该事件或话题触发的对公权力的"刻板印象"
特殊指标 （辅助评价指标）	恢复秩序	群体性事件中制止暴力行为，恢复社会秩序和公众安全感
	动态反应	政府随着舆情的发酵，矛盾的激化或转移，迅速调整立场、更换手法
	官员问责	对舆情关注的不作为或无良官员作出处理

在确立了事件样本和指标体系后，人民网舆情数据中心依托具有丰富经验的舆情分析师对舆情热点事件中地方政府应对的表现逐一进行分项评估、打分，并采用"德尔菲法"确定最终分数，进行排名。其中，常规指标的分值区间均设定在[-10, 10]之间，特殊指标中"恢复秩序"分值区间为[-5, 5]，"动态反应"和"官员问责"分值区间为[-3, 3]。根据6个维度的综合表现的分数高低，人民网舆情数据中心的舆情分析师分别给予蓝色、黄色、橙色、红色4种应对能力级别。依据计算结果，地方政府的舆情应对能力突出、应对越得体，最终的得分就越高，反之则最终得分越低。

（1）评级"蓝色"对应总分为20.00分（含）以上，表示政府舆情应对较为得体；

（2）评级"黄色"对应总分为5.00～19.99分，表示其应对能力有待提升和加强；

（3）评级"橙色"对应总分为10.00～14.99分，表示其应对能力存在明显问题；

（4）评级"红色"对应总分为10.00分（不含）以下，表示其应对方式存在严重缺陷，应对能力亟待加强。

3. 专家学者构建的政府网络舆情应对评价体系

专家学者队伍是网络舆情研究的重要力量,为了做好网络舆情绩效评估工作,为各地网络舆情绩效评估提供参考性指标,一些研究者围绕地方突发公共事件网络舆情政府应对能力、网络舆情政府回应情况等建立了评估指标体系,较为有代表性的包括中央财经大学的崔鹏、华中科技大学的张庆、福州大学的黄飘、兰州财经大学的张军玲等构建的网络舆情绩效评价指标体系。

(1)突发公共事件网络舆情政府应对能力评价指标体系。崔鹏在查阅文献资料和分析典型突发公共事件的基础上建立了政府应对能力测度指标归纳表,并运用粗糙集方法进行研究,最终构建了由 5 个一级指标和 11 个二级指标构成的突发公共事件网络舆情政府应对能力评价指标体系(见表 7-3)。

表 7-3 突发公共事件网络舆情政府应对能力评价指标体系

目标层	一级指标	二级指标
突发公共事件网络舆情政府应对能力	权威性	回应层级
		事态引导
	准确性	专业程度
		媒介素养
	透明性	信息公开
		新闻发布会
	及时性	回应速度
		回应态度
		回应次数
	协调性	信息共享
		部门联动

(2)网络舆情政府回应综合评价体系。张庆围绕网络舆情政府回应效果评价问题,结合相关文献和资料,构建了 2 个一级指标、6 个二级指标和 14 个三级指标的网络舆情回应效果评价指标体系,并结合 BP 神经网络方法、德尔菲法等,针对 2012—2020 年的网络舆情事件进行了政府回应状况的测评(见表 7-4)。

表 7-4 政府回应效果评价指标构成及评分标准

一级指标	二级指标	三级指标	评分标准
直接因素	回应态度	主动性	政府的态度是否积极主动,不是被动
		完整性	政府是否参与整个舆情事件,直至结束
间接因素	回应程度	动态反应	政府能够随时调整政府立场和解决方案
		网络技巧	政府利用网络进行沟通、舆论引导
	回应速度	反应速度	是否快速、及时
		回应渠道	回应渠道是否畅通
	环境压力	政府环境	是否受到中央政策、政治压力等
		网络环境	舆论、热度等网络环境是否影响政府回应

续表

一级指标	二级指标	三级指标	评分标准
	政府能力	政府财政能力	政府是否有财政能力应对舆情事件
		舆情管理能力	与公众进行沟通、解决问题的能力
		政府的公信力	政府的回应是否官方，具有权威性
	政府策略	回应方式	政府是否采取话语、行动等某种方式
		官员问责	是否对舆情事件中涉事官员进行追责
		信息公开	政府是否信息透明、政务公开等

（3）政府网络舆情应对能力评价指标体系。黄飘在明确网络舆情演化阶段以及政府网络舆情应对阶段的基础上，将危机缩减、预警监测、动态反应、舆情引导、善后保障作为政府网络舆情应对能力评价指标体系中的一级指标，在此基础上，构建了政府网络舆情应对能力指标体系。采用灰色统计法对初步构建的评价指标体系进行了筛选，并采用序关系法确定政府网络舆情应对能力评价指标体系的权重，最终构建了带有权重的政府网络舆情应对能力评价指标体系（见表7-5）。

表7-5 政府网络舆情应对能力评价指标体系

评价对象	一级指标	权重	二级指标	权重
政府网络舆情应对能力	危机缩减	0.1621	地方网站数量	0.0637
			应急预案	0.0994
			完善的法律法规	0.0579
			网站的建设程度	0.0764
			公信力塑造能力	0.1391
			政府服务能力	0.2087
			信息公开程度	0.3548
	预警监测	0.227	信息技术服务人员数量	0.2924
			监测手段	0.3216
			舆情研判能力	0.386
	动态反应	0.3632	政府回应速度	0.3443
			回应态度	0.2459
			部门联动	0.2049
			政府高层介入程度	0.2049
	舆情引导	0.1126	新媒体的运用程度	0.266
			问责力度	0.3191
			调查处理结果发布速度	0.4149
	善后保障	0.1351	网民和媒体满意程度	0.5652
			损失恢复程度	0.4348

（4）企业网络舆情危机应对评价指标体系。为针对企业网络舆情危机应对情况进行评价，张军玲在借鉴国内外现有研究成果和对企业充分调研的基础上，运用层次分析法建立

初步的评价指标体系,然后选取 8 家企业的 14 位网络舆情专家,用德尔菲法广泛地、反复地征求他们的意见,对初步的评价指标体系进行两轮调整之后,构建了包括 7 个一级指标和 28 个二级指标的企业网络舆情危机应对评价指标体系(见表 7-6)。

表 7-6 企业网络舆情危机应对评价指标体系

评价对象	一级指标	二级指标
企业网络舆情危机应对情况	善后处理	善后工作公平性
		善后工作态度
		善后处理时效性
		善后工作全面性
		舆论认可度
	动态反应	危机潜伏期的举措
		危机突发期的举措
		危机蔓延期的举措
		危机解决期的举措
		危机机动反应能力
	企业响应	应对态度
		响应速度
		响应层级
	企业问责	调查处理的速度效率
		处理结果发布的及时性
	信息透明	第三方权威媒体报道
		企业信息发布透明度
		网络信息畅通
		与网友互动情况
	企业公信力	媒体和网民的评价
		法律意识
		产品服务质量
		社会责任意识
		内部管理
	网络技巧	网络新老媒体的运用程度
		对网络平台运用的熟练程度
		舆情互动能力
		信息沟通的认可度

除了以上一些机构或研究者构建的有关网络舆情应对的绩效评价指标体系外,还有一些机构和研究者围绕网络舆情应对构建了各具特点的评价指标体系。例如,深圳市互联网信息办公室于 2012 年首创网络舆情排行榜问责制度,推出了《深圳市网络舆情应对能力排行榜》,排行榜评估指标分为响应速度、信息发布、机构行为、网络引导、应对成效五项,各项满分为 20 分,总分 100 分。再如,中国人民武装警察部队学院的兰月新等通过

研究网络舆情演进规律和基层调研资料，构建了包括舆情反应力、舆情引导力、舆情控制力等 3 个一级指标，政府内部、政府对网民、政府对网络、日常引导、事件引导、网民控制、信息控制等 7 个二级指标的地方政府应对网络舆情危机预警评估指标体系。此外，北京邮电大学的张一文等针对非常规突发事件网络舆情热度评价问题，构建了包括事件爆发力、媒体影响力、网民作用力和政府疏导力 4 个一级指标的非常规突发事件网络舆情热度评价指标体系，其中的政府疏导力一级指标包括政府公信力、政府危机公关能力、政府信息处理能力等 3 个二级指标。而中国航空综合技术研究所的鲁鹏则针对网络舆情管理的要素，从组织的人员、资源、设备以及方法 4 个维度构建了网络舆情应对能力评估指标。

7.3 网络舆情绩效评估的主要方法

网络舆情绩效评估涉及诸多主体的切身利益，绩效排名会影响到特定主体的形象、声誉甚至具体的收入、待遇等。因而，需要确保网络舆情绩效评估有科学依据、有数据支撑，通过运用科学的方法增强网络舆情绩效评估的说服力和认同度。随着网络舆情绩效评估工作的不断推进，越来越多的应用于其他领域的绩效评估方法被引入到网络舆情绩效评估中。从应用情况看，网络舆情绩效评估运用的方法包括数据包络分析法、层次分析法、神经网络分析法、系统动力学分析法等具体方法。

7.3.1 基于数据包络分析的网络舆情绩效评估方法

数据包络分析（data envelopment analysis，DEA）是由著名运筹学家 A. Charnes 和 W. W. Cooper 等人于 1978 年创建的一种统计分析方法。该方法以相对效率概念为基础，用于评价具有相同类型的多投入、多产出的决策单元是否技术有效的一种非参数统计方法。基本思路是把每一个被评价单位作为一个决策单元（decision making units，DMU），再由众多决策单元构成被评价群体，通过对投入和产出比率的综合分析，以决策单元的各个投入和产出指标的权重为变量进行评价运算，确定有效生产前沿面，并根据各决策单元与有效生产前沿面的距离状况，确定各决策单元是否 DEA 有效，同时还可用投影方法指出非 DEA 有效或弱 DEA 有效决策单元的原因及应改进的方向和程度。应用 DEA 方法进行绩效评估，通常包括确定评估对象、构建输入输出模型、确定权重及约束条件、进行线性规划计算、计算效率评价指标以及分析和解释结果等步骤。

DEA 方法作为对具有可比性的同类型单位进行相对有效性评价的一种数量分析方法，在诸多学科领域得到广泛应用，该方法也被引入到网络舆情应对评价中。例如，北京邮电大学的谢雪梅和杨洋洋采用 DEA 方法，将东部和中部 16 个省份作为决策单元，选取 3 个投入指标（传播能力、互动程度、服务水平）和 2 个产出指标（应对能动性、公众满意度），引入正理想决策单元表示最小的投入获得最大的产出，即效率最高，负理想决策单元最大的投入获得最小的产出，即效率最低，以此呈现各省份综合效率值分析结果。武汉理工大学的沙成或利用 DEA 方法，从投入和产出视角分析高校突发事件网络舆情应对能力的影响因素，构建了高校突发事件网络舆情应对能力的评价体系。再如，南京理工大学的凌晨围绕高校网络舆情管理绩效评价问题，在将高校网络舆情管理绩效评价划分为收集—处理、处理—分析、分析—对策 3 个决策单元的基础上，运用 DEA 方法设计了高校网络舆情管理绩效评价模型。

7.3.2　基于层次分析的网络舆情绩效评估方法

层次分析法（analytic hierarchy process，AHP）是由美国匹兹堡大学运筹学家 A. L. Saaty 于 20 世纪 70 年代提出的一种定性分析与定量分析相结合的多目标决策分析方法。它允许决策者在模糊性和不确定性的情况下进行有效决策。该法的主要思想是将复杂问题分解为若干层次和若干因素，通过明确问题，建立层次分析结构模型，构造判断矩阵，层次单排序和层次总排序等步骤计算各层次构成要素对于总目标的组合权重，从而得出不同可行方案的综合评价值，为选择最优方案提供依据。应用层次分析方法可以将复杂的决策问题转化为定量的权重计算和优先级排序，结合主观判断和客观分析，充分考虑决策者的主观偏好和意见，提供一致性检验指标帮助决策者和评估专家进行判断。层次分析法经过发展衍生出改进层次分析法、模糊层次分析法、可拓模糊层次分析法和灰色层次分析法等多种方法。

层次分析法作为一种多目标决策分析方法，注重建立多层次、多因素的评价体系，因而也被应用于网络舆情应对评价指标体系构建中。例如，兰州财经大学的张军玲运用层次分析法建立初步的评价指标体系，然后选取 8 家企业（其中 3 家国企，4 家民企，1 家外企）的 14 位网络舆情专家，用德尔菲法广泛地、反复地征求他们的意见，对初步的评价指标体系进行两轮调整之后，从而建立了 7 个一级指标，28 个二级指标的企业网络舆情危机应对评价指标体系。

7.3.3　基于神经网络的网络舆情绩效评估方法

BP 神经网络方法（Back-Propagation Network，反向传播网络）是人工神经网络的一个分支。人工神经网络（artificial neural networks，ANN）是对生理上真实的人脑神经网络的结构和功能及基本特征进行理论抽象、简化和模拟而构成的一种信息系统，可通过计算机程序来模拟和实现。人工神经网络作为一种并行分散处理模式，具有非线性映射、自适应学习和较强容错性的特点。神经网络分析法的应用领域广泛，如图像识别、语音识别、自然语言处理等。神经网络分析法的运用步骤包括数据集准备、神经网络结构设计、数据预处理、神经网络训练、测试与评估以及预测与决策等。BP 神经网络 1986 年由 Rumelhart 和 McCelland 等科学家研究并设计的，是一种单向传播的，具有输入层、隐含层和输出层的多层前馈神经网络，是目前应用最广泛的神经网络模型之一。

一些研究者利用 BP 神经网络构建了网络舆情应对评估指标体系。例如，华中科技大学的张庆利用 BP 神经网络构建了政府回应网络舆情的影响因素指标体系，使用 Matlab 工具，在对选取的热点舆情事件打分后，取不同事件的不同影响因素的分数均值，采用 3 层神经网络，进行多因素输入建模和设计了 BP 神经网络综合评价指数体系。北京邮电大学的张一文等在构建非常规突发事件网络舆情热度评价指标体系过程中，利用 BP 神经网络方法来确定各项指标的权重，通过神经网络衡量权重测试问卷对专家进行调研，采用 Matlab 仿真中神经网络工具箱计算权重，形成了非常规突发事件网络舆情热度评价指标体系。

7.3.4 基于系统动力学的网络舆情绩效评估方法

系统动力学（System Dynamics，SD）是一种用于分析和模拟复杂动态系统行为的系统工程方法，由美国麻省理工学院的 J. W. Forrester 教授于 1958 年为分析生产管理及库存管理等企业问题而提出的系统仿真方法。系统动力学是系统科学与计算机仿真技术相结合，研究系统反馈结构与行为的一门科学。系统动力学从系统内部的微观结构入手，在把握系统内部结构、参数及总体功能的前提下，分析并把握系统的特性与行为。系统动力学把一切系统的运动假想成流体的运动，使用因果关系图和系统流图来表示系统的结构，建模过程一般包括确定系统边界、定义变量、绘制因果关系图、构建系统流图、编辑公式并运行、模型检验和校准、仿真和分析等步骤。

近年来，一些研究者将系统动力学的方法引入到网络舆情应对评估中。例如，青岛大学的张建红等将系统动力学方法引入到地方政府应对网络舆情能力的分析中，构建了地方政府应对网络舆情能力的因果回路图与存量流量图，并进行了仿真分析。哈尔滨理工大学的田世海等将系统动力学方法引入到企业网络舆情绩效管理体系中，构建了企业网络舆情管理绩效的系统动力学模型，并利用构建的系统动力学模型对 Facebook 数据泄露事件舆情管理绩效进行仿真分析。

7.3.5 网络舆情绩效评估的其他方法

除了以上一些常用的方法外，一些研究者还使用了一些特定的方法开展网络舆情应对绩效评价。例如，中央财经大学的崔鹏在查阅文献和分析典型事件的基础上，明确了政府应对能力的测度指标，为对政府应对能力进行具体测度，采用了粗糙集的分析方法。粗糙集是一种刻画不完整性和不确定性的数学工具。崔鹏借鉴粗糙集的属性约简算法，对突发公共事件网络舆情政府应对能力初始指标进行简化、筛选、精炼出突发公共事件网络舆情政府应对能力分类知识的最小指标集合，以提高评价、预测的计算效率。福州大学的黄飘通过提取政府网络舆情应对阶段模型中的重要因素，构建了政府网络舆情应对能力评价指标体系，在此基础上采用灰色统计法、专家咨询法确定了最终的评价指标体系，并运用灰色关联度–逼近理想解排序法的综合评价方法构建动态评价模型，对 21 个省级政府网络舆情应对能力进行动态评价。

此外，一些研究者在进行网络舆情绩效评价时，运用了多种分析方法。如将德尔菲法与 BP 神经网络方法相结合构建网络舆情政府回应综合评价体系，将平衡积分卡法与系统动力学方法相结合进行企业网络舆情管理绩效研究。

7.4 网络舆情绩效评估的实施与运用

7.4.1 网络舆情绩效评估的组织实施

网络舆情绩效评估的组织实施涉及谁来评估、按什么程序开展评估等方面。

1. 网络舆情绩效评估的主体

网络舆情绩效评估的主体包括组织和参与网络舆情绩效评估的政府部门、科研机构、媒体、公众等，大致可分为以下 4 种：

（1）政府部门。政府部门依据法律法规的规定或组织职能，依照法定程序建立网络舆情绩效评估机制。例如，网信部门构建网络舆情应对能力绩效评估体系，开展网络舆情应对绩效评估工作。此外，一些地方的公安机关、工信部门也会针对特定事件或特定地方的网络舆情应对情况开展评估或评判。

（2）科研机构。一些从事网络舆情研究的机构及隶属于特定科研机构的研究者会围绕各地的网络舆情应对工作情况或网络舆情治理情况构建测评指标体系，并依托构建的网络舆情应对能力指标体系形成并发布网络舆情应对排行榜。

（3）新闻媒体。新闻媒体特别是各类新闻网站既是网络舆情生产和传播的重要力量，也是开展和推进网络舆情研究和网络舆情治理的重要力量。一些新闻网站针对网络舆情开展研究，并围绕网络舆情应对开展测评。例如，人民网舆情数据中心探索建立了地方政府应对网络舆情能力评估指标体系，发布了地方应对网络舆情能力排行榜。

（4）公众。公众与网络舆情的生产与传播、网络舆情的应对与治理密切相关，一些地方将公众当作网络舆情应对工作的重要评判者。例如，深圳市互联网信息办公室于 2012 年首创网络舆情排行榜问责制度，推出了《深圳市网络舆情应对能力排行榜》，秉持"让民意引领、让民智参与、让民生共享"的发展理念，按照网民年龄、性别、职业、分布区域等要素，建立民意调查库，让不同身份、不同背景的市民都有机会参与舆情事件评议。

2. 网络舆情绩效评估的程序

网络舆情绩效评估的程序是一个包括评估手段、制定指标、选择对象、培训评估者、调整评估系统、完善评估内容的综合过程。网络舆情绩效评估过程具体分为制订网络舆情绩效评估计划、构建网络舆情绩效评估体系、建立网络舆情绩效评估组织、选择网络舆情绩效评估方法、收集网络舆情绩效评估信息、撰写网络舆情绩效评估报告、运用网络舆情绩效评估结果等步骤（见图 7-1）。

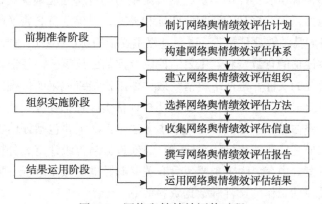

图 7-1　网络舆情绩效评估过程

（1）制订网络舆情绩效评估计划。这一过程主要解决为什么要评估、由谁来评估、评估什么内容、如何进行评估等一系列问题。首先，要明确评估目的和时机。明确评估目的是实施网络舆情绩效评估的基础。只有明确了绩效评估的目的，才能突出评估工作的针对性，使评估工作真正起到激励、规范和约束作用。其次，要确定评估主体和对象。评估主体的专业素质与价值观念会对评估结果的客观性、准确性和科学性产生重要影响，必须科学选择评估主体。最后，要选定评估项目。网络舆情绩效评估项目包括预警、研判、处置与反馈等方面。评估项目在量与质上的规定构成了评估指标体系，因而评估项目的划分与选定是建立评估指标体系的基础。

（2）构建网络舆情绩效评估体系。这一过程主要是运用科学方法选择评估指标并进行信效度检验。构建科学合理的评估体系是网络舆情绩效评估工作的核心。要依据科学性、系统性、可操作性等原则，遴选评估指标，使评估指标体系科学合理。注重内部与外部指标、定性与定量指标、客观与主观指标、数量与质量指标等相结合。根据绩效评估理论和方法，采用专家分析法、模拟验证法等多种方法对评估指标进行分析、筛选和修正，对评估指标体系进行信度和效度检验，最后确定绩效评估指标体系。

（3）建立网络舆情绩效评估组织。这一过程包括匹配评估对象、评估目的和评估内容，以及根据现实情况培训评估主体。网络舆情绩效评估是一项复杂的系统工程，涉及多方利益主体。为确保评估工作有组织地顺利开展，在评估开始前要建立评估组织。评估组织主要负责拟订评估方案、组织实施绩效评估工作、协调各评估主体开展评估、收集评估资料、组织评定分数和划分绩效等级、撰写和报送绩效评估报告、监督评估活动等工作。

（4）选择网络舆情绩效评估方法。这一过程主要运用定量或定性等不同方法印证和补充评估结果。评估组织要确定一套科学合理的评估方法，对于所收集到的信息与资料进行评估分析。不同评估方法对评估结果的影响具有差异性。网络舆情绩效评估过程中，常采用定性与定量、主观与客观相结合的评估方法，以确保评估结果的科学性与全面性。

（5）收集网络舆情绩效评估信息。这一过程主要指采用访谈法、问卷法、专家咨询法、数据挖掘法、网络爬虫法等方法收集绩效评估信息。网络舆情绩效评估过程实际上是收集信息、整合信息、作出评估判断并给予反馈的过程。准备评估资料是开展网络舆情绩效评估极为重要的一环，必须取得详细丰富、具有说服力的资料才能确保评估结果的准确性。要提高资料收集能力，采取多种方法相互印证和补充，以保证资料真实性和可靠性。

（6）撰写网络舆情绩效评估报告。这一过程主要指简练、有重点地撰写绩效评估报告，包含网络舆情绩效评估的背景资料、主要结论以及评估建议等。评估报告是评估完成后用以说明评估基本情况的文件，是网络舆情绩效评估工作最终成果的体现。评估报告主要由概述、正文和附录组成。其中，概述主要说明被评估者、评估委托机构或评估实施机构、评估主体的选定、评估过程、评估采用的基本方法。正文主要包括评估工作具体内容与实施过程、绩效现状描述、评估指标体系构建、绩效打分与等级评定、分析存在的问题及其原因、提出改进方案等内容。附录主要包含有关基础数据的核实情况、重要事项说明、评估计分情况、有关评估工作的文件和数据资料等。

（7）运用网络舆情绩效评估结果。这一过程旨在通过对绩效评估结果的运用改进当下网络舆情工作中存在的问题，以期在未来达到更好的效果。根据网络舆情绩效评估结果改进相关工作是绩效评估的重要目的。要对评估结果进行合理分析与运用。一方面，在对网络舆情绩效评估结果进行分析时，除了对评估总分进行比较，还应对评估对象的运作机制、业务实绩等指标分别进行具体分析评述，力求得出客观、公正和全面的评估结论。另一方面，评估结果的合理运用可以为职务任免、奖惩、待遇标准制定提供可靠依据，为辅助上级决策、改进部门工作和提高个人绩效提供依据和指导。此外，有选择性地发布评估结果还可以作为加强社会舆论监督的手段。

7.4.2 网络舆情绩效评估结果的运用

1. 网络舆情绩效评估结果运用的现状

对网络舆情绩效评估结果的科学合理运用能够有效改善网络舆情治理工作。网络舆情治理主体往往从不同角度或层面对绩效评价结果加以运用。从网络舆情绩效评价的实施情况来看，目前主要是将网络舆情绩效评估的结果作为评估部门和工作人员绩效的依据。

在组织层面，运用网络舆情绩效评估结果能够进一步完善舆情工作的资源投入和预算控制，不断改进绩效评估计划，找出问题所在，改善部门间的合作效率，进而提升整个部门的绩效；在个体层面，网络舆情绩效评估结果可以作为工作人员奖惩和晋升的依据，充分发挥绩效评估的激励与约束作用，进一步端正网络舆情工作者的主观态度，督促网络舆情工作者提升工作能力。

2. 网络舆情绩效评估结果运用的不足

虽然网络舆情绩效评估的结果得到了一定的运用，但从现实来看，当前网络舆情绩效评估结果还存在运用不全面、不充分的问题。具体而言，当前网络舆情绩效评估的结果运用存在如下问题：

（1）绩效评估结果不受重视。决策者和管理者很少去关心绩效评估的结果，致使绩效评估结果得不到运用或运用不足，从而削弱绩效评估的标杆导向作用，网络舆情绩效评估结果利用的形式意义大于实际价值。

（2）绩效评估结果运用随意性大。一些地方或部门对网络舆情绩效评估结果运用的随意性较大，缺乏制度化保障，未能建立较为完备的网络舆情绩效评估结果运用的信息公开机制、激励约束机制。

（3）基于评价结果的奖惩不完善。基于绩效结果的奖惩缺乏多样化形式。例如，在物质与精神奖励方面，一些地方重视物质奖励，忽视精神奖励。另一些地方则仅注重精神奖励，忽视物质奖励。此外，一些地方运用绩效评价结果时仅重视奖励，而忽视了惩罚。

（4）绩效评估结果公开性不够。网络舆情绩效评估的结果通常不对外公开，仅当作内部材料向上级报送，有时连本部门的一般成员都很难获知评估结果，由此影响了绩效评估作用的发挥，公众和利益相关者难以真正对政府及其工作人员起到监督作用。

3. 网络舆情绩效评估结果运用的改进对策

网络舆情绩效评估结果运用的改进可从创新激励方式、健全结果申诉与完善信息公开等方面进行考虑。

（1）创新绩效评估的激励方式。网络舆情治理主体要建立合理的网络舆情绩效评估激励制度，提升组织部门与工作人员的积极性。网络舆情绩效评估激励建设要以绩效为导向，创新激励方式，探索物质激励与精神激励相结合的激励方式。要实现激励手段的科学化，包括任用弹性、绩效工资、绩效奖惩等制度。要注重从方法和体制两个层面建设网络舆情绩效评估激励制度。在方法层面上把绩效评价结果与人员的物质激励、精神激励等相联系；在体制层面上要将权力下放，使部门拥有更多的自主权，增强评估主体和被评估者贯彻执行评估制度的自觉性和主动性。

（2）加强绩效评估的信息公开。网络舆情绩效评估结果的信息公开有利于消除网络舆情治理主体和公众之间的信息不对称。要全面衡量信息公开对推动绩效评估、实现舆情治理体系和治理能力现代化的作用，要依法依规公开有关网络舆情绩效评估的信息，克服由于信息资源的缺失而使评估结果有失公正的现象。具体而言，可以通过新闻发布会、社会公示、听证会以及专家咨询等形式公开网络舆情绩效评估信息，并通过互联网、电话、邮件等方式建立公众投诉渠道，方便公众对网络舆情绩效评估工作进行监督与制约。

（3）建立绩效评估的申诉机制。绩效评估申诉是一种解决绩效评估结果失当问题的特定监督方式，其主要目的是确保绩效得到公正评价，保障绩效评估的顺利实施。由于评估者的主观偏见、评估标准模糊、信息资料不全、程序失误等问题，网络舆情绩效评定的可靠性和权威性会受到直接影响。当被评估者认为网络舆情绩效评估报告存在问题时，可以向绩效评估者提出异议，并阐明理由和事实，进行绩效评估申诉。在被评估者提出申诉的基础上启动调查机制，促进评估双方实现良性互动，保障评估的顺利进行；同时，评估申诉也是对上级主管部门的一种监督，有利于保证评估过程的公平公正。

思考题

1. 谈谈网络舆情绩效评估指标体系应该包括的内容。
2. 简述网络舆情绩效评估的主要方法。
3. 简述网络舆情绩效评估的实施程序。
4. 结合具体案例，谈谈如何改进网络舆情绩效评估工作。

即测即练

第 8 章 网络舆情应急预案

本章将介绍网络舆情应急预案相关知识点，包括网络舆情应急预案的概念、编制、管理与演练等，使读者了解与熟悉预案编制的具体内容、编制程序、管理模式与实践操作，促进网络舆情应急预案工作的科学化、系统化与规范化。

8.1 网络舆情应急预案概述

8.1.1 基本概念

网络舆情应急预案是针对可能发生的网络舆情事件，相关单位为快速响应、有效处置、降低负面影响而事先制定的计划或方案。它明确了在网络舆情事件发生前、发生中以及发生后相关单位和人员的主体责任、资源预备与行动指南。应急预案作为相关部门应对舆情的指导性文件，目的在于防范化解重大网络舆情风险，推动网络舆情应急管理工作体系化、科学化和规范化，不断提高网络舆情治理水平。

8.1.2 主要特点

1. 权威性

应急预案一般由各级政府及部门颁布施行，是相关单位做好网络舆情应急工作的重要保障。预案是规范性文件，制定者在编制过程中要严格遵循有关法律法规和规章制度，使其具备网络舆情应急处置的权威性。

2. 系统性

应急预案是网络舆情应急处置的重要组成部分，是系统性工程。预案的系统性体现在编制过程的完整性、编制内容的全面性、编制要素的完备性以及适用范围的广泛性等。另外，不同级别部门间的预案要相互关联、相互衔接，构成完整的预案体系。

3. 时效性

时效性是指预案内容在一定时间范围内具备法律效应和指导性。在预案编制过程中，当应急管理资源、风险、管理体制发生变化时，应及时修订和完善预案内容，使其适用于网络舆情应急处置工作的实际需要。

4. 操作性

操作性要求预案编制实事求是，切忌浮于表面、生搬硬套。编制者应在考察实际环境、社会背景与资源能力等要素基础上开展预案编制。预案中规定的应急处置方法应具备实用性与操作性，能够切实地指导实践。

8.1.3 预案分级

根据网络舆情事件的影响程度、传播程度和危害程度，可将应急预案分为一般、较大、重大和特大 4 个等级。网络舆情应急处置领导小组办公室等有关部门根据网络舆情风险等级评估结果，展开分级响应，采取不同应对措施，以提升应急处置效率和效果。

1. 一般网络舆情应急预案

一般网络舆情应急预案的主体为一般网络舆情事件，通常在小范围内引起个别网民和媒体围观，关注度低，传播速度慢，社会影响小。由领导小组办公室及时通报相关单位，依据职能分工开展相关处置，并将处置情况及时反馈。

2. 较大网络舆情应急预案

较大网络舆情应急预案的主体为较大网络舆情事件，引发一定数量的省级主流媒体、少数中央主流媒体关注，传播速度较快，社会影响范围较广。由领导小组办公室会同相关单位提出处置意见，报上级领导批准后实施有效应对。舆情持续升温为重大舆情时，则按照重大舆情进行处置。

3. 重大网络舆情应急预案

重大网络舆情应急预案的主体为重大网络舆情事件，引发中央主流媒体、少数境外媒体关注，传播速度快，社会影响范围广。由领导小组办公室上报属地政府负责部门，会同相关单位开展应急工作。当重大舆情上升为特大舆情时，按照特大舆情进行处置。

4. 特大网络舆情应急预案

特大网络舆情应急预案的主体是特大网络舆情事件，引发中央主流媒体、境外媒体高度关注，传播速度极快，社会影响范围极广，亟须高度关注与迅速处理。根据需要，经领导小组办公室向属地政府负责部门请示，在其指导下，会同相关单位开展处置工作。

8.1.4 功能与意义

1. 网络舆情应急预案的功能

（1）事前预防。预案要求在风险积累阶段就介入舆情治理，做好源头治理与主动防控，确保早发现、早预警、早干预，降低网络舆情进一步发酵恶化的可能性，把握舆情应急处置的先决权与主动权。

（2）应急处置。预案规范了网络舆情事件发生前、发生中和发生后的应急处置流程与方法，相关部门可以主动出击、快速反应、及时应对，将舆情态势稳定在可控范围内。

（3）演练培训。预案规范了网络舆情应急演练与培训的内容与方法。相关部门通过定期开展应急预案演练、宣传与教育，增强舆情应急知识储备、风险意识与应对技巧，以提高网络舆情应急处置能力。

2. 网络舆情应急预案的意义

（1）规范应急处置程序。通过预案编制提前部署具体措施，及时、有效地预防、控制和妥善处置舆情事件，规范应急处置程序，使应急工作有章可循。

（2）提升应急处置效率。在预案演练和培训过程中，通过不断训练应急人员的责任意识、应急能力、处置技巧，使应急人员在实际工作中能够快速反应和及时处理，减少突发状况产生的混乱，提升应急处置效率。

（3）有效控制舆情危机。预案编制有助于相关部门提前布局，准确识别风险，开展应对措施，避免舆情事件的扩大或升级，最大限度地减少负面影响。

（4）提高风险防范意识。预案的编制、评审、宣传、演练、培训等过程中，相关部门能够认识到网络舆情可能存在的风险及应对策略，提升风险防范意识与应对能力。

8.2 网络舆情应急预案编制

8.2.1 应急预案编制设计与准备

1. 编制原则

（1）以人为本，降低风险。要坚持以人民为中心，切实维护人民群众的合法权益，做到权为民所用、情为民所系、利为民所谋，最大限度地减少网络舆情带来的负面影响，提高人民群众的获得感、幸福感、安全感。

（2）统一领导，分工明确。要设置统一的领导机构，切实做到责任落实到岗，任务落实到人，流程牢记在心，发挥各部门的功能作用，在舆情应对中实施有效、科学、有序的报告、处置、总结等程序。

（3）内容全面，符合实际。要保证内容的全面具体、科学合理、切实可行，覆盖舆情应急响应前期、中期和后期的全部流程。

（4）预防为主，定期演练。要坚持舆情应急处置与预防相结合，做好常态工作中风险评估、应急准备、预案宣传、预案培训与预案演练等工作。

2. 工作机构

1）成立预案编制小组

预案编制工作开展要先成立预案编制小组，明确编制任务、编制流程、责任分工和编制计划。编制小组视情况下设各种分类小组，包括资料收集组、风险监控组、预案编写组与专家评审组，如图8-1所示。预案编制小组是临时工作机构，组织者应熟悉本部门舆情应急管理工作的整体情况。组长与副组长共同确定小组人员构成，充分调动成员积极性，明确预案编制主体责任，做到职责明确、分工合理、高效运转。

资料收集组：负责收集相关法律法规、政策文件、制度文件等，相关部门舆情处置典型经验与具体措施，本单位应急资源的实际情况。

风险监控组：对本地区、本部门定期开展网络舆情风险评估、分析与研判，形成风险评估报告，为网络舆情应急预案编制提供实践依据。

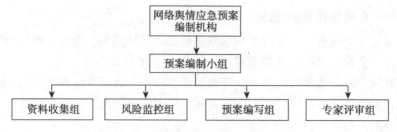

图 8-1　网络舆情应急预案编制机构

预案编写组：基于风险报告、资源与能力评估的综合结论，系统构建预案框架和具体要素。在编写过程中，通过沟通访谈、内部审查、意见征询与专家审核完善预案内容。

专家评审组：参与预案编制评审工作，对预案编制过程中出现的问题给予专业性指导，对预案内容的科学性与操作性开展审核认定。

2）工作要求

编制工作应得到领导的高度重视，由主要领导担任组长，以便人员借调与资源调配；要为小组成员提供充足的工作资源与经费，确保预案编制顺利进行；小组成员应具备较高的政治素养和专业素养、较高的文字写作能力与高度责任感；要明确预案编制的牵头部门，广泛发动相关部门积极参与；预案编制往往涉及多个领域的专业知识，要获取相关专家的支持，保证预案的科学性和合理性。

3. 资料收集

1）收集原则

资料收集是网络舆情应急预案编制工作的基础，应遵循：①全面性原则，要确保资料种类和内容没有遗漏；②规范化原则，要规范技术和方法，以确保资料收集过程的客观性；③操作性原则，要根据经费、人力和本部门实际情况展开资料收集。

2）收集内容

预案资料收集范围主要是本地区、本单位的各种应急资源，具体包括以下几个方面。

政策与法规：收集网络舆情处置相关的制度、办法、规定、意见等法规与政策文件，以及各级应急预案编制指南、原则和管理办法。

典型案例：收集国内外网络舆情处置的成功案例、典型经验与做法，将最新的实战经验、方法措施应用到预案编制中。

人力资源：调查应急指挥与管理的工作人员，以及应急处置专家资源。

技术与资金保障：调查本单位网络舆情应急数字系统建设与资金支持情况。

3）收集方法

资料收集人员可通过图书馆、档案室、书店等查阅相关资料；通过互联网在线开展资料收集；询问富有经验的基层人员以及专业知识丰富的专家团体等。所有资料必须经过再三核实，保证客观性和有效性。

4. 事前评估

1）应急风险评估

风险评估要遵循：①客观性原则，应基于事实基础，分析过程中的每一个细节；②定量性原则，尽量选择可量化的指标，以简明、准确的参数与指标进行评估，减少主观因素的影响；③真实性原则，应保证风险评估中所有数据的客观性与真实性。

网络舆情风险评估程序主要有三步。

第一，风险确定。包括风险识别、风险筛查与风险预判，是发现和描述风险基本要素的过程。这要求评估人员在日常舆情监测中能够发现潜在的舆情风险，对风险源、事件性质、传播渠道、影响范围等做初步的辨识和收集。

第二，风险分析。分析确定风险的性质、等级、发展趋势、产生的原因和可能产生的负面影响等，并考虑现有应对举措的有效性，为风险评价奠定基础。

第三，风险评价。在风险确定和风险分析的基础上，综合考虑风险应对的成本、结果与长远影响，判断是否需要采取控制措施和确定控制程度。

2）应急能力评估

应急能力指组织机构对网络舆情事件的预警、处置和资源保障能力的集合。应急能力评估是为了增强预案操作性，对相关部门应急处置的综合能力展开评估。评估内容包括但不限于组织机构领导干部舆情应对的管理决策能力、组织成员的舆情处置经验、组织机构技术和资源配置情况、与其他外部组织的联系程度等。

8.2.2 应急预案编制程序与编写

1. 编制流程

网络舆情应急预案编制流程如图 8-2 所示。

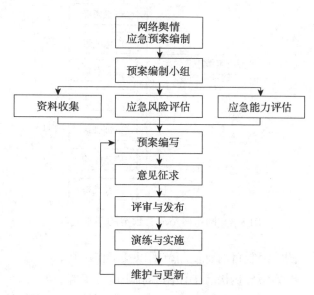

图 8-2　网络舆情应急预案编制流程

（1）确定预案编制小组成员，设置分类小组，明确预案编制相关主体责任。

（2）按照编制任务计划，开展预案编制资料收集、应急风险评估与应急能力评估工作。

（3）完成应急预案初稿，在此基础上形成征求意见稿并征求意见。

（4）编制单位组织开展专家评审与领导审查，形成专家评审稿。根据专家评审意见修订和完善后，再由编制小组按程序开展审批发布工作。

（5）相关部门定期组织应急培训和演练，检验应急预案的实践效果。

（6）编制小组在预案演练和实施过程中完善和更新预案的具体内容。

2. 编写要求

（1）规范编制程序。要严格落实预案编制程序，明确编制目的与目标。

（2）确保内容完整。应具备预案框架设计的基本要素，保障内容充分、结构完整。

（3）考虑实际操作。预案内容应切合实际，而非"纸上谈兵"。要综合考虑组织机构的实际情况，确保预案编制科学合理。

（4）实现编制创新。编制成员应关注网络舆情前沿技术的发展，积极将大数据，区块链、元宇宙、物联网、人工智能等技术纳入预案编制。

（5）精简书写表达。预案内容要简明扼要、通俗易懂，明确关键步骤。避免预案编写过程的形式主义、晦涩难懂等问题。

3. 基本内容

网络舆情应急预案的基本内容如图 8-3 所示。

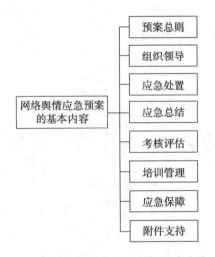

图 8-3　网络舆情应急预案的基本内容

（1）预案总则。阐明编制目的、使用范围以及工作原则。

（2）组织领导。明确领导机构、工作内容和职能分工等。

（3）应急处置。明确应对措施与程序，包括监测预警、态势研判、处置措施等。

（4）应急总结。对舆情概况、处置情况和处置结果等进行总结。要以书面报告的形式完整呈现舆情发展与处置过程，并提出建议对策与改进措施。

（5）考核评估。明确网络舆情应急处置的责任与奖惩等。

（6）培训管理。包括网络舆情应急预案的培训、演练与宣传教育，应急预案的制定、修订、审核、审批和发布程序等内容。

（7）应急保障。明确应急处置过程中的人力、技术、资金等资源保障情况。

（8）附件支持。包括专有名词附件、通信联络附件、政策法规附件、应急资源评估附件、应急风险评估附件、技术支持附件、专家成员名单附件、培训与演练的附件等。

××省市场监督管理厅舆情应急预案

一、编制目的

为提高市场监管舆情应急处置能力，防范化解市场监管领域（含知识产权）重大舆情风险，维护××省市场监督管理厅（以下简称省厅）公信力和社会形象，依据《市场监管总局舆情应急预案》《省市场监管厅突发事件应急管理制度》《××省市场监督管理厅舆情监测和应对处置管理制度》等有关规定，结合省厅舆情工作实际，制定本预案。

二、适用范围

本预案适用于省厅对市场监管领域舆情的处置应对，含日常政务舆情和突发事件舆情等。其中，所涉及的市场监管突发事件为《省市场监管厅突发事件应急管理制度》中规定的范围。

三、工作原则

市场监管舆情应急处置工作以习近平新时代中国特色社会主义思想为指导，坚持正确的政治方向和舆论导向，遵循快速响应、持续跟踪、强化指导、协调应对、分级分类、稳妥处置，科学评估、全程可溯的工作原则。

四、组织领导

（一）舆情应急处置工作机制建设

1. 舆情等级划分

按照《××省市场监督管理厅舆情监测和应对处置管理制度》中明确的划分标准，省厅舆情等级划分为一般舆情、敏感舆情、重大舆情、特别重大舆情四级。

一般舆情，指被少量媒体报道或网民关注度低，或传播范围和传播速度有限，可能对人民群众生产生活和市场监管工作造成较小负面影响的舆情。

敏感舆情，指较多媒体报道或有一定网民关注度，传播范围较广、传播速度较快，可能对人民群众生产生活和市场监管工作造成一定负面影响的舆情。

重大舆情，指被重要媒体报道或网民关注度较高，传播范围广、传播速度快，已对人民群众生产生活和市场监管工作造成或可能造成严重的负面影响，须立即采取措施予以处置的舆情。

特别重大舆情，指公众关注度极高，迅速波及全社会，涉及特别重大事项或重大突发事件，已对人民群众生产生活和市场监管工作造成或可能造成严重的负面影响，须立即采取措施予以处置的舆情。

2. 双牵头协调处置工作机制

按照《××省市场监督管理厅重大舆情应急处置工作规定》，重大舆情和特别重大舆情采用双牵头协调处置工作机制，由应急宣传处和重大舆情主要涉及的业务处室单位（以下简称牵头业务处室）作为双牵头单位开展协调处置工作。一般舆情和敏感舆情的协调处置，参照双牵头协调处置工作机制执行。

3. 任务分工

应急宣传处会同牵头业务处室，统筹做好舆情分析研判、综合协调、处置应对、报告通报等工作。应急宣传处组织做好舆情监测通报、舆论引导、舆情案例分析等工作。保持与市场监管总局、省委宣传部、省委网信办等单位的工作协调，报告有关情况。

牵头业务处室组织开展协调处置工作，根据协调处置情况，负责组织起草回应口径、引导文章、政策解读、科普知识等，做好舆情回应内容准备，相关工作应及时报告省厅领导或按程序上报。指导属地市场监管部门依法依规开展舆情核查与协调处置工作。

舆情涉及的其他处室单位依职责配合做好舆情协调处置各项工作。

市（州）市场监管局结合职责，做好舆情应急处置等工作。工作进展情况应及时报告牵头业务处室。

厅属新媒体平台在应急宣传处的统一指导下，立足各自优势，完善联动机制，发挥市场监管舆论主阵地作用，积极引导舆论。

（二）舆情应急处置队伍建设

1. 建立舆情联络员队伍

省厅各处室单位和市（州）、县（市、区）（以下简称"各级"）市场监管局应当落实舆情应急处置工作主体责任，主要负责同志是第一责任人。

省厅各处室单位须指定1名处级领导作为舆情工作负责人，并确定1名相关同志担任本处室单位舆情联络员。

开展敏感、重大和特别重大舆情的应急处置工作时，涉及的市（州）市场监管局要明确1名局领导牵头负责处置工作，保持与省厅相关处室沟通协调。市（州）市场监管局指定1名承担舆情管理工作职责处（科）室的负责人担任本单位舆情联络员。

省厅应急宣传处加强对各级市场监管局舆情联络员队伍建设的指导。

2. 建设专家库

省厅应急宣传处会同有关处室单位建立完善涵盖各相关领域、熟悉相关法律法规业务知识、熟悉舆论声场、善于舆论引导的舆情工作专家库，负责为省厅舆情应急处置工作提供技术支持和决策建议。

五、应急流程

（一）舆情监测

1. 日常监测

应急宣传处组织相关监测单位开展舆情监测工作。及时将上级单位转办的涉及市场监管舆情纳入监测。省厅各处室单位和各级市场监管局发现可能引发舆情的信息，应及时告知应急宣传处，纳入实时监测。应急宣传处组织相关业务处室单位及时排查舆情风险，提高舆情监测覆盖面与精准度。

2. 专项监测

应急宣传处根据省厅党组决策部署和有关工作需要，组织相关监测单位及时开展专项舆情监测。

（二）分析研判

1. 划分舆情风险等级

应急宣传处商相关处室单位，视情启动专家研判，从舆情涉及内容、公众关注度、媒体介入度、传播范围和速度、可能对人民群众生产生活和市场监管工作造成负面影响的危害程度等维度，通过舆情跟踪、核查信源、风险排查、会商分析等方式，对舆情热度、态度、烈度，以及可能引发的风险进行科学预测、综合研判，划分舆情风险等级。

2. 动态调整风险等级

应急宣传处商牵头业务处室、相关单位，根据舆情发展态势变化和应急处置情况，动态调整舆情风险等级，并据此调整监测范围、对象、频次等。

（三）协调处置

1. 一般舆情

应急宣传处将舆情信息纳入《舆情日报》，报省厅领导知悉，通报省厅相关处室单位和市（州）市场监管局。

舆情涉及处室单位开展分析研判，跟踪关注舆情发展情况，视情开展或指导核查处置，舆情处置情况实时反馈应急宣传处。应急宣传处视情以专报或《舆情日报》等方式报送省厅领导知悉。

2. 敏感舆情

应急宣传处第一时间将舆情信息向省厅分管领导和主要领导报告，同时点对点向有关处室单位和市（州）市场监管局等相关单位舆情联络员通报。

牵头业务处室和舆情涉及处室单位迅速开展分析研判，组织核查处置，舆情处置情况及时报送省厅领导，并告知应急宣传处。

应急宣传处和牵头业务处室等单位持续跟踪关注舆情发展情况，研判是否需要开展回应、调整舆情风险等级等工作，视情向市场监管总局、省委宣传部、省委网信办申请支持。

3. 重大和特别重大舆情

应急宣传处第一时间将舆情信息向省厅领导、市场监管总局、省委宣传部和省委网信办报告，点对点向有关处室和市（州）市场监管局等相关单位舆情联络员通报，立即启动双牵头协调处置工作机制。组织编发《重大舆情专报》，供省厅领导和牵头业务处室、相关处室单位参考。

牵头业务处室接到通报后，应立即启动应急响应，组织开展协调处置工作，统筹做好综合协调、核查处置、上报信息、情况通报等工作，相关工作应当及时报告省厅领导或按程序上报。各有关业务处室单位要指导属地市场监管部门依法依规快速开展舆情线下核查与协调处置。

各级市场监管局按照"属地管理、谁主管谁负责"的原则，履行舆情应急处置工作主体责任，畅通内部工作流程，对省厅转办的舆情及时开展核查处置，并向牵头业务处室反馈工作进展情况。

（四）舆情回应

1. 回应准备

舆情回应按照一般舆情、敏感舆情、重大舆情、特别重大舆情四个等级研判和准备口径，一般遵循"速报事实、慎报原因、报态度、续报进展"的原则开展。准备舆情回应时，要充分研判回应的内容、时间、方式、发布渠道等，避免引发次生舆情。

一般舆情由涉及处室单位和市（州）市场监管局等相关单位主动研判是否需要回应，经省厅分管领导同意后，视情准备回应口径。

敏感、重大和特别重大舆情由应急宣传处联合牵头业务处室研判是否需要回应。敏感舆情报省厅分管领导同意并报主要领导知悉后，由牵头业务处室同步准备回应口径。重大、特别重大舆情报省厅分管领导同意并经省厅主要领导批准后，由牵头业务处室同步准备回应口径。

确定由属地市场监管部门回应的，由牵头业务处室通知属地市场监管部门准备回应口径。属地市场监管部门如要回应，在回应前要主动向省厅牵头业务处室报告，保持对外发布口径一致，并及时反馈相关工作结果。

2. 审批发布

确定由省厅回应的舆情，按照省厅新闻发布审批管理规定执行。未经批准，任何单位和个人不得擅自发布事件相关信息。

应急宣传处要持续做好回应后的舆情动态监测与信息反馈。

敏感、重大和特别重大舆情的回应工作应按照相关要求视情开展舆论引导。

3. 回应时限

依据国务院办公厅《<关于全面推进政务公开工作的意见>实施细则》等有关规定，对涉及特别重大、重大突发事件的政务舆情，要快速反应，最迟须在5小时内发布权威信息，在24小时内举行新闻发布会，对其他政务舆情应在48小时内予以回应。

（五）舆论引导

1. 提前筹划

根据舆情回应等工作需要，应急宣传处要联合牵头业务处室和相关处室单位提前筹划并形成舆论引导方案，经请示省厅分管领导同意后实施。舆论引导方案应明确且不限于：舆情回应信息的发布主体、发布时间、发布内容、发布渠道、发布形式，以及配套的应对口径、引导文章、政策解读、科普知识等，并制定工作任务分工等内容。

涉及重大敏感内容，应急宣传处要按程序向市场监管总局、省委宣传部、省委网信办、省政府办公厅等主管部门请示报告，认真听取主管部门的工作建议，把握好时度效，确保回应稳妥、适度和适时。

2. 组织实施

应急宣传处要联合牵头业务处室和相关处室单位严格按照舆论引导方案要求，立足省厅网站和新媒体平台，商请省委宣传部、省委网信办协调省属媒体平台，发挥主阵地作用，积极引导舆论。应急宣传处根据舆论引导方案或视情组织网络评论员队伍开展引导工作。

（六）总结反馈

市场监管舆情应急处置工作结束后，或者相关风险因素消除后，终止应急响应。牵头业务处室应根据工作需要，联合相关处室单位，做好舆情应急处置情况上报工作。

六、应急保障

市场监管舆情应急处置工作要与省厅其他各项应急工作做好衔接，统筹推进。应结合舆情工作实际，有计划开展应急演练，不断修订和完善应急预案。

应急宣传处会同相关业务处室单位视情适时开展舆情案例分析，对重大舆情起因、性质、回应、影响、责任及处置等的相关经验与教训进行总结。

应急宣传处要持续完善第三方舆情监测专业服务机制，着力加强技术支撑、资金保障，夯实舆情应急处置工作技术基础。

七、附则

（一）本预案由省厅应急宣传处负责解释。

（二）本预案自印发之日起实施。

资料来源：https://www.doc88.com/p-60459835284535.html。

4. 专家评审

1）评审原则

组织专家评审应急预案是预案发布前的重要程序。评审专家以专业视角审核预案可能存在的不足和问题，以便及时修订和完善，使其符合审批、发布和执行的要求。

专家评审应遵循以下原则：①合规性原则，评估预案是否符合相关大政方针、法律法规和规范性文件；②完整性原则，确保框架、要素和内容的完整；③针对性原则，是否匹配网络舆情应急处置流程，是否符合本单位、本地区的风险与资源评估结果；④易读性原则，语言表达是否逻辑清楚、层级明确，整体排版是否架构明确，格式正确；⑤衔接性原则，确保上、下级预案的关联性与衔接性、检查其是否存在断层和缺失。

2）评审类别

内部评审，指单位系统内部的审查与认定。编制小组在完成应急预案初稿后，应充分征集各部门意见，集中进行修改和完善。

外部评审，指由外部舆情机构或专家展开的评审。内部评审结束后，相关部门可以邀请外部专家开展应急预案的外部评审工作。

3）评审项目

评审应急预案的过程、要素与形式。过程评审主要检查编制单位是否建立完善的预案编制工作机构、是否有充足的编制资源准备、是否按照编制程序推进编制工作；要素评审主要评估预案级别、基本要素的设置是否能满足实际工作需要；形式评审考察预案框架、层次结构、文本内容与文本格式的合规性，确保其符合公文发布的制式要求。

4）组织评审工作

一是邀请专家组成员。包括在新闻传播、社会管理、信息技术等方面从事教研工作的专家及专业人员；对相关领域法律法规及相关业务具有深入研究的专家及专业人员等。

二是召开网络舆情应急预案专家评审会。主要流程包括听取汇报、资料查阅、现场咨询、意见交换、专家会商与提出建议。

5. 审批发布

经过内部评审与专家评审，编制小组进一步修订完善网络舆情应急预案，形成网络舆情应急预案（送审稿）。随后，编制小组展开发布工作，具体流程如下。

（1）完成签发工作。编制小组提前组织应急预案会签工作。各部门领导或相关负责人实行签发手续，确保公文的效用，切忌越级签发。

（2）初步审核。审批机关按照公文流转与办理程序提出拟办意见。主要审核网络舆情应急预案内容的规范性、正确表达与文本范式，再向主管领导提出意见。

（3）再次审核。依据公文审批程序、领导批示内容展开复审工作，对预案的公文内容进行再次审核。

（4）审批印发。经过初审与复审后，依据公文审批程序进入发布环节，最终印发网络舆情应急预案。

8.3 网络舆情应急预案管理

8.3.1 应急预案管理概述

1. 管理内容

应急预案管理指使用单位为提升预案的针对性、科学性与有效性，依照相关法律与文件要求，运用文本管理、预测分析、实战检测等方法，围绕预案编制、预案评估、应急演练和预案修订等开展动态管理活动的过程。管理内容具体包括以下几点。

（1）预案编制管理。要求相关部门对预案编制过程中的编制程序、组织机构、应急处置等内容进行管理与规范。

（2）预案培训与演练。定期展开应急预案的培训与演练，检验预案疏漏并及时改正与更新，使其不断完善。

（3）预案评估管理。要做好预案事后评估工作，通过实战经验与实际反馈，全面考察预案的实施效果，为预案修订提出建议。

（4）预案修订。遵循动态管理原则，根据社会环境、周围风险与相关政策的变动，以及实际应用效果不断修订与完善预案。

2. 管理方法

（1）数字化管理。预案数字化管理是预案管理的创新方法，遵循"以人为本、数字赋能、分级治理、平战结合"原则。在操作层面，一是系统分解，将预案框架拆解为基本要素、组织机构、资源储备、舆情响应、舆情预防等模块,各个模块之间既相互独立又相互联系;二是分层级管理,即将预案要素区分层级,如设施层(智慧网络、数据交换与共享系统、应急通信等)、数据层(舆情监测预警数据库、舆情事件库、人力资源库、专家信息库等)与实战层(信息发布管理、报告管理等);三是流程化管理,基于网络舆情事件的演变趋势,形成网络舆情处置数字流程图,将信息资源与应急处置流程相匹配;四是多要素聚合,除以上管理流程外,还可以增加专家系统、制度约束系统与安全保障系统等。

(2)动态化管理。根据实际情况,管理者修订、评审、更新与完善的过程。

预案动态管理是可持续发展的过程,符合"PDCA"动态循环理念,如图 8-4 所示。"PDCA"动态循环,又称戴明环,由美国质量管理家沃特·阿曼德·休哈特(Walter A. Shewhart)提出。"PDCA"动态循环包括 P(plan,计划)、D(do,行动)、C(check,检查)、A(action,处置)四个阶段,即"计划—行动—检查—处置"。预案的动态管理过程中,"PDCA"分别对应"预案编制—预案演练—预案评估—预案修订"。在各个阶段中,要求定期检查预案的责任主体、资源变动、技术变动、法律法规变动等基本情况。当完成一个预案动态管理的"PDCA"循环后,将进入下个循环中,不断地检验与提升预案成效。

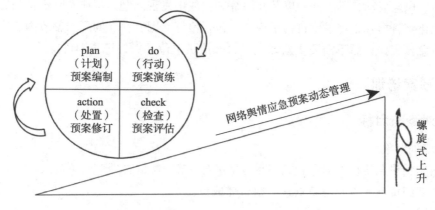

图 8-4 网络舆情应急预案动态管理模式图

8.3.2 预案维护与更新

1. 预案检查

相关部门应明确检查标准,制订检查计划,重点关注预案宣传教育、培训与演练、预案实施、经验总结等环节,以确保合规与有效。要求管理者提出具体的分析结论与整改意见,在后续的管理工作中稳步优化,逐步健全。

预案检查内容主要包括:①预案体系的完整性,包括应急机构、人员配置以及资源保障;②预案编制情况,包括编制小组建设、风险评估、应急能力评估、专家评审等方面的推进情况;③预案管理情况,检查预案宣教活动开展、培训与演练等情况;④预案实施情况,检查预案的操作情况、应用成果等。

2. 事后评估

1）操作评估

操作评估是指对预案文本内容与实际应用情况进行比较分析，评估相关部门在预案实施过程中的行为规范。评估内容具体为：①舆情监测能力，看其是否能准确监测到舆情风险并对事件的负面发展态势有正确的预判；②舆情处置能力，考察其是否能按照预案要求及时响应、采取应对措施；③工作统筹能力，相关部门舆情处置时是否责权清晰、部门间是否协调顺利等；④资源储备，即人力资源、资金与技术资源是否需要更新与调整等。

2）效果评估

效果评估主要是客观评价预案的实施效果，检查操作性与实用性。效果评估一般考察网络讨论话题是否得到实际解决、最终是否提出有效的解决方案、是否对涉事人员进行教育引导、媒体与网民对处置结果反响是否积极等。

3. 预案修订

应急预案检查与评估过程中发现相关法律法规、政策制度、标准规范、组织机构调整、人员调整、风险变动、资源变动以及在演练和实战中发现问题，都应及时修正与完善。要采取规范化修订模式，完成修订情况说明，包括修订原因、存在问题与整改内容等。一般而言，应急预案修订后不需要重新印发，告知成员单位并做好记录即可。

8.3.3 预案培训

1. 对象与目标

1）培训对象

网络舆情应急培训的对象包括各单位的领导干部、舆情管理部门负责人、新闻发言人、相关业务部门负责人以及应急处置小组全体成员。

2）培训目标

一是增强领导干部对网络舆情治理的重视程度，使其认识到网络舆情工作的极端重要性、复杂性、多变性和舆情处置不力可能带来的严峻后果。

二是提升各成员对本单位资源储备、人力配置、应急响应流程的熟悉程度，以便在舆情事件发生时可以临危不乱地细化落实舆情处置工作。

三是增强各成员的应急综合能力，包括线上处置能力、现场处置能力和媒体沟通能力等。另外，能够识别谣言，提升网络评论技能，掌握舆论主动权，巩固正面舆论阵地。

2. 培训内容

培训内容包括预案作用、职能分工、潜在风险、应急资源与应急能力的实际情况、应急程序、工作机制、奖惩机制等，要对预案的全部内容作细致解读。相关部门还可以组织网络舆情培训，例如，舆情传播渠道、传播阶段、传播特点、传播规律等。另外，要做好网络舆情法治教育，对相关法律法规和最新出台的政策文件进行详细解读。

3. 培训方法

相关部门应开展各种各样的预案宣传教育活动，包括印制预案知识绘本、举行专题讲座、举办内部培训班等。预案培训应结合大量的舆情处置实例，借助视频、动画、幻灯片等多媒体工具，提升培训的可视化与趣味性。相关部门要不断丰富培训方式和培训内容，充分调动培训者的积极性，提升舆情应急处置技能技巧，增强培训效果。

8.4 网络舆情应急预案演练

8.4.1 应急预案演练概述

1. 定义与目标

网络舆情应急预案演练是指为了应对可能发生的突发事件或紧急情况，有计划、有组织地按照一定程序开展处置、响应等演习及训练活动。定期的舆情演练可以实现检验预案操作性、明确职责与分工、增强沟通能力、实现宣传教育等多元目标。

2. 演练原则

（1）高度重视。应急小组领导应充分重视舆情演练，基于应急预案，结合当前实际与重大风险有序进行。

（2）精心组织。由舆情管理部门牵头，要统一部署、精心组织，合理安排演练的每一个环节，明确重点要素与细节要求。在演练过程中，应增加不确定因素，提高演练难度，减少过度"表演"，避免形式主义与经验主义。

（3）节能高效。应合理统筹、策划应急演练的整体过程，有效利用现存资源。

（4）定期开展。相关部门通过组织开展定期演练，反复训练，建立起"问题清单"，依照规定完善与修订网络舆情应急预案的相关内容。

3. 演练类型

基于演练的组织形式，可以分为桌面演练和实战演练；基于演练的内容，可以分为单项演练与综合演练。

1）桌面演练与实战演练

桌面演练是一种建设性讨论型的演练活动。桌面演练一般在室内进行，参演人员基于模拟事件场景，利用地图、流程图、工艺图、视频会议等手段，讨论应急处置程序与其他问题。其优势在于演练过程操作简单、压力较小，可以加深角色成员对自身职责的了解，为实战演练做好准备工作；弊端在于缺乏真实感、演练过程不深入、操作不具体等。

实战演练是对各项响应程序的真实模拟。实战演练一般在应急指挥中心和事件现场开展，最大限度模拟真实舆情事件发生情况。演练内容包括测试和评估应急预案的大部分应急职能，需协调几个机构或组织之间的工作。实战演练可以全面评估预案操作性，精确了解资源和人员能力现状，但实施成本较高，要做好时间规划、人员配置与资源准备。

2）单项演练与综合演练

单项演练又称功能性演练，是针对某项应急响应功能或其中某些应急响应行动举行的演练活动，主要检验应急部门的策划和响应能力。功能演练规模要大于桌面演练，需动员更多的应急人员和机构配合。模拟人员通过手机、计算机、地图等传递事先编制好的事件进展信息，推动受练人员作出决策，按照真实事件发展开展应急处置行动。演练场所通常为应急指挥中心，开展有限的现场活动，调用有限的外部资源。

综合演练又称全方位演练，一般涉及应急预案中全部或大部分应急响应功能。综合演练项目包括应急预警、应急响应、应急处置、事后总结等多个环节。演练过程要求尽量真实，持续时间较长，要求尽可能在人员配备、部门联动和资源调配上接近真实场景。综合演练较为全面，容易发现问题，要做好演练评估，提交正式的书面报告。

8.4.2 应急演练准备

1. 组织机构

要设置应急演练领导小组，统一领导、指挥与决策演练中的全部环节。组长一般由预案编制领导机构负责人担任，负责人一般由业务分管负责人担任。在演练实施过程中，组长与副组长分别担任总指挥与副总指挥。领导小组还应下设演练设计组、后勤保障组与演练评估组等职能机构。

（1）演练设计组。主要负责应急演练策划。设计组下设编制组，负责演练策划与总结报告等相关文书的撰写；联系组，负责演练过程中各个参与部门与管理部门之间的沟通与协调；宣教组，负责演练宣传工作。

（2）后勤保障组。保障应急演练过程中所需的各类资源，包括准备演练场地、演练资金、演练道具、维护现场秩序等。

（3）演练评估组。要求按照标准评价应急演练的整体过程。评估组根据应急演练的实际开展情况、人员参与情况、资源使用情况等进行评价与打分，提出存在的问题，形成评估报告。演练评估组可以由网络舆情应急专家担任，也可委托第三方机构承担。

2. 参演人员

参演人员主要包括应急演练领导成员、控制人员、模拟人员、演出人员、评估人员、保障人员与观摩人员。各类人员在应急演练开展过程中的具体职责如下。

（1）领导成员。演练总策划与总指挥，一般由单位上级领导或应急演练领导小组组长担任，协调领导演练整体工作的开展。

（2）控制人员。根据演练现场的推进情况，发布控制信息，引导应急演练的推进。

（3）模拟人员。在演练过程中扮演某些应急组织或模拟紧急事件发生、发展的人员。

（4）演练人员。在演练过程中承担具体任务的"受练人员"。

（5）评估人员。观察和记录应急演练的全部过程，对结果与效果进行评价的人员。

（6）保障人员。管理应急演练资源、设备和用品的后勤保障人员。

（7）观摩人员。观摩应急演练整体过程的观众成员。

3. 演练设计

应急演练整体设计流程包括进行需求评估、确定演练目的、制定演练目标、明确参演要素、确定演练范围、设计演练情景、确定评估标准、制订演练计划、编写演练文件等环节，如图 8-5 所示。

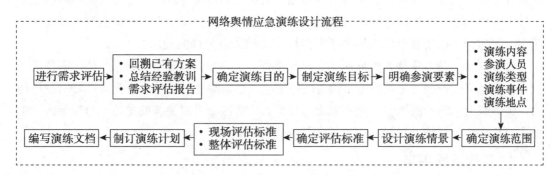

图 8-5　网络舆情应急演练设计流程

（1）进行需求评估。演练需求评估的程序包括回溯已有方案、总结先前演练经验等。要确定演练面临的风险、待解决的问题、应急职能、薄弱环节、资源储备、人员构成、演练类型等，最终形成需求评估报告。

（2）确定演练目的。解释网络舆情应急演练的组织原因。

（3）制定演练目标。在演练设计、演练实施、演练评估与演练总结等环节，都应该有指向性目标，最终形成演练总目标。

（4）明确参演要素。如演练内容、参演人员、演练类型、演练时间、演练地点等。

（5）确定演练范围。根据现实条件确定演练范围，参考演练需求、演练经费、演练时间和演练参与人数等。

（6）设计演练情景。模拟真实发生的场景，叙述完整的舆情事件。在演练事件的编写中，应注意列出期望演练人员采取的行动。

（7）确定评估标准。设计演练的现场评估标准与整体评估标准。组织专家对演练实施的整体环节进行点评，客观反映演练的整体成果。

（8）制订演练计划。做好人员准备、资源准备、技术准备、场地准备、资金准备等相关准备后，确定演练实施的日程安排。

（9）编写演练文档。①演练方案，涵盖演练要素、演练进程与计划等；②控制手册，涵盖详细的故事脚本、人员信息与资源保障内容；③评估方案，明确评估环节、评估标准等；④演练方案，提供给演练的实际参与者，包括演练流程、任务要求等重要信息。

8.4.3　应急演练实施与总结

1. 桌面演练实施

（1）场地选择。根据桌面演练的拟参与人数与使用工具的大小选择合适的会议室，桌面摆放方式可以是独立小组讨论模式，也可以为圆桌讨论模式。

（2）演练材料。网络舆情应急预案、演练文档、地图及其他技术与文字材料。

（3）问题讨论。主要流程为提出问题、讨论问题并得出解决方案。具体而言，首先由主持人宣读演练故事背景，输入演练重点信息，提出问题，推动讨论的进行。在提问环节，主持人可以提出针对所有参演者的共性问题，引导集体讨论与发言；也可以向不同职能小组提出专项问题，开展针对性研讨。主持人逐步输入事件信息，再由全体参演人员集体讨论与分组讨论，决定在事件发展的不同阶段，应该采取怎样的响应行动。

（4）演练主持。主持人主导演练和讨论进程。主要职责包括演练背景介绍、事件进展叙述、演练进度控制、引导演练讨论与问题解决。桌面演练的主持人应具备良好的控场能力、沟通能力、熟悉演练参与人员职能与分工。注意区分桌面演练的主持人与领导人，主持人只负责引导讨论，对讨论内容的争议不具有评判权。

2. 实战演练实施

（1）场景选择。实战演练场所根据训练项目、事件类型与训练规模决定。主场所可设置在网络舆情应急指挥中心，为参演者提供响应与决策平台，随后再根据演练事件的情景演绎搭建或寻找不同的实地场所。

（2）背景输入。实战演练基于应急预案要求展开，由总指挥控制舆情演练进度。参演人员依序模拟响应行动，完成演练任务，实现演练目标。演练总指挥宣布开始后，解说员进行事件的背景内容输入，控制人员与模拟人员在搭建好的情境中演绎设定好的舆情事件，等待演练成员的响应与行动。

（3）演练行动。由控制人员提前输入舆情事件的发展过程，或者通过演练场所与演练指挥中心互动推动。场景选择应具备真实性，道具和材料要切合实际情况，模拟人员要真实地演绎。要注重媒体角色的安排，加强互动。

（4）演练终止。演练应提前设置好终止程序，当完成所有项目后，由总指挥宣布演练结束，随后开展演练总结与现场点评。专家点评演练总体情况、主要措施、演练成效、存在的问题等。上级领导进行总结发言，总结演练成果，提出下一步工作安排。

（5）演练记录。演练记录工作由领导小组安排专人负责，通过文字、图片和视频的方式记录演练的全过程。照片和视频的拍摄要求采取不同的角度在多个场所进行。

（6）演练的宣传报道。宣传组在演练开始前做好预告宣传工作；在结束后联系媒体、撰写新闻通稿，做好演练成果报道，强化宣传效果。

3. 演练总结

1）应急演练评估

演练结束后应组织开展演练评估。演练评估是在结合演练资料与记录的基础上，对照设定的目标，对成员的表现与演练整体效果进行客观评价的过程。演练评估有利于综合考察应急演练是否实现既定目标，检验应急预案的可操作性与演练培训效果。演练评估人员一般为相关领域的专家，如相关领域高校科研院所专家、上级领导等；演练评估也可委托第三方机构的专业评估人员进行。在正式演练评估前,应进行评估培训,熟悉评估目标、评估要求、评估程序等,使得评估结果具备针对性、全面性与客观性。

应急演练评估工作重点在于观察、记录与评价。应设计评估打分表,按照预先设定的标准考核演练行动,客观公平地反映演练成果。评估报告内容一般包括演练实施各阶段的情况汇总、演练目标的实现情况、应急预案的检验成果、应急小组的指挥与协调能力、演练人员的应急处置能力、演练资源的使用情况、应急预案的改进建议等。

2)应急演练总结

应急演练总结也是整个演练工作的复盘过程,一般分为现场点评与事后总结。现场点评一般在演练结束后立刻进行,由演练总指挥主持,总指挥、上级领导及评估专家分别对演练成果进行点评发言,总结演练目标实现情况、存在的问题和建议对策。事后总结是指在演练完成后一周至一个月内,相关部门组织举行专项复盘总结会。在专项复盘总结会上,要充分讨论总结报告中所提出的问题。应急演练领导小组应指派专员跟进网络舆情应急预案的后续整改和落实。

×省市场监管局网络舆情应急演练实施方案

一、演练目的

此舆情应急演练活动为切实加强省局日常工作中舆情突发事件处理与信息发布工作,帮助相关工作人员熟悉省局舆情应急预案工作步骤及流程,提升应对媒体的技巧和能力,最大限度地避免、缩小和消除因舆情突发事件造成的各种负面影响,掌握引导舆情的主动权,及时、有效地处理民众的意见和建议,营造和谐稳定的舆论环境。

二、演练地点

二楼大型会议室

三、演练时间

×年×月×日

四、组织领导

1.演练总指挥:××

2.现场主持人:××

3.参演单位和人员:食品安全总监×;应急管理与新闻宣传处全体,食品协调处、食品生产处、食品经营处、法规处相关负责同志,受邀舆情专家、媒体记者。

五、演练项目

1.监测预警;2.分析研判;3.舆情处置;4.新闻发布;5.舆情总结。

六、演练过程

(主席台上摆放新闻发布会及日常会议桌椅两套,主持人讲台一个)

【总指挥】宣布演练开始,各小组人员就位。

主持人:请各小组人员就位。请舆情监测小组入场。

字幕（第一幕：监测预警）

主持人：舆情监测是对网络及社交媒体上公众的言论和观点进行监测的行为，是舆情联动应急机制的首要环节。在监测环节，有关人员和系统对网络舆情的内容、走向、价值观等方面进行密切关注，将最新情况及时反映到有关部门。省局舆情监测采取专业舆情监测软件和人工筛选相结合的模式，以实现全网覆盖、实时预警、多元分析、事件追踪等目的。省局的舆情监测工作小组正在紧张工作中。

（应急管理与新闻宣传处舆情监测人员2人上台，在会议桌演练）

【监测成员A】发现一条舆情预警信息！微博平台有网友发帖子称自己的孩子早间在×市实验小学食堂就餐后，出现头晕、腹泻、呕吐症状，另外和其他家长沟通后得知班上有很多同学都不同程度出现腹痛、腹泻等疑似食物中毒症状。

【监测成员B】我们立即将相关舆情报告省局网络舆情处置领导小组办公室。

拿起电话：喂，您好，现在向省局网络舆情处置领导小组办公室报告一条舆情信息，在监测舆情时我们发现了一条"×市实验小学多名学生就餐后出现了疑似食物中毒的症状"网络舆情信息，相关预警信息、舆情概要及网络链接马上通过微信推送给你们，请关注。

字幕（第二幕：分析研判）

（应急管理与新闻宣传处3人上台，在会议桌演练）

【（画外音）随着舆情热度的不断发酵，网民热议，微博热度排名不断攀升，省局网络舆情处置领导小组办公室收到舆情预警后，立即召开紧急会议，对舆情进行分析和研判，对正在形成以及有可能产生更大范围影响的舆论进行筛选，为接下来可能发生的舆情爆发做好各种应对准备。】

【监测成员A】现在有一个紧急网络舆情事件：×市实验小学部分学生在学校食堂就餐后出现了疑似食物中毒的症状，根据监测情况看，微博上举报帖子的点赞数和评论数增加很快，要求学校、市场监管部门给一个说法的呼声也在不断升高，舆情热度持续上升。

【监测成员B】通过媒体群了解到，省内外多数媒体都注意到此条舆情，已有不少媒体开始着手深入了解、准备报道相关消息。多家省内及省外媒体网络平台上已经转发了相关信息，很多媒体也给我们打电话，要求对此事件进行采访。

【应急管理与新闻宣传处处长】按照《省局网络舆情应急预案》规定，此舆情暂定为重大舆情，立即报告省局网络舆情处置领导小组相关局领导。同时，马上将舆情通过微信工作群转发给省局相关处室和×市市局，尽快展开线下调查处置。舆情监测组持续监测舆情发展情况，每两小时以舆情快报的形式报告舆情态势。

【监测成员AB】是。

字幕（第三幕：舆情处置）

（食品相关处室、应急管理与新闻宣传处共4人上台，在会议桌演练）

主持人：省局相关处室和×市市局收到转办舆情后立即启动食品安全应急预案，对事件进行分析研判，并成立工作组开展调查，对事件进行了及时处置。但在网络舆情监测中却发现一些新情况，将舆论引至省局，质疑市级市场监管部门调查处置工作，省局成立舆情处置工作组，让我们一起来看看。

【食品经营处处长】介绍调查与处置情况。

【监测成员A】舆情事件已经调查清楚，线下处置也基本完毕，但我们网络舆情监测中发现有媒体平台出现×市实验小学"硫磺鸡腿""脏乱后厨"的照片，引发网民对学校食堂卫生安全的质疑，甚至有网民质疑×市更大范围整体校园食品安全情况。

【监测成员B】此外，也有网民称×市实验小学食堂长期存在食品安全问题，并称有孩子长期拉肚子，家长卧底打工了解情况，所拍卫生问题照片都是真相。一些题为"×市实验小学召开家长会，参会家长都是托""假家长开通报会，真家长被挡门外"的消息在微博、朋友圈等大量传播，暗指学校和×市市局回应是骗局，要求省局介入调查。

【组长】现阶段，舆情愈演愈烈，社会对我们监管部门的工作产生了一定的怀疑，为了让人民对我们食品安全监管工作有信心，我们务必尽快查清事实，及时回应，引导舆论。请经营处牵头生产处、协调处尽快调查事件原因，法规处确定虚假、谣言消息可能触犯的法律，拟定相关处置意见，应急管理与新闻宣传处尽快收集整理网络上相关虚假、谣言信息，做一期《舆情专报》，一并报告省局网络舆情处置领导小组相关局领导。

字幕（第四幕：新闻发布）

（食品相关处室、应急管理与新闻宣传处共4人上台，在新闻发布桌就座）

主持人：针对目前社交媒体平台、朋友圈、微信群等谣言四起的情况，省局网络舆情处置领导小组经研究决定，召开"×市实验小学集体食物中毒事件"的新闻发布会，公布事件调查处置情况、处罚结果，以澄清事实真相，引导视听，把握舆论导向。下面就让我们一起进入新闻发布会现场。

【发布会主持】（应急管理与新闻宣传处处长）各位新闻界的朋友们，大家好！感谢出席省局举行的"×市实验小学集体食物中毒事件新闻发布会"。参加今天新闻发布会的有：省局食品协调处处长×××、食品生产处处长×××、食品经营处处长×××和应急管理与新闻宣传处处长×××。应邀出席的还有省内外媒体的朋友们，再次感谢你们！

今天的新闻发布会主要是向大家通报本次事件的进展。下面由我通报事件情况……

【发布会主持】下面请媒体提问。

由现场媒体记者就感兴趣方面进行提问，各处室相关负责同志回答记者提问。

（请参会的专家、媒体自行设置问题，请各处室处长提前做好问答口径准备）

【发布会主持】今天的新闻发布会就开到这里，再次感谢大家。

主持人：×市实验小学集体食物中毒事件经过迅速处置，相关责任人受到应有处罚，尤其是召开新闻发布会后，舆情热度持续降低，整体态势趋于平稳。省局召开舆情总结分析会，总结经验，部署下一步工作任务。

主持人：今天的演练所有环节全部完成，下面有请现场专家对演练活动进行点评。

字幕（第五幕：专家点评与演练总结）

召开演练总结大会。网络舆情应急演练总指挥、上级领导及评估专家分别对网络舆情应急演练的成果进行点评，总结网络舆情应急演练目标实现情况、存在问题和建议对策。要求演练人员按时提交相关文字材料。

【专家构成】

1. 省委网信办相关负责人（1人）：主管网络舆情。

2. 行业媒体记者代表（1人）：要求熟悉新闻宣传与舆情发展规律、具有丰富实践经验，对其有充分了解。

3. 高校网络舆情智库专家（1人）：要求在网络舆情专业领域具有较高学术造诣且工作经验丰富，包括从事网络舆情教学、科研与应用等工作的专家及专业人员等。

4. 微博大V（1人）：要求具有一定影响力，且能够对舆情走势产生作用。

5. 省局相关部门负责人（2人）：食品部门负责人及新闻宣传部门负责人。

【点评内容】

1. 小组材料提交点评：专家根据提交材料的准时性、完整性和材料质量进行点评。

2. 小组演练表现点评：专家根据演练实施各个阶段的实际表现对小组的演练表现进行点评。专家重点考察小组网络舆情应急演练目标的实现情况、演练成员的监测预警能力、分析研判能力、舆情处置能力与新闻发布能力。

3. 小组汇报点评：小组成员作演练总结汇报，专家对其汇报内容进行点评。小组整体汇报，内容包括各小组在演练各个阶段的行动总结、演练成果与经验教训，小组成员代表基于自身角色发表心得体会。专家根据小组的演练总结汇报情况进行点评。

4. 综合点评：专家结合小组总体表现，对演练整体情况进行综合性点评。

主持人：今天演练的所有环节已全部完成，下面有请总指挥讲话并宣布演练结束。

【总指挥】宣布演练结束。

七、演练要求

1. 演练活动准备

演练活动前期策划；准备好演练台本；演练支撑辅助系统；确定演练小组名单和分工；演练小组培训；演练现场布置、配套照片、背景制作；相应发布文稿、现场预演彩排；人员邀请与接待等。

2. 演练现场执行

活动流程全程控制节奏；保障小组动员；风险控制；会议记录。

八、工作原则

（一）准确把握、快速反应。舆情事件发生后，力争第一时间发布准确、权威信息，稳定公众情绪，最大限度避免或减少公众猜测的不准确报道，掌握舆论主动权。

（二）加强引导、注重效果。提高正确引导舆论的意识和工作水平，使突发事件的舆情发布有利于工作大局，有利于维护人民群众的切身利益，有利于社会稳定和人心安定，有利于事件的妥善处置。

（三）讲究方法、提高效能。坚持舆情突发事件处置与宣传同步启动、同时落实，积极引导和应用好媒体，处置舆情突发事件的各部门密切配合舆情发布工作，确保以最短的时间、最快的速度，发布最新消息，正确引导舆论。

（四）严格制度、明确职责。完善工作信息报送制度，加强组织协调，健全制度，明确责任，严明纪律。

思考题

1. 请概述网络舆情应急预案编制的整体流程。
2. 网络舆情应急预案的管理方法具体有哪些？分别有什么特点？
3. 一场成功的网络舆情应急演练需要具备哪些要素？

即测即练

第 9 章 网络舆情管理体系

网络舆情作为网民在网络空间表达的态度、观点等,因网民群体的多元性与复杂性而催生了网络舆情的多元性和复杂性。当前,网络空间中存在着虚假的、错误的舆情信息,也存在着极端的、偏激的舆情信息,因而需要对网络舆情进行有效的管理,减少甚至消除虚假、错误、极端、偏激网络舆情的生产和传播。随着网络舆情日益增多,网络舆情社会影响力日益增强,国家注重网络舆情管理,逐步明确了网络舆情管理主体,不断完善了网络舆情管理法律法规,并在此基础上形成了多元主体共同开展网络舆情治理的工作格局。

9.1 网络舆情的管理目标

网络舆情管理是一种具有明确目标的管理活动,各级政府通过网络舆情管理活动,促进良性网络舆情生态的形成,逐步减少极端、错误的舆情,加速消除虚假的、捏造的舆情。

9.1.1 构建理性平和的网络舆情生态

网民作为一个复合型群体,来自不同的群体、阶层,有不同的经历、诉求、态度、观点等,因此,网络舆情具有多元性、多样性。然而,在网络舆情演变、发展过程中,少数网民的不当行为会导致网络舆情生态出现失衡。因此,通过网络舆情管理行动,力求多元、多样的舆情得到呈现,倡导和促进多元、多样舆情的正常交流、交锋,倡导和促进理性、温和、辩证的舆情,减少极端的舆情。

9.1.2 促进正能量网络传播

网络舆情管理的另一个目标是促进正面的、积极的、健康向上的舆情得到更广泛的呈现,即有越来越多的网民、越来越多的载体参与到正向舆情的生产和传播中,让正能量舆情得以传播、放大。通过反映正能量网络舆情的传播,引导大多数网民形成辩证的、温和的、积极的以及健康的观点和态度。

9.1.3 减少极端的、错误的观点和主张

在网络舆情产生和发展过程中,一些网民会生产和传播极端的、错误的观点和主张,这些错误的观点和主张如果不加以管控,会误导网民的观点和态度,甚至让一些网民作出不当行为。因此,通过管控行动,包括删帖、封号、禁言等措施,减少甚至避免极端的、错误观点和主张的传播,消除极端的、错误的舆情带来的负面影响。

9.1.4 消除各种类型的虚假舆情

从网络舆情内容来看,除了极端的、错误的舆情外,网络上还存在一些虚假的、捏造的舆情,包括一些造谣者恶意制造的网络谣言,一些拼凑的网络流言,以及一些网民为了扩大个人影响力或增加吸引力而刻意制造的虚假转发量、粉丝数等。网络上存在的虚假舆情会影响网民形成正确的认知和观点。因此,网络舆情管理的一个重要目标是消除各类虚假舆情。通过提供证据、追查真相等方式让虚假舆情无生存空间。

9.2 网络舆情的管理主体

9.2.1 网络舆情管理的领导机构和主管部门

1. 网络舆情管理的领导机构

网络舆情管理的领导机构为中央网络安全和信息化领导小组。为解决网络管理体制存在的多头管理、职能交叉、权责不一、效率不高等问题,进一步加强网络安全和信息化工作领导机构建设,2014 年 2 月 27 日,中央网络安全和信息化领导小组召开第一次会议,会议审议通过了《中央网络安全和信息化领导小组工作规则》《中央网络安全和信息化领导小组办公室工作细则》《中央网络安全和信息化领导小组 2014 年重点工作》等。此次会议宣告中央网络安全和信息化领导小组成立。中央网络安全和信息化领导小组是中国共产党第十八届中央委员会第三次全体会议后继中央深化改革领导小组和中央国家安全委员会成立后的第三个由习近平总书记直接担任组长的重要机构。中央网络安全和信息化领导小组办公室是中央网络安全和信息化领导小组的办事机构,由国家互联网信息办公室承担具体职责。

此后,为加强党中央对网络安全和信息化工作的集中统一领导,强化决策和统筹协调职责,2018 年中共中央印发的《深化党和国家机构改革方案》明确,中央网络安全和信息化领导小组改为中央网络安全和信息化委员会。中央网络安全和信息化委员会的办事机构为中央网络安全和信息化委员会办公室。

2. 网络舆情管理的主管部门

网络舆情管理的主管部门为中央网络安全和信息化委员会办公室(国家互联网信息办公室)。为加强互联网信息内容管理等互联网治理工作,2011 年 5 月,国务院办公厅发出通知,设立国家互联网信息办公室。国家互联网信息办公室不另设新的机构,在国务院新闻办公室加挂国家互联网信息办公室牌子。国家互联网信息办公室的设立,宣告了我国互联网信息管理领域专门管理部门的成立,结束了我国互联网管理领域长期存在的多部门多头管理现象。为明确国家互联网信息办公室的权力与职责,2014 年 8 月,国务院发布《国务院关于授权国家互联网信息办公室负责互联网信息内容管理工作的通知》(国发〔2014〕33 号),授权重新组建的国家互联网信息办公室负责全国互联网信息内容管理工作,并负责监督管理执法。

2015 年 7 月,中国共产党中央委员会机构编制委员会办公室公布《中央编办关于工业和信息化部有关职责和机构调整的通知》,明确将工业和信息化部的信息化推进、网络信息安全协调等职责划给中央网络安全和信息化领导小组办公室(国家互联网信息办公室)。2018年3月,国务院发布《国务院关于机构设置的通知》(国发〔2018〕6号),明确国家互联网信息办公室与中央网络安全和信息化委员会办公室,一个机构两块牌子,列入中共中央直属机构序列。

9.2.2 网络舆情管理的相关职能部门

从网络舆情管理涉及的领域、内容以及相关职能部门的职能定位来看,网络舆情管理涉及的职能部门包括国务院新闻办公室、工业和信息化部、文化和旅游部、国家新闻出版署、国家广播电视总局、国家市场监督管理总局、公安部、国家安全部等。

1. 国务院新闻办公室

2011年国家互联网信息办公室设立时在国务院新闻办公室加挂牌子,国务院新闻办公室主任兼任国家互联网信息办公室主任。同时,国务院新闻办公室、工业和信息化部、公安部各明确1名副主任或副部长兼任国家互联网信息办公室副主任。国务院新闻办公室组建于1991年1月,与网络舆情管理有关的职责包括制定互联网新闻事业发展规划,指导协调互联网新闻报道工作,研究世界主要媒体及中国香港、澳门、台湾舆情等。

2. 工业和信息化部

2008年3月,根据国务院机构改革方案和《国务院关于机构设置的通知》(国发〔2008〕11号),设立工业和信息化部,为国务院组成部门。2008年7月,国务院办公厅印发的《工业和信息化部主要职责内设机构和人员编制规定》指出,将原信息产业部、原国务院信息化工作办公室的职责划给工业和信息化部,要求工业和信息化部统筹推进国家信息化工作,依法监督管理电信与信息服务市场,承担通信网络安全及相关信息安全管理的责任,协调处理网络与信息安全的重大事件。工业和信息化部与网络舆情管理有关的机构包括通信发展司、电信管理局、通信保障局、信息化推进司、信息安全协调司等。2015年7月,中央编办《中央编办关于工业和信息化部有关职责和机构调整的通知》指出将信息化推进、网络信息安全协调等职责划给中央网络安全和信息化领导小组办公室(国家互联网信息办公室),将电信管理局更名为信息通信管理局,通信保障局更名为网络安全管理局,通信发展司更名为信息通信发展司。2018年3月,中共中央印发的《深化党和国家机构改革方案》提出,为维护国家网络空间安全和利益,将国家计算机网络与信息安全管理中心由工业和信息化部管理调整为由中央网络安全和信息化委员会办公室管理。虽然工业和信息化部与网络信息通信有关的职责多次调整,但其仍然承担一定的网络信息通信方面的职责,仍然是网络舆情管理的重要主体。

3. 文化和旅游部

2018年3月,中共中央印发的《深化党和国家机构改革方案》提出,将文化部、国家旅游局的职责整合,组建文化和旅游部,作为国务院组成部门。明确文化和旅游部承担统筹规划文化事业、文化产业、旅游业发展,推进文化和旅游行业信息化、标准化建设,对文化和旅游市场经营进行行业监管，指导全国文化市场综合执法等职责。文化和旅游部与网络舆情管理有关的职责包括网络文化建设和管理，网络文化市场监管等。

4. 国家新闻出版署

1987年，国务院发布《国务院关于成立新闻出版署的通知》（国发〔1987〕3号），决定成立新闻出版署，为国务院直属机构，新闻出版署保留国家版权局，保持一个机构、两块牌子。2001年，新闻出版署（国家版权局）改称新闻出版总署（国家版权局）。2008年，根据《国务院办公厅关于印发国家新闻出版总署（国家版权局）主要职责内设机构和人员编制规定的通知》（国办发〔2008〕90号），明确新闻出版总署负责对新闻出版单位进行行业监管，实施准入和退出管理，负责对互联网出版活动和开办手机书刊、手机文学业务进行审批和监管，负责全国新闻单位记者证的监制管理等职责。2013年发布的《国务院机构改革和职能转变方案》指出，将国家新闻出版总署、国家广播电影电视总局的职责整合，组建国家新闻出版广电总局。2018年发布的《深化党和国家机构改革方案》，将国家新闻出版广电总局的新闻出版管理职责划入中央宣传部。中央宣传部对外加挂国家新闻出版署（国家版权局）牌子。国家新闻出版署承担着新闻出版管理职责，对新闻出版单位、新闻单位记者编辑等进行监管，在网络舆情管理方面发挥着重要作用。

5. 国家广播电视总局

1998年3月，《国务院机构改革方案》明确将原广播电影电视部的信息和网络管理的职能划出，改组为国家广播电影电视总局，列入国务院直属机构序列。2013年，《国务院机构改革和职能转变方案》明确，将国家新闻出版总署、国家广播电影电视总局的职责整合，组建国家新闻出版广播电影电视总局。2018年，《深化党和国家机构改革方案》明确，在国家新闻出版广电总局广播电视管理职责的基础上组建国家广播电视总局，作为国务院直属机构。国家广播电视总局承担监督管理、审查广播电视与网络视听节目内容和质量等职责。国家广播电视总局与网络舆情管理有关的职能主要是网络视听节目服务管理，包括拟定网络视听节目服务管理的政策措施，会同有关部门对网络视听节目服务机构进行管理，监督管理和审查广播电视节目、网络视听节目的内容和质量等。国家广播电视总局设立网络视听节目管理司。

6. 国家市场监督管理总局

2018年《深化党和国家机构改革方案》明确，将国家工商行政管理总局、国家质量监督检验检疫总局、国家食品药品监督管理总局等部门的职责整合，组建国家市场监督管理总局，作为国务院直属机构。根据《国家市场监督管理总局职能配置、内设机构和人员编制规定》，国家市场监督管理总局与网络舆情管理有关的职责包括依法监督管理网络商品交易及有关服务的行为，负责市场监督管理科技和信息化建设、新闻宣传等。内设网络交易监督管理司、新闻宣传司等与网络舆情管理有关的机构，具体承担拟订实施网络商品交易及有关服务监督管理的制度措施，组织指导协调网络市场行政执法，组织指导网络交易平台和网络经营主体规范管理，组织实施网络市场监测，组织市场监督管理舆情监测、分析和协调处置等具体工作。

7. 公安部

公安部根据 1949 年 9 月中国人民政治协商会议第一届全体会议通过的《中华人民共和国中央人民政府组织法》第十八条的规定，于 1949 年 10 月设立。1954 年 9 月，第一届全国人民代表大会第一次会议通过了《中华人民共和国宪法》和《中华人民共和国国务院组织法》，成立中华人民共和国国务院。国务院按照《国务院组织法》的规定，将原中央人民政府公安部改为中华人民共和国公安部，成为国务院组成部门。公安部设有网络安全保卫局，负责全国互联网安全监督管理，维护互联网公共秩序和公共安全，防范和惩治网络违法犯罪活动。公安部网站设有全国互联网安全管理服务平台、网络违法犯罪举报网站等。

8. 国家安全部

国家安全部是国务院主管国家安全的组成部门，1983 年 7 月由中共中央原调查部、公安部政治保卫局以及中共中央统战部的部分单位、国防科工委的部分单位合并而成。国家安全部承担维护政治安全、海外安全保卫等职能，依照《中华人民共和国国家安全法》《中华人民共和国反间谍法》《中华人民共和国国家情报法》和《中华人民共和国人民警察法》等法律法规行使权力、履行职责。2018 年 4 月，国家安全部开通互联网举报受理平台网站。国家安全部监督管理与国家安全有关的网络舆情，包括网络反恐、跨境网络违法活动等。

9.2.3 承担网络舆情管理职责的互联网行业组织

在网络舆情管理中，行业组织或行业协会在管理中发挥着重要作用。国家和网络管理相关部门鼓励和支持行业组织发挥作用，各类法律、法规和规范性文件也对发挥行业组织或协会作用进行了规定。例如，《中华人民共和国网络安全法》第十一条规定，网络相关行业组织按照章程，加强行业自律，制定网络安全行为规范，指导会员加强网络安全保护，提高网络安全保护水平，促进行业健康发展。而有关网络舆情管理的部门规章和规范性文件则对行业组织或协会的作用进行了更为具体的规定。其中，《网络信息内容生态治理规定》第五章专门围绕网络行业组织进行规定。法律法规赋予行业组织或协会的管理职能包括发挥行业组织服务指导和桥梁纽带作用，建立健全行业自律制度、自律公约以及行业标准、行业准则，指导会员单位或组织健全服务规范，推动行业信用评价体系建设，建立行业评价奖惩机制，加大对会员单位或组织的激励惩戒力度，促进行业依法依规规范发展。

在诸多形态的网络行业组织中，中国网络社会组织联合会（以下简称"中网联"）是最为重要的行业组织，于 2018 年 5 月在北京成立。"中网联"是由我国网络安全和信息化领域的社会组织，是相关机构等自愿结成的全国性、联合性、枢纽型非营利性社会组织，具有社会团体法人资格。

除"中网联"外，国家层面与网络舆情管理有关的行业组织包括中国互联网发展基金会、中国网络空间安全协会、中国互联网协会、中国网络视听节目服务协会、中国互联网上网服务行业协会、中国青少年新媒体协会、中国互联网金融协会、中国信息协会等。此外，各省、自治区、直辖市等还建有互联网协会、网络文化协会、网络安全协会、互联网行业联合会、新媒体协会以及网络新闻协会等地方性行业组织。

9.2.4 网络舆情平台及管理人员

网络舆情平台是指各类能够进行舆情信息发布、传播等的平台。网络舆情平台呈现多元化发展的态势,从平台功能来看,包括新闻网站、音视频网站、即时通信工具、直播平台、论坛社区贴吧、网络群组、微博客、博客、公众号等。一些互联网企业建立了多种类型的网络舆情平台,如腾讯公司、百度公司、北京字节跳动科技有限公司等。

《网络信息内容生态治理规定》第三章专门围绕网络信息内容服务平台进行规定,明确网络信息内容服务平台应当履行信息内容管理主体责任,加强本平台网络信息内容生态治理;应当建立网络信息内容生态治理机制,制定本平台网络信息内容生态治理细则;应当设立网络信息内容生态治理负责人,配备与业务范围和服务规模相适应的专业人员;不得传播违法信息,防范和抵制传播不良信息;应当加强信息内容的管理;应当建立用户账号信用管理制度;应当在显著位置设置便捷的投诉举报入口。

网络舆情平台管理人员是指从事网络新闻信息采编发布、转载、传播以及对跟帖、评论、弹幕、弹窗、群组、博客或微博客等舆情信息开展审核等相关活动的管理或编辑人员。国务院互联网信息办公室发布的《互联网新闻信息服务单位内容管理从业人员管理办法》对互联网新闻信息服务单位内容管理从业人员的行为规范、教育培训、监督管理等进行了规定。其他相关法规、规章和规范性文件也对网络舆情平台管理人员配备进行了规定,例如,《互联网上网服务营业场所管理条例》要求互联网上网服务营业场所经营单位配备与其经营活动相适应并取得从业资格的安全管理人员、经营管理人员、专业技术人员。《互联网文化管理暂行规定》指出,申请设立经营性互联网文化单位,需要配备适应互联网文化活动需要并取得相应从业资格的 8 名以上业务管理人员和专业技术人员。《互联网直播服务管理规定》要求互联网直播服务提供者应当加强对评论、弹幕等直播互动环节的实时管理,配备相应管理人员。《微博客信息服务管理规定》要求微博客服务提供者加强从业人员教育培训,建立总编辑制度,配备与服务规模相适应的管理人员。

9.3 网络舆情管理的法律法规

9.3.1 相关法律

为加强互联网治理,全国人民代表大会常务委员会围绕互联网安全、网络信息保护、数据安全、个人信息保护等制定了相关法律。这些法律从安全和保护等维度为网络舆情管理提供了法律基础。网络舆情管理相关法律和决定见表 9-1,本书主要讲述前三种。

1. 《全国人民代表大会常务委员会关于维护互联网安全的决定》

2000 年 12 月 28 日通过的《全国人民代表大会常务委员会关于维护互联网安全的决定》规定,利用互联网造谣、诽谤或者发表、传播其他有害信息,煽动颠覆国家政权、推翻社

表 9-1　网络舆情管理相关法律概览

法律名称	制定部门	通过时间
全国人民代表大会常务委员会关于维护互联网安全的决定	全国人民代表大会常务委员会	2000年12月28日
全国人民代表大会常务委员会关于加强网络信息保护的决定	全国人民代表大会常务委员会	2012年12月28日
中华人民共和国网络安全法	全国人民代表大会常务委员会	2016年11月7日
中华人民共和国数据安全法	全国人民代表大会常务委员会	2021年6月10日
中华人民共和国个人信息保护法	全国人民代表大会常务委员会	2021年8月20日

会主义制度，或者煽动分裂国家、破坏国家统一，利用互联网煽动民族仇恨、民族歧视，破坏民族团结，利用互联网损害他人商业信誉和商品声誉，利用互联网侮辱他人或者捏造事实诽谤他人等行为，构成犯罪的，依照刑法有关规定追究刑事责任。

2.《全国人民代表大会常务委员会关于加强网络信息保护的决定》

2012年12月28日通过的《全国人民代表大会常务委员会关于加强网络信息保护的决定》规定，网络服务提供者应当加强对其用户发布信息的管理，发现法律、法规禁止发布或者传输的信息的，应当立即停止传输该信息，采取消除等处置措施，保存有关记录，并向有关主管部门报告。

3.《中华人民共和国网络安全法》

2016年11月7日通过的《中华人民共和国网络安全法》是有关网络安全的专门法律。该法第十二条规定，任何个人和组织使用网络应当遵守宪法法律，遵守公共秩序，尊重社会公德，不得危害网络安全，不得利用网络从事危害国家安全、荣誉和利益，煽动颠覆国家政权、推翻社会主义制度，煽动分裂国家、破坏国家统一，宣扬恐怖主义、极端主义，宣扬民族仇恨、民族歧视，传播暴力、淫秽色情信息，编造、传播虚假信息扰乱经济秩序和社会秩序，以及侵害他人名誉、隐私、知识产权和其他合法权益等活动。

9.3.2　有关行政法规

为有效开展互联网治理，国务院围绕计算机信息系统安全保护、计算机信息网络联网管理与安全保护、电信业务、互联网信息服务以及上网服务营业场所管理等制定了相关条例、规定或办法。与网络舆情管理关系较大的行政法规见表9-2，本书主要讲述以下几部。

1.《计算机信息网络国际联网安全保护管理办法》

1997年12月11日国务院批准、1997年12月30日公安部令第33号发布、2011年1月8日修订的《计算机信息网络国际联网安全保护管理办法》第五条明确了任何单位和个人不得利用国际联网制作、复制、查阅和传播下列信息：（一）煽动抗拒、破坏宪法和法律、行政法规实施的；（二）煽动颠覆国家政权，推翻社会主义制度的；（三）煽动分裂国家、破坏国家统一的；（四）煽动民族仇恨、民族歧视，破坏民族团结的；（五）捏造或者

表 9-2 网络舆情管理行政法规概览

行政法规名称	制定部门	通过时间	修订情况
中华人民共和国计算机信息系统安全保护条例	国务院	1994 年 2 月 18 日	2011 年 1 月 8 日修订
中华人民共和国计算机信息网络国际联网管理暂行规定	国务院	1996 年 2 月 1 日	1997 年 5 月 20 日修正
计算机信息网络国际联网安全保护管理办法	国务院批准，公安部令发布	1997 年 12 月 11 日	2011 年 1 月 8 日修订
中华人民共和国电信条例	国务院	2000 年 9 月 25 日	2014 年 7 月 29 日第一次修订；2016 年 2 月 6 日第二次修订
互联网信息服务管理办法	国务院	2000 年 9 月 25 日	2011 年 1 月 8 日修订
外商投资电信企业管理规定	国务院	2001 年 12 月 11 日	2008 年 9 月 10 日修订
互联网上网服务营业场所管理条例	国务院	2002 年 9 月 29 日	2011 年 1 月 8 日第一次修订；2016 年 2 月 6 日第二次修订
国务院关于授权国家互联网信息办公室负责互联网信息内容管理工作的通知	国务院	2014 年 8 月 26 日	
关键信息基础设施安全保护条例	国务院	2021 年 4 月 27 日	

歪曲事实，散布谣言，扰乱社会秩序的；（六）宣扬封建迷信、淫秽、色情、赌博、暴力、凶杀、恐怖，教唆犯罪的；（七）公然侮辱他人或者捏造事实诽谤他人的；（八）损害国家机关信誉的；（九）其他违反宪法和法律、行政法规的。该办法第十五条同时明确省、自治区、直辖市公安厅（局），地（市）、县（市）公安局，应当有相应机构负责国际联网的安全保护管理工作。

2.《中华人民共和国电信条例》

2000 年 9 月 25 日国务院发布、2014 年 7 月 29 日第一次修订、2016 年 2 月 6 日第二次修订的《中华人民共和国电信条例》明确电信业务包括基础电信业务和增值电信业务两大类。该条例第三条明确国务院信息产业主管部门依照本条例的规定对全国电信业实施监督管理，该条例第七条明确国家对电信业务经营按照电信业务分类，实行许可制度；同时，第十四条规定，申请经营增值电信业务，需向信息产业主管部门申请、审批，予以批准的，颁发《跨地区增值电信业务经营许可证》或者《增值电信业务经营许可证》。此外，该条例第五十六条明确了任何组织或者个人不得利用电信网络制作、复制、发布、传播含有下列内容的信息：（一）反对宪法所确定的基本原则的；（二）危害国家安全，泄露国家秘密，颠覆国家政权，破坏国家统一的；（三）损害国家荣誉和利益的；（四）煽动民族仇恨、民族歧视，破坏民族团结的；（五）破坏国家宗教政策，宣扬邪教和封建迷信的；（六）散布谣言，扰乱社会秩序，破坏社会稳定的；（七）散布淫秽、色情、赌博、暴力、凶杀、恐怖或者教唆犯罪的；（八）侮辱或者诽谤他人，侵害他人合法权益的；（九）含有法律、行政法规禁止的其他内容的。该条例第六章罚则部分，对违反条例规定的，提出罚款、停业整顿、吊销电信业务经营许可证等处罚措施。

3. 《互联网信息服务管理办法》

2000年9月25日国务院公布、2011年1月8日修订的《互联网信息服务管理办法》属于互联网信息服务方面的专门行政法规。该法规将互联网信息服务分为经营性和非经营性两类，明确国家对经营性互联网信息服务实行许可制度，对非经营性互联网信息服务实行备案制度。该法规同时提出从事新闻、出版、教育、医疗保健、药品和医疗器械等互联网信息服务的，在申请经营许可或者履行备案手续前，应当依法经有关主管部门审核同意；从事互联网信息服务，拟开办电子公告服务的，在申请服务许可和办理备案时，要按照国家有关规定提出专项申请或者专项备案。该办法第十五条再次明确了电信条例第五十六条规定的不得制作、复制、发布、传播的九个方面内容的信息。此外，该办法第十八条规定，国务院信息产业主管部门和省、自治区、直辖市电信管理机构，依法对互联网信息服务实施监督管理。新闻、出版、教育、卫生、药品监督管理、工商行政管理和公安、国家安全等有关主管部门，在各自职责范围内依法对互联网信息内容实施监督管理。

4. 《互联网上网服务营业场所管理条例》

2002年9月29日国务院发布、2011年1月8日第一次修订，2016年2月6日第二次修订的《互联网上网服务营业场所管理条例》是针对上网服务营业场所的专门法规。该法规明确文化行政部门、公安机关、工商行政管理部门以及电信管理部门在各自职责范围内依法对上网服务营业场所经营单位实施监督管理，明确对互联网上网服务营业场所经营单位的经营活动实行许可制度。此外，该条例第十四条进一步细化了网络内容管理，提出互联网上网服务营业场所经营单位和上网消费者不得利用互联网上网服务营业场所制作、下载、复制、查阅、发布、传播或者以其他方式使用含有下列内容的信息：（一）反对宪法确定的基本原则的；（二）危害国家统一、主权和领土完整的；（三）泄露国家秘密，危害国家安全或者损害国家荣誉和利益的；（四）煽动民族仇恨、民族歧视，破坏民族团结，或者侵害民族风俗、习惯的；（五）破坏国家宗教政策，宣扬邪教、迷信的；（六）散布谣言，扰乱社会秩序，破坏社会稳定的；（七）宣传淫秽、赌博、暴力或者教唆犯罪的；（八）侮辱或者诽谤他人，侵害他人合法权益的；（九）危害社会公德或者民族优秀文化传统的；（十）含有法律、行政法规禁止的其他内容的。相对于电信条例和互联网信息服务管理办法，在内容管理方面增加了有关"侵害民族风俗、习惯的"以及"危害社会公德或者民族优秀文化传统的"等规定。

5. 《国务院关于授权国家互联网信息办公室负责互联网信息内容管理工作的通知》

2014年8月28日，《国务院关于授权国家互联网信息办公室负责互联网信息内容管理工作的通知》指出，为促进互联网信息服务健康有序发展，保护公民、法人和其他组织的合法权益，维护国家安全和公共利益，授权重新组建的国家互联网信息办公室负责全国互联网信息内容管理工作，并负责监督管理执法。该通知明确了国家互联网信息办公室是网络信息内容的管理部门，并负责监督管理执法工作。该通知的出台解决了网络内容管理政出多门的问题，也明确了国家互联网信息办公室是网络舆情的主管部门。

9.3.3 相关部门规章

除了全国人民代表大会常务委员会制定的法律以及国务院制定的行政法规外,国务院各部门围绕网络舆情管理也制定了一系列规章。从规章制定部门来看,网络舆情管理规章涉及的部门包括国家互联网信息办公室、工业和信息化部、公安部、国家市场监督管理总局、文化和旅游部、国家广播电视总局等。从规章主题来看,涉及网络视听节目服务管理、网络文化管理、网络出版服务管理、网络信息内容管理、网络新闻信息服务管理、区块链信息服务管理、网络用户账号信息管理、信息服务算法推荐管理、信息服务深度合成管理、网络信息内容生态治理、网络用户个人信息保护、儿童个人信息网络保护、数据安全管理等领域。其中,网络视听节目服务管理涉及广播电视部门,网络文化管理涉及文化旅游部门,网络出版服务管理、网络新闻信息服务管理涉及新闻出版部门。在各部门制定的规章中,与网络舆情管理密切相关的部门规章见表 9-3,本书主要讲述以下几部。

表 9-3 网络舆情管理相关部门规章概览

部门规章名称	制定部门	通过时间
互联网等信息网络传播视听节目管理办法	国家广播电影电视总局	2003 年 1 月 7 日
互联网文化管理暂行规定	文化部	2003 年 5 月 10 日
互联网视听节目服务管理规定	国家广播电影电视总局、信息产业部	2007 年 12 月 29 日
规范互联网信息服务市场秩序若干规定	工业和信息化部	2011 年 12 月 7 日
电信和互联网用户个人信息保护规定	工业和信息化部	2013 年 6 月 28 日
网络出版服务管理规定	国家新闻出版广电总局、工业和信息化部	2016 年 2 月 4 日
互联网信息内容管理行政执法程序规定	国家互联网信息办公室	2017 年 5 月 2 日
互联网新闻信息服务管理规定	国家互联网信息办公室	2017 年 5 月 2 日
区块链信息服务管理规定	国家互联网信息办公室	2019 年 1 月 10 日
儿童个人信息网络保护规定	国家互联网信息办公室	2019 年 8 月 22 日
网络信息内容生态治理规定	国家互联网信息办公室	2019 年 12 月 15 日
互联网信息服务算法推荐管理规定	国家互联网信息办公室、工业和信息化部、公安部、国家市场监督管理总局	2021 年 12 月 31 日
互联网用户账号信息管理规定	国家互联网信息办公室	2022 年 6 月 9 日
互联网信息服务深度合成管理规定	国家互联网信息办公室、工业和信息化部、公安部	2022 年 11 月 25 日

1. 《网络信息内容生态治理规定》

2019 年 12 月 15 日,国家互联网信息办公室通过《网络信息内容生态治理规定》。该规定明确国家网信部门负责统筹协调全国网络信息内容生态治理和相关监督管理工作,各有关主管部门依据各自职责做好网络信息内容生态治理工作。将网络信息内容生态治理涉及的主体划分为网络信息内容生产者、网络信息内容服务平台、网络信息内容服务使用者、网络行业组织等,明确了各类网络舆情管理主体可作为与禁止作为的内容。该规定第五条明确了鼓励网络信息内容生产者制作、复制、发布的七方面的信息。第六条规定了网络信息内容生产者不得制作、复制、发布的十一方面的违法信息。第七条明确了网络信息内容生产者应当采取措施，防范和抵制制作、复制、发布的九方面的不良信息。该规定第十一条鼓励网络信息内容服务平台坚持主流价值导向，优化信息推荐机制，加强版面页面生态管理，在重点环节（服务类型、位置版块等）积极呈现本规定第五条规定的信息。

2.《互联网信息内容管理行政执法程序规定》

2017年5月2日，国家互联网信息办公室通过《互联网信息内容管理行政执法程序规定》。该规定将互联网信息内容管理行政执法程序划分为管辖、立案、调查取证、听证与约谈、处罚决定与送达、执行与结案等环节，并明确互联网信息内容管理部门建立行政执法督查制度，上级互联网信息内容管理部门对下级互联网信息内容管理部门实施的行政执法进行督查。互联网信息内容管理部门应当加强执法队伍建设，建立健全执法人员培训、考试考核、资格管理和持证上岗制度。执法人员应当参加互联网信息内容管理部门组织的法律知识和业务知识培训，并经行政执法资格考试或者考核合格，取得执法证后方可从事执法工作。执法证由国家互联网信息内容管理部门统一制定、核发或者授权省、自治区、直辖市互联网信息内容管理部门核发。

3.《互联网新闻信息服务管理规定》

2017年5月2日，国家互联网信息办公室通过《互联网新闻信息服务管理规定》，明确新闻信息包括有关政治、经济、军事、外交等社会公共事务的报道、评论，以及有关社会突发事件的报道、评论。规定国家互联网信息办公室负责全国互联网新闻信息服务的监督管理执法工作。通过互联网站、应用程序、论坛、博客、微博客、公众账号、即时通信工具、网络直播等形式向社会公众提供互联网新闻信息服务，应当取得互联网新闻信息服务许可，禁止未经许可或超越许可范围开展互联网新闻信息服务活动。明确互联网新闻信息服务包括互联网新闻信息采编发布服务、转载服务、传播平台服务。

9.3.4 与网络舆情管理有关的规范性文件

规范性文件是指由国家互联网信息办公室制定的和网络内容管理、网络舆情管理密切相关的规定、办法或通知等。其中，涉及网络音视频信息服务管理的规范性文件由国家互联网信息办公室、文化和旅游部、国家广播电视总局共同制定。

国家互联网信息办公室制定的规范性文件针对更具体的网络舆情载体或网络舆情服务形式制定了管理制度，例如，针对即时通信工具公众信息服务、信息搜索服务、直播服务、论坛社区服务、跟帖评论服务、群组信息服务、微博客信息服务、音视频信息服务、用户公众账号信息服务、应用程序信息服务、弹窗信息推送服务等制定管理规定。此外，为落实《互联网新闻信息服务管理规定》，以规范性文件形式制定了新闻信息服务单位约谈工作规定、新闻信息服务许可管理实施细则、新闻信息服务新技术新应用安全评估管理规定、新闻信息服务单位内容管理从业人员管理办法等（见表9-4）。

表 9-4　网络舆情管理相关规范性文件概览

部门规范性文件名称	制定部门	通过时间
即时通信工具公众信息服务发展管理暂行规定	国家互联网信息办公室	2014年8月7日
互联网新闻信息服务单位约谈工作规定	国家互联网信息办公室	2015年4月28日
互联网信息搜索服务管理规定	国家互联网信息办公室	2016年6月25日
移动互联网应用程序信息服务管理规定	国家互联网信息办公室	2016年6月28日
互联网直播服务管理规定	国家互联网信息办公室	2016年11月4日
互联网新闻信息服务许可管理实施细则	国家互联网信息办公室	2017年5月22日
互联网论坛社区服务管理规定	国家互联网信息办公室	2017年8月25日
互联网跟帖评论服务管理规定	国家互联网信息办公室	2017年8月25日
互联网群组信息服务管理规定	国家互联网信息办公室	2017年9月7日
互联网新闻信息服务新技术新应用安全评估管理规定	国家互联网信息办公室	2017年10月30日
互联网新闻信息服务单位内容管理从业人员管理办法	国家互联网信息办公室	2017年10月30日
微博客信息服务管理规定	国家互联网信息办公室	2018年2月2日
网络音视频信息服务管理规定	国家互联网信息办公室、文化和旅游部、国家广播电视总局	2019年11月18日
互联网用户公众账号信息服务管理规定	国家互联网信息办公室	2021年1月22日
互联网弹窗信息推送服务管理规定	国家互联网信息办公室	2022年9月9日

9.4　网络舆情管理的相关制度

9.4.1　网络舆情管理部门相关管理制度

1. 许可与备案制度

许可制度是网络内容信息管理的重要制度。网络内容信息许可是指举办相关网络信息服务的单位或平台需要取得相关业务主管部门的许可，相关业务主管部门向申请者颁发许可证。法律法规和部门规章明确规定的涉及网络舆情的许可包括从事国际联网经营活动的要申请领取国际联网经营许可证，从事电信业务的要申请基础电信业务经营许可证或增值电信业务经营许可证，从事经营性互联网信息服务的要申请互联网信息服务增值电信业务经营许可证，从事互联网上网服务经营活动的申请网络文化经营许可证，从事信息网络传播视听节目业务的申请信息网络传播视听节目许可证，设立经营性互联网文化单位的申请网络文化经营许可证，从事网络出版服务的申请网络出版服务许可证，从事互联网新闻信息服务的要申请互联网新闻信息服务许可证等。法规和规章规定了受理相关业务许可的部门、申请许可的条件，明确了许可证的有效期，并要求各申请主体要在显著位置悬挂或标识许可证编号，对于违反许可相关规定或超许可范围开展相关服务的要进行处罚，违法行为情节严重的要吊销相关业务许可证。

备案制度是许可制度的补充形式，一般是对不需要许可的信息服务实行备案。例如，《中华人民共和国电信条例》规定，运用新技术试办新型电信业务的应当向省级电信管理机构备案。《互联网信息服务管理办法》规定，对非经营性互联网信息服务实行备案制度。此外，互联网视听节目服务、互联网文化管理、网络出版服务、网络音视频信息服务、新闻信息服务、区块链信息服务、信息服务算法推荐、信息服务深度合成、即时通信工具公众信息服务、直播服务、论坛社区服务、群组信息服务、微博客信息服务及移动互联网应用程序信息服务等相关规定或办法也有关于备案的规定。一般是相关服务提供者向省级以及国家级互联网管理部门申请备案，信息服务提供者取得备案后应在主页标明备案编号。违反相关服务规定的，备案机构可以取消备案。

2. 评估与认证制度

评估制度是网络舆情管理领域日益得到运用的制度形态，主要是对互联网信息服务提供者开展安全风险评估、综合评估、生态治理情况评估、整改情况评估等。《中华人民共和国网络安全法》规定，国家网信部门协调有关部门建立健全网络安全风险评估机制，组织有关部门、机构和专业人员对网络安全风险信息进行分析评估。《中华人民共和国数据安全法》有关数据安全风险评估的规定和要求，《数据出境安全评估办法》规定数据出境也要进行安全评估。《互联网新闻信息服务新技术新应用安全评估管理规定》明确，互联网新闻信息服务提供者开发具有新闻舆论属性或社会动员能力的新技术新应用，要按照国家有关规定开展安全评估。

认证作为网络舆情管理的一项新型制度，近年来在一些法规规章中不断明确，并得到广泛运用。认证主要包括两大类：一类是互联网主管部门倡导的认证，例如《中华人民共和国网络安全法》鼓励有关企业、机构开展网络安全认证。《中华人民共和国数据安全法》支持数据安全认证专业机构发展和开展服务。另一类是互联网信息服务提供者要对使用者进行真实身份信息认证，如信息深度合成服务、即时通信工具服务、直播服务、论坛社区服务、微博客信息服务、公众账号信息服务、跟帖评论服务等相关规定都要求信息服务提供者对使用者进行真实身份信息认证。

3. 监督检查制度

监督检查制度是互联网内容管理部门依法面向各类信息服务提供者实施的监督检查活动。各类业务经营者或信息服务提供者要接受依法实施的监督检查，监督检查包括日常检查、定期检查、专项监督检查等。《中华人民共和国网络安全法》规定，网络运营者对网信部门和有关部门依法实施的监督检查，应当予以配合。《互联网新闻信息服务管理规定》第四章专门围绕监督检查进行规定，明确国家和地方互联网信息办公室应当建立日常检查和定期检查相结合的监督管理制度，依法对互联网新闻信息服务活动实施监督检查，有关单位、个人应当予以配合。

4. 约谈制度

约谈制度是指互联网主管部门发现各类信息服务存在安全风险、信息服务提供者或使用者存在违法违规行为时，依法依规对法定代表人、主要负责人以及总编辑等进行约谈。《互联网信息内容管理行政执法程序规定》第五章明确了约谈的程序和方式。《互联网新闻信息服务管理规定》提出国家和地方互联网信息办公室应当建立互联网新闻信息服务网络信用档案，建立失信黑名单制度和约谈制度。《互联网新闻信息服务单位约谈工作规定》明确，互联网新闻信息服务单位出现特定情形的，国家、省级互联网信息办公室可对其主要负责人、总编辑等进行约谈。

5. 执法程序制度

执法程序制度是指在涉及网络舆情违法违规行为治理中，相关主管部门按照程序执法，确保合法合规地行使执法权。《互联网信息内容管理行政执法程序规定》是有关网络舆情执法的专门规定，明确了行政执法的具体程序和步骤，包括管辖、立案、调查取证、听证约谈、处罚决定与送达、执行与结案等具体程序。

6. 人员管理制度

人员管理制度是对互联网信息服务单位从业人员的管理。从业人员管理主要包括两个方面：一方面是要求信息服务提供者配备相应的专业人员。《互联网上网服务营业场所管理条例》要求互联网上网服务营业场所经营单位要配备与其经营活动相适应并取得从业资格的安全管理人员、经营管理人员、专业技术人员。《互联网新闻信息服务管理规定》要求申请互联网新闻信息服务许可的，要提供专职新闻编辑人员、内容审核人员和技术保障人员的资质情况。此外，提供信息服务算法推荐、账号服务、直播服务等应按规定配备相适应的专业人员。另一方面是要求对从业人员进行具体的管理，包括培训、教育等。例如，《互联网新闻信息服务单位内容管理从业人员管理办法》第二、三、四章分别对从业人员的行为规范、教育培训和监督管理等进行了规定。《中华人民共和国网络安全法》要求关键信息基础设施的运营者应定期对从业人员进行网络安全教育、技术培训和技能考核。

9.4.2 网络舆情信息服务平台管理制度

1. 综合管理制度

综合管理制度是指互联网信息服务提供者建立一系列保障网络安全、保护使用者信息、妥善应对各类事件的相关管理制度，包括用户注册、账号管理、信息审核、值班巡查、谣言应对、应急处置、安全防护等制度。《互联网新闻信息服务管理规定》第十二条规定，互联网新闻信息服务提供者应当健全信息发布审核、公共信息巡查、应急处置等信息安全管理制度，具有安全可控的技术保障措施。《网络信息内容生态治理规定》第九条规定，网络信息内容服务平台应当建立网络信息内容生态治理机制，制定本平台网络信息内容生态治理细则，健全用户注册、账号管理、信息发布审核、跟帖评论审核、版面页面生态管理、实时巡查、应急处置和网络谣言、黑色产业链信息处置等制度。《区块链信息服务管理规定》第五条规定，区块链信息服务提供者应当落实信息内容安全管理责任，建立健全用户注册、信息审核、应急处置、安全防护等管理制度。《微博客信息服务管理规定》第六条规定，微博客服务提供者应当落实信息内容安全管理主体责任，建立健全用户注册、信息发布审核、跟帖评论管理、应急处置、从业人员教育培训等制度及总编辑制度，具有安全可控的技术保障和防范措施，配备与服务规模相适应的管理人员。

2. 内容审查制度

内容审查制度是指互联网信息服务提供者建立自我审查机制，明确审查人员并对平台上的内容进行审查审核。《网络出版服务管理规定》第二十三条规定，网络出版服务单位实行出版物内容审核责任制度、责任编辑制度、责任校对制度等管理制度，保障网络出版物出版质量。《互联网新闻信息服务管理规定》第十一条规定，互联网新闻信息服务提供者应当设立总编辑，总编辑对互联网新闻信息内容负总责；第十二条规定，互联网新闻信息服务提供者应当健全信息发布审核、公共信息巡查、应急处置等信息安全管理制度，具有安全可控的技术保障措施。《互联网等信息网络传播视听节目管理办法》第二十条规定，持证机构应建立健全节目审查、安全播出的管理制度，实行节目总编负责制，配备节目审查员，对其播放的节目内容进行审查。

3. 平台公约制度

平台公约制度即互联网信息服务平台制定公开的管理规则或平台公约，明确各类人员特别是用户的权利义务。《网络信息内容生态治理规定》第十五条规定，网络信息内容服务平台应当制定并公开管理规则和平台公约，完善用户协议，明确用户相关权利义务，并依法依约履行相应管理职责。网络信息内容服务平台应当建立用户账号信用管理制度，根据用户账号的信用情况提供相应服务；第十九条规定，网络群组、论坛社区版块建立者和管理者应当履行群组、版块管理责任，依据法律法规、用户协议和平台公约等，规范群组、版块内信息发布等行为。《互联网用户账号信息管理规定》第六条规定，互联网信息服务提供者应当依照法律、行政法规和国家有关规定，制定和公开互联网用户账号管理规则、平台公约，与互联网用户签订服务协议，明确账号信息注册、使用和管理相关权利义务。《移动互联网应用程序信息服务管理规定》第二十一条规定，应用程序分发平台应当依据法律法规和国家有关规定，制定并公开管理规则，与应用程序提供者签订服务协议，明确双方相关权利义务。《区块链信息服务管理规定》第七条规定，区块链信息服务提供者应当制定并公开管理规则和平台公约，与区块链信息服务使用者签订服务协议，明确双方权利义务，要求其承诺遵守法律规定和平台公约。《微博客信息服务管理规定》第六条规定，微博客服务提供者应当制定平台服务规则，与微博客服务使用者签订服务协议，明确双方权利、义务，要求微博客服务使用者遵守相关法律法规。

4. 分级分类制度

分级分类制度是互联网信息服务平台根据用户情况进行分级分类管理，包括用户类别、信用等级等管理。《互联网群组信息服务管理规定》第七条规定，互联网群组信息服务提供者应当根据互联网群组的性质类别、成员规模、活跃程度等实行分级分类管理，制定具体管理制度并向国家或省、自治区、直辖市互联网信息办公室备案，依法规范群组信息传播秩序。互联网群组信息服务提供者应当建立互联网群组信息服务使用者信用等级管理体系，根据信用等级提供相应服务。《互联网跟帖评论服务管理规定》第九条规定，跟帖评论服务提供者应当建立用户分级管理制度，对用户的跟帖评论行为开展信用评估，根据信用等级确定服务范围及功能，对严重失信的用户应列入黑名单，停止对列入黑名单的用户提供服务，并禁止其通过重新注册等方式使用跟帖评论服务。《微博客信息服务管理规定》第九条规定，微博客服务提供者应当按照分级分类管理原则，根据微博客服务使用者主体类型、发布内容、关注者数量、信用等级等制定管理制度，提供相应服务，并向国家或省、自治区、直辖市互联网信息办公室备案。《互联网直播服务管理规定》第十五条规定，互联网直播服务提供者应当建立互联网直播发布者信用等级管理体系，提供与信用等级挂钩的管理和服务。互联网直播服务提供者应建立黑名单管理制度，对纳入黑名单的互联网直播服务使用者禁止重新注册账号。《互联网用户公众账号信息服务管理规定》第七条规定，公众账号信息服务平台应按照国家有关标准和规范，建立公众账号分类注册和分类生产制度，实施分类管理。公众账号信息服务平台应当依据公众账号信息内容生产质量、信息传播能力、账号主体信用评价等指标，建立分级管理制度，实施分级管理。

5. 投诉受理制度

投诉受理制度即互联网信息服务提供者要对涉及用户的投诉、举报等建立受理机制。《互联网新闻信息服务管理规定》第十八条规定，互联网新闻信息服务提供者应当自觉接受社会监督，建立社会投诉举报渠道，设置便捷的投诉举报入口，及时处理公众投诉举报。《互联网信息搜索服务管理规定》第十二条规定，互联网信息搜索服务提供者应当建立健全公众投诉、举报和用户权益保护制度，在显著位置公布投诉、举报方式，主动接受公众监督，及时处理公众投诉、举报，依法承担对用户权益造成损害的赔偿责任。《互联网论坛社区服务管理规定》第十一条规定，互联网论坛社区服务提供者应当建立健全公众投诉、举报制度，在显著位置公布投诉、举报方式，主动接受公众监督，及时处理公众投诉、举报。国家和地方互联网信息办公室依据职责，对举报受理落实情况进行监督检查。

6. 事项报告制度

事项报告制度即互联网信息服务提供者发现违法违规的信息或内容时，应保存记录并向国家有关机关报告。《互联网信息服务管理办法》第十六条规定，互联网信息服务提供者发现其网站传输的信息明显属于本办法第十五条所列内容之一的，应当立即停止传输，保存有关记录，并向国家有关机关报告。《即时通信工具公众信息服务发展管理暂行规定》第八条规定，对违反协议约定的即时通信工具服务使用者，即时通信工具服务提供者应当视情节采取警示、限制发布、暂停更新直至关闭账号等措施，并保存有关记录，履行向有关主管部门报告义务。

9.4.3 网络舆情响应回应相关制度

1. 网络新闻发言人制度

网络新闻发言人是指政府及其部门任命的就网络媒体和网民关心的问题进行公开答复的人员。网络新闻发言人制度是政府适应互联网舆情快速发展而建立的制度形式，是新闻发言人制度在网络空间的延伸。2009年2月，江苏省睢宁县委办、县政府办印发《关于建立网络发言人制度的通知》，后来又出台了《关于规范网络发言人制度的意见》，规定全县所有单位都要设立网络发言人，48 小时内必须上网回复网友们的问题，否则启动问责。2009 年 9 月，贵阳市政府召开新闻发布会，宣布正式启动市政府系统网络新闻发言人工作。2009 年 12 月，南京市政府以及各委办局、区县等设立网络发言人，由所在地区、单位的班子成员或中层领导担任，并规定针对网络发帖，涉及单位的网络发言人原则上应该在 24 小时内予以回复。此后，越来越多的地方和部门建立网络新闻发言人制度。

网络新闻发言人大多数是在各部门担任一定职务的官员，一些网络新闻发言人还在特定的网络信息平台开通了账号。网络新闻发言人代表所在部门或单位听取网民的意见和建议，负责通报涉及本地区、本部门的相关事件及处置情况，负责回复涉及本地区、本部门的网络贴文。此外，也根据需要发布本地区、本部门的政务信息，开展与网络媒体、网民的联系协调工作等。

2. 网络留言办理制度

网络留言办理制度是网民通过网络渠道或载体表达诉求、意见、建议的重要方式。随着互联网的发展，为了给网民提供留言以及为政府相关部门回复留言提供载体和通道，越来越多的网络平台开通了留言和留言办理功能。网络留言载体主要包括两大类：一类是依托政府网站开通的网络问政、网络留言等栏目，网民可以登录政府网站发布留言，政府网站运营部门及时将留言转发相关部门；另一类是依托网络媒体开办的网络留言平台，比较典型的是人民网领导留言板。2006 年，人民网开办地方领导留言板，2008 年，完成了留言板块省、市、县全覆盖。2019 年，地方领导留言板升级更名为领导留言板，开通部委领导留言板功能。一些地方也依托主要网站开办留言板，比较有代表性的是武汉城市留言板。2017 年 4 月，武汉市依托长江网开通武汉城市留言板。

与提供网络留言载体或平台相对应的是各地、各部门建立了网络留言办理制度。2009 年 3 月，山西省人民政府办公厅出台了《网民留言办理工作实施方案》，首次将山西省政府办理网民意见的工作细化。2009 年 4 月，安徽省委督查室正式下发《人民网网友给省委书记留言办理工作暂行规定》，要求对涉及地方的留言，以各市主动认领为主；对涉及省直单位的留言，以省委督查室交办为主。网友留言办结之后，能够回复网友的以承办单位名义在人民网公开回复。此后，越来越多的省、市围绕网络留言建立制度化办理机制，明确办理部门、办理工作、办理流程、追责方式等。通过建立制度化网络留言办理机制，网民的网络留言能够得到各级政府部门的响应，包括回复、问题处置等。网络留言办理也进一步激发了网民通过网络表达舆情的积极性，政府及其部门也可以通过此方式及时、有效地掌握民情民意。

3. 热点舆情事件调查制度

热点舆情事件调查制度是指在特定舆情诱发危机后，涉事地区或部门成立调查组，围绕热点舆情事件展开专门调查。热点舆情事件调查制度在应对舆情危机方面发挥了重要作用。近年来，涉及特定地区、特定部门的事件或信息被网络曝出后，网民广泛关注，大量网民围绕事件或特定信息进行转发、评论，由此出现了一些传遍全网的热点舆情事件。热点舆情事件在网络传播过程中，存在事件信息不全或失真，各类谣言、流言广泛传播等问题。为了及时了解事件真相，回应网民关切，追究事件中失职的部门和官员等，一些地方在热点舆情事件出现后会成立调查组，开展热点舆情事件专门调查。而对于广受关注的热点舆情事件，一些地方还成立了高级别、联合型的调查组，围绕事件开展跨地区、跨部门、专业化调查，在调查的基础上发布相关通报，公布事件真相，回应网民关切，处置失职官员。

思考题

1. 简述网络舆情管理的目标与主体。
2. 网络舆情管理部门与服务平台的管理制度有哪些？
3. 思考网络舆情管理体系具体应包含哪些要素？这些要素之间的关系如何？

即测即练

第 10 章

网络舆情发展前沿

本章将主要围绕新兴技术与网络舆情发展、网络舆情与社会治理创新、网络舆情治理体系现代化、国际网络舆情传播新格局等方面对网络舆情发展前沿进行分析解读。具体包括：大数据、人工智能、区块链、元宇宙与 ChatGPT 等新兴技术对网络舆情发展的影响；网络舆情在推动社会治理创新过程中，与突发事件、应急管理、公共决策和公众参与之间的关系及其作用；网络舆情治理体系现代化相关概念与体系结构；国际网络舆情传播格局的特征、我国国际网络舆情安全挑战以及构建国际网络舆情传播新格局的路径探索。

10.1 新兴技术与网络舆情发展

10.1.1 大数据与网络舆情

大数据是指无法在一定时间范围内用常规软件工具进行捕捉、管理和处理的数据集合，是需要新处理模式才能具有更强的决策力、洞察发现力和流程优化能力的海量、高增长率和多样化的信息资产。大数据通常具备五个基本特征（即"5V"）：数据规模大（volume）、数据处理速度快（velocity）、数据种类多（variety）、数据价值密度低（value）、数据真实性（veracity）。大数据技术是一项新的技术和结构体系，它能迅速地从各类数据中获取有价值的信息。大数据的技术要素主要包括数据收集与预处理、存储管理、分析挖掘与展示应用等。当前，对大数据的认识主要分为两类：一是将其视为巨量的数据本身；二是将其视为一种新方法，通过对巨量数据的统计挖掘进行预测未来、指导实践等深层应用。

大数据对网络舆情的影响主要体现在：一是对网络舆情监测预警的影响。基于数据挖掘、语义分析和情感识别等大数据技术所构建的网络舆情监测系统提高了监测的精准性和全面性，其非结构性的数据搜集方式突破了平台间的数据壁垒，扩展了数据的量级、类型与范围，除常规的文字、图片、音频、视频等形态外，还囊括了地理位置、浏览痕迹等多元数据类型。通过对新媒体平台互动讨论等内容进行全方位监测与热点自动识别，网络舆情监测系统能够及时识别舆情风险并发出预警信号，做到早发现、早预警、早引导。此外，大数据技术还为构建网络舆情监测预警机制奠定了技术基础，其多维度特性能够为网络舆情提供更完整的预警指标，有效改善了特定数据库导致的舆情监测片面与偏颇问题，推动网络舆情监测预警向多维、科学和全面的方向发展。

二是对网络舆情分析研判的影响。大数据技术以海量网络舆情数据为基础，通过机器学习、关联分析等智能分析方法，分析及验证碎片化、表层化、无序化数据背后深层次的舆情态势，明确舆情数据之间的传播链条，从中发现隐藏的网络舆情引爆点、利益诉求及核心观点，实现对舆情事件的精准分析研判。此外，以大数据深度分析技术为基础所构建的网络舆情分析研判模型，能够使网络舆情治理由事后处置转向事前预警，化被动为主动，降低网络舆情风险，提高网络舆情治理效能。值得注意的是，虽然大数据技术通过对海量数据进行收集分析，能够更为全面地反映和呈现网络舆情状况，但随着网络水军与社交机器人的出现，原始舆情数据中的虚假信息也不断增多，数据中含有的噪声易对网络舆情分析造成干扰，大量重复性的数据也严重影响了舆情分析研判的效率。

三是对网络舆情应对处置的影响。大数据技术能够分析海量数据背后的相关性和网络舆情事件的内在逻辑，使得分散的网络舆情数据被赋予更加整体性和深层次的意义。这些数据信息能够反映出网络舆情群体的特征及属性，折射出网民观点和行为背后的社会心态，为处置决策方案的制定提供支持，提高网络舆情应对处置的科学性。此外，大数据技术还为网络舆情动态信息的实时收集提供了可能。通过分析大量实时动态的数据信息，决策者可以全面掌握舆情发展态势，并据此作出理性客观的判断，使网络舆情应对处置更加灵活和科学。然而，大数据技术赋能舆情治理的关键在于数据的开放与共享，目前多数单位部门多存在"信息孤岛"问题，在数据存储、功能协同、资源互通等环节各成体系、联动不足。这在一定程度上违背了大数据舆情信息去中心化、边界拓展与多级关联的属性，限制了网络舆情的分析与治理范围，增大了网络舆情应对处置的决策误判风险。

10.1.2 人工智能与网络舆情

人工智能指的是能够胜任一些通常需要人类智能才能完成的复杂工作系统，具备有一定的机器学习、自主决策、语言处理、图像识别、自我修复与智能交互能力。人工智能一般包含三大技术要素，分别是大数据、算法和算力。大数据是人工智能的首要因素和学习基础，算法则是实现人工智能的根本途径和核心所在，算力是实现人工智能的重要技术要素。通过对大数据进行运算，人工智能能够感知外界环境、与人类进行交互互动并为人类提供服务，其自适应特性和学习能力还能使之进行演化迭代以应对不断变化的现实环境。当前，人工智能在各领域的发展与应用越来越广泛，其中也包括网络舆情治理领域。具体而言，人工智能对网络舆情的影响主要包括以下几点。

一是对网络舆情监测预警的影响。人工智能所具备的语义识别技术能够对多元信息进行智能识别、智能分类并纳入舆情监测范围，实现全网热点舆情实时监测、及早预警，系统把握网络舆情的产生源头、信息流向、传播节点，自动甄别和筛选不良网络信息，增强网络舆情监测预警的广度、深度与精度。人工智能中的感知智能技术则可以发挥感知获取、自动筛选的优势，实现对图像、音频、视频等非结构化数据的采集，拓展了网络舆情信息监测和采集渠道，为网络舆情治理提供了强大的信息资源。此外，人工智能还可以利用向量机法、贝叶斯法、随机场法等机器学习算法对网络舆情数据进行分析，探究舆情传播中各节点间的社会网络关系，实现对网民心理和社会关系的多维监测，拓宽了网络舆情信息监测预警的维度。

二是对网络舆情分析研判的影响。人工智能中的认知智能技术可以发挥关联理解、分析推理、关系挖掘、演化建模等功能，通过对过往舆情事件进行整合分析，构建智能化的网络舆情分析研判模型，精准模拟舆情演变过程，提前预测舆情发展走向，在舆情萌芽初期即识别演化趋势与潜在风险，实现对网络舆情的智能分析与研判。在此基础上，通过人工神经网络模型、语义关键词分析和情感倾向性判断，人工智能还能够挖掘网络舆情演变过程中各节点之间的关系，捕捉隐藏的网民情绪与社会心态等深层信息，并对内容背后的社会关系和社会行为进行描述和刻画，多角度解读舆情内容，加大网络舆情的分析层级与研判力度。此外，对于网络舆情风险、舆情演变规律、民意承受能力、政府动态反应能力等情况，人工智能可以通过数据智能采集、加工和分析推理，快速生成舆情分析研判报告，从而使网络舆情治理的响应时间更短、灵敏度更高。

三是对网络舆情应对处置的影响。基于人工智能的虚拟现实建模技术，能够对网络舆情进行逻辑推演，并对发展态势进行仿真。在通过大量学习训练和基准函数设定后，可对不同舆情应对处置方案的可行性和执行效果进行智能试验模拟，为舆情治理主体调整、优化网络舆情应对处置方案提供思路和依据，推动决策的科学化与智能化。此外，基于数据挖掘与算法推荐等技术，人工智能还可以根据文本内容、情绪特征、社交关系、网络行为与移动轨迹等信息，自动分析受众的内容偏好和行为习惯。在此基础上，针对受舆情影响的网民定制化生成引导方案，以文字、图片、视频等多模态形式在不同平台进行精准化信息推送，促使舆情应对处置从普遍式应对向针对性引导转变，提高网络舆情治理效能。

10.1.3 区块链与网络舆情

区块链技术是一种新型的技术手段，本质可以理解为一种去中心化的数据库，具有去中心化、开放性、自治性、不可篡改性与匿名性等特征。区块链的技术基础是开源的，算法公开且透明，类似于一种全民参与记账的分布式账本，通过自身的分布式节点进行数据存储与交流，不依赖任何第三方机构进行管理。一般来说，区块链系统主要由数据层、网络层、共识层、激励层、合约层和应用层共同组成，这使得数据记录和运行规则可以被任意节点审查和溯源。对网络舆情而言，这种可溯源性能够在网络舆情的监测预警、分析研判与应对处置中发挥重要作用。区块链对网络舆情的影响主要包括以下几点。

一是对网络舆情监测预警的影响。区块链能够重构舆情监测路径，颠覆传统的舆情监测模式。分布式的结构可以实现舆情信息的全方位收集，对舆情事件的记录能够做到不遗漏、全覆盖。区块链的全程记录与不可篡改特性，能够对网络舆情信息的发布源头、平台、时间、IP、传播路径等进行留痕，全链条跟踪记录网络舆情发展过程，有助于提升网络舆情监测的准确性和安全性，实现对舆情传播的全程溯源分析，弥补传统舆情监测的不足。此外，区块链还可以缩短舆情预警反应机制和处理流程。区块链可以在对网络舆情信息进行分级后，为不同信息内容定制预警方案，为不同环节加盖时间戳，使其可溯源且无法篡改，以此避免舆情可能引发的不良影响，提高网络舆情事件监测预警效率。

二是对网络舆情分析研判的影响。在区块链技术支撑下，网络舆情分析研判系统可以从数据、时间、节点等角度展开全方位分析。通过区块链所记录的数据，舆情分析可以迅速找出数据源头，进而了解网络舆情的产生与不同主体的态度，有助于分析出事件背后各种利益主体博弈的真相,全链条观察舆情传播的趋势。然而,区块链技术也存在局限性。在舆情分析研判过程中,能否有效保护重要节点的私密信息,是未来面临的难题。区块链的安全性虽然极高,但也并非没有漏洞,如果误操作导致密钥丢失,损失则难以挽回。

三是对网络舆情应对处置的影响。区块链提高了舆情应对处置的精准度和效率。区块链的分布式特征有利于网络舆情的点对点处置,舆情监管主体能够通过区块链技术清晰详细地记录事件中各个节点的具体内容。在任何时间点,监管主体都可以通过观察网络舆情发展情况,找出传播链条中最关键的节点进行精准施策,解决舆情信息混杂与传播链条模糊等问题,大大提高舆情处置效率。区块链技术也将改变网络舆情应对处置方式。通过区块链的溯源机制,能够以更准确、更快速的方式找出信息发布者和舆情事件当事人,挖掘数据背后的事件原貌。利用区块链的分布式结构,可将重要节点分类并对不同类型用户标签化,进而针对不同节点制定有效的处置与引导方案。

10.1.4 元宇宙与网络舆情

元宇宙是人类运用数字技术构建的,由现实世界映射或超越现实世界,代表了平行于现实世界运行且具备新型社会体系的数字生活空间,具有同步与拟真、开源与创造、闭环经济系统和永续发展等核心属性。从概念上来看,元宇宙是从互联网进化而来的一个实时在线世界,是由线上线下多个平台打通所组成的一种新的经济、社会和文明系统,是一个具有现实性的新型虚拟数字社会。

从技术要素上看,元宇宙是众多新兴技术的集大成者,包括区块链、扩展现实、电子游戏、人工智能、网络及运算、物联网技术等六大技术(简称为"BIGANT")。元宇宙基于区块链技术搭建经济体系,基于人机交互技术实现更高维度,基于电子游戏技术提供沉浸式体验,基于人工智能技术进行多场景深度学习,基于网络及运算技术打造智慧、全息与泛在连接的基础设施,基于物联网技术生成现实世界镜像,将虚拟世界与现实世界相融合。作为多种新兴技术的组合升级,元宇宙以虚实融合、实时交互、时空拓展等特性,使网络舆情也向着全感官表达、高度逼真、即时互动的方向发展。元宇宙对网络舆情的影响主要体现在以下几点。

一是使得网络舆情表达呈现出新的样态。元宇宙凭借技术叠加性、具身沉浸性、虚实融合性、时空无界性与实时交互性等技术优势,使网络舆情从观点与态度向场景与情境维度拓展,舆情内容表达呈现出智能感知、高度逼真、生动形象、去中心化等特征,重塑了网络舆情样态。网络舆情发生的场所也突破了地理疆域和语言隔阂,元宇宙中主体和场景之间的双向互联加剧了网络舆情场域的复杂性和不确定性。此外,元宇宙中舆情传播主体可以实现虚拟分身,通过沉浸式的感官体验和深层次的社交互动,获得最直接的现场感知和情感体验,对舆情的表达更有力、理解更全面、情感体验也更强烈,网络舆情表达也因此呈现出多维立体的特征。

二是重塑了网络舆情的生成与传播模式。元宇宙使得虚拟空间成为网络舆情发生的场域,并以全新技术重塑了网络舆情生成与传播模式。元宇宙的舆情主体更加广泛多元,涉及的舆情数据类型和时间跨度更大,主体穿梭于现实世界与虚拟世界,导致舆情生成呈现出具身沉浸、虚实融合与实时交互特征，更易激发网民对于特定社会问题或事件的热烈讨论。在更具自由度、灵活性与体验感的元宇宙文明形态中，信息壁垒和信息垄断被打破，话语权与注意力资源被重置，不同观点或意见迅速汇聚，形成强大的网络舆情场。元宇宙重塑了人们对舆情的思考和判断方式，人们可以根据个人兴趣获取舆情信息数据，并在高仿真度、强沉浸感的超现实世界中深度互动与交流，通过沉浸式情景再现进行意识交换与情感投射，造成部分网络舆情迅速升温。网络舆情传播机制因此发生翻天覆地的变化。然而，元宇宙中的主体在传播舆情信息时具有更强的主观倾向，会加深群体偏见，造成公共价值偏离，破坏理性的网络舆情传播环境。

三是对网络舆情治理提出了更高的要求。在治理理念上，强调"重心前移"。元宇宙环境下，人机交互、虚拟仿真等前沿技术的运用，能够有效实现对隐性风险类网络舆情的监测预警，从源头上避免重大网络舆情的发生，提高治理的精准性和有效性。在治理模式上，注重"全面感知"。基于实时交互、沉浸式体验和低延时的特性，现实中的舆情问题可以映射于元宇宙中，舆情治理主体可以置身其中，全面感知事件动态，提前发现态势变化，提供舆情处置方案。在治理效能上，强调"高效协同"。元宇宙基于数字孪生、人机协同等数字技术，以交互性、场景化、仿真化等方式赋能网络舆情预警、研判与处置过程，其去中心化特征也使得多元主体能够参与到治理过程中，各主体从自身与整体视角审视舆情治理问题，调整优化治理方案，实现网络舆情的高效协同治理。

10.1.5　ChatGPT 与网络舆情

ChatGPT 是由 OpenAI 团队开发的一种由人工智能技术驱动的自然语言处理工具，具有强理解性、强拓展性与强智能化等技术特征。通过对海量数据的深度学习，ChatGPT 能以自然语言的方式模仿人类思维方式与表达逻辑，并根据场景和用途与使用者进行高效沟通。作为人工智能技术发展的现象级产品，ChatGPT 所涉及的算法、算力以及数据系统是对以往程序的范式性革新，是人的智慧与"机器智慧"叠加的集合体。

基于技术优势，ChatGPT 能够对网络舆情传播逻辑与传播主体等方面产生变革，并在信息过滤、情感识别、舆情分析、风险预测等方面为网络舆情治理提供支持。具体而言，ChatGPT 对网络舆情的影响作用主要体现在以下几点。

一是对网络舆情的传播逻辑产生影响。ChatGPT 是一种基于自然语言处理技术的生成性工具，可由模型自动生成内容并输出。ChatGPT 能够凭借自动化生产的技术优势，提高舆论观点的生产与输出效率。通过对网络舆情中敏感信息的理解分析，ChatGPT 能够针对特定舆情问题自动生成答案以解答网民提问，引导传播与发展方向。ChatGPT 系统内部的传播逻辑会受到系统设定者影响，导致某些带有偏见的价值信息被植入数据模型库，并作用于网络舆情的关键性节点，在潜移默化中输出带有价值偏见的舆情观点，挑起受众敏感情绪，引发受众非理性言论和行为，成为网络舆情的导火索。

二是促使网络舆情的主体身份发生转变。ChatGPT 是经过层层问答不断提取、筛选受众信息后进行信息输出的智能生成式对话应用，不仅仅起着信息传输介质的作用，更成为网络舆情传播主体的转化器。由海量且分散的个体信息汇集所形成的意见综合，成为受众获取相关信息的"标准答案"。ChatGPT 在与受众交互过程中生成答案，受众成为网络舆情传播的主体。此外，在网络舆情观点输出前，受众并不单从一种渠道获取网络舆情事件信息，当受众面对多个网络舆情观点甚至是相反的意见，很容易在舆情波动中失去自身的价值判断，导致其在观点对立中摇摆不定。不同主体的舆论分化可能会引发社会信任危机，甚至诱发破坏性的群体行动，成为影响网络舆情安全的不确定性因素。

三是为网络舆情治理提供技术支撑。首先，相较于传统的情感分析方法，ChatGPT 基于强大的自然语言处理技术，能够准确地识别和分析不同文本中的情感表达，提高网络舆情情感分析的准确性，以便更好地了解公众对舆情事件的情感态度；其次，通过对舆情数据的大规模学习，ChatGPT 能够识别和过滤不相关或低质量的信息，提升网络舆情的信息过滤精度，对于提高舆情信息质量、减少虚假信息传播等方面具有重要作用；再次，ChatGPT 能够基于大数据和人工智能技术，构建网络舆情分析预测模型，帮助政府等有关单位更好地了解社会动态、预测未来趋势，有效地管理社会风险，保障网络安全和社会稳定。此外，ChatGPT 还改变了传统网络舆情分析的人工参与模式，变得更加高效和智能化。多语言系统还促进了跨语言的网络舆情研究，对于国际网络舆情研究具有重要意义。

作为一项仍在发展过程中的新兴技术，ChatGPT 在提供更高效的舆论分析、更准确的情感分析、更精细的文本生成、更广泛的应用场景和更个性化的应用等方面具有巨大潜力。但在内容生成、交互对话、多维应用等方面的功能进化，在推动社会交往与传播方式变革的同时，也以更隐蔽、更虚拟、更多元的方式对意识形态领域造成挑战。因此，如何厘清人工智能技术的风险边界、防范化解 ChatGPT 等技术所带来的意识形态风险，成为当前亟待研究与解决的重要课题。

10.2　网络舆情与社会治理创新

10.2.1　网络舆情与突发事件

突发事件指突然发生、造成或者可能造成严重社会危害，需要采取应急处置措施予以应对的事件，具有突发性、破坏性、偶然性与连锁性等特点。根据突发事件发生的原因、机理、过程、性质和危害对象不同，可以将突发事件分为自然灾害、事故灾难、公共卫生事件和社会安全事件四大类。

就网络舆情与突发事件而言，两者往往相伴而生、相互影响。一方面，突发事件是网络舆情产生的根源，网络舆情是突发事件在网络空间的反映与延伸。突发事件造成的严重危害会在短时间内引发网民讨论，造成观点、意见与态度的聚集，形成网络舆情。另一方面，网络舆情的消退是突发事件合理解决的表征。网络舆情的演变对突发事件的发展具有重要作用，网络舆情得到合理引导，将有利于突发事件的解决。网络舆情消退的过程也是现实社会中的利益纠纷不断得到解决的过程。突发事件所产生的网络舆情具有复杂性和破坏性，能够影响政府与民众的关系，处理不当甚至加剧政民对立，需要积极处置。

对于突发事件网络舆情的处置主要可从以下 3 个方面着手。

一是要做好突发事件网络舆情的应急管理。要建立起科学合理的突发事件网络舆情应急管理体制，包括媒体应急、网络监管、新闻发布、联动合作、责任追究、总结评估与资源保障等方面，实现突发事件网络舆情应对的科学决策与高效处置，确保其有序化与规范化发展。要形成分级管理结构和响应体制，根据突发事件网络舆情的分类，进行分类管理与分级负责。此外，根据不同地区历史背景、民俗风情、现实发展状况的不同，对突发事件网络舆情进行属地管理，做到快速反应、协同应对。

二是要做好突发事件网络舆情的风险评估。综合运用定量分析法、定性分析法、专家会议法、德尔菲法和概率风险评估法等，系统分析和评估突发事件网络舆情可能造成的危害程度，提出针对性的对策措施，防范和化解风险。要及时报送网络舆情风险评估结果，加强对评估结果的运用，明确应该采取的相关措施。

三是要提前制定突发事件网络舆情的处置预案。网络舆情处置预案能够为应急准备和响应等工作预先作出详细安排，是开展及时、有序和有效舆情应对工作的行动指南。在制定突发事件网络舆情处置预案时，要坚持主动性、预见性、完整性、层次性、可操作性的原则，确保预案制定的科学化与规范化。网络舆情应急处置预案一般需要包含介绍性材料（法律法规及规章制度、签字页、预案标题和日期页、分发排序、目录）、预案制定目的、预案制定的基本依据、行动概念、组织与责任划分等部分。有些预案还需要添加功能性附件，包括指挥控制、通信保障、预警程序、信息发布、资源管理、风险评估等。

10.2.2 网络舆情与应急管理

应急管理是指政府部门等相关机构通过建立应急组织和机制，对危机或突发事件做到事前预防、事中处置和事后管理，以保障公众生命财产安全、促进社会稳定发展的一系列管理活动。应急管理通常是一个动态过程，主要有预防、处置和恢复等阶段，具有时间紧迫、涉及面广、任务繁重、资源有限、管理责任重大、受关注程度高等特点。

互联网时代下，网络舆情的生成与传播为政府部门应急管理工作带来新的挑战。一是应急管理的传统观念亟待转变。网民言论经由网络传播发酵极易诱发网络舆情事件，从而造成社会恐慌。这就需要由事后被动应对处置转为事前主动风险防范，同时将应急管理贯穿于网络舆情潜伏、突发、蔓延和转化的全过程中。二是对应急处置过程的透明度要求更高。新媒体使得危机事件的发生、发展和应急处置进入高度聚焦的状态，给政府应急管理工作增加了难度，倒逼政府及时主动回应网络舆情，并在应对过程中更加公开透明。三是应急管理措施获得公众认同的难度变大。网络信息内容鱼龙混杂，传播速度快，而公众专业知识较为薄弱，易导致误解产生，对应急管理措施缺乏认同感。

针对上述问题，相关部门可以采取相应措施与手段，完善网络舆情事件或危机的应急管理工作。具体包括以下几个方面。

一是构建网络舆情应急管理预案体系。首先，要做好网络舆情事件应急管理的顶层设计，明确指挥体系、应急目标、工作原则与主体责任，规划分级响应机制与应急处置流程，确保人力、技术、资金与责任分工有保障。其次，根据客观条件与环境变化，强化应急预案的动态化管理，定期组织开展应急预案修订工作。通过开展应急演练检验应急预案的科学性、可行性和实用性，发现应急预案中的问题与不足，积累应急经验和提高应急实践能力。此外，还应制定并完善应急管理责任考核制度。明确规定各岗位职责并严格进行监督考核，公平合理评价应急管理工作，并确保在应急管理过程中责任到人，推动应急管理工作落实以实现应急管理目标，避免关键环节的责任分工不明确、推诿扯皮等问题发生。

二是加强网络舆情应急管理队伍建设。高质量的人才队伍是应急管理工作顺利开展的基础。要建立健全应急管理人才准入机制，通过人才引进等方式充实应急管理人才队伍，科学化配置人力资源，做到专人专岗，将人才利用效率最大化。加强应急管理教育和培训，重视现有工作人员的培养与进步。通过开展专题讲座、应急演练、案例分析和经验交流等方式，提高工作人员的应急管理专业知识和能力，并且还要建立并科学合理利用应急管理专家库。通过聘用具备相关专业知识与实践经验丰富的专家，优化应急预案与应急管理措施，为应急管理工作提供充足且专业的人力资源储备。

三是完善网络舆情应急管理处置机制。首先，要强化网络舆情监测预警机制。利用大数据和人工智能等技术，实时监控敏感信息及网络舆情动向，及时识别舆情风险并发出预警信号，提高应急管理人员的网络舆情应对处置意识。其次，要建立应急管理信息沟通机制。就系统内部而言，顺畅的信息沟通是确保应急管理各部门间构建信任关系、高效协同配合的必要条件；就系统外部而言，畅通与利益相关方的信息交流，推动应急管理工作更加公开化、透明化，形成平等理性的互动交流关系，这也是影响网络舆情的重要因素。最后，要健全网络舆情处置与引导机制。通过快速响应、精简流程与转变方式，提升网络舆情应急处置效率与效果。积极引导公众理性看待危机灾难，理解应急管理工作的职责和困难，形成事实共识与价值共识，进而树立良好的部门与组织形象。

10.2.3 网络舆情与公共决策

公共决策是公共权力机关经由政治过程所选择和制定的，为解决公共问题、达成公共目标，以平衡、协调和实现公共利益的决定。作为管理社会事务的行为规范和准则，公共决策具有主体权威性、现实目的性、价值相关性与动态灵活性等特征。

公共决策的内涵可从以下方面进行理解：从主体上看，公共决策的主体是党和国家的行政机关、立法机关、司法机关及法律赋予的代表国家管理部分公共事务的组织、团体及个人；从性质上看，公共决策是公共权力机关权力意志的表现，是经过政治过程而进行方案拟定、优化和选择的结果，是一种权威性的价值分配方案；从要素上看，公共问题、公共目标和公共利益是公共决策的三大要素，其中，公共问题是针对权力系统内外部的挑战而提出的，公共目标是公共权力机关理性选择的结果，而谋求公共利益是公共决策的目的；从功能上看，公共决策具有社会资源调控分配、社会行为引导规范与社会事务管控功能，能够协调各种社会关系，调整利益分配，使社会各项公共事业协调有序发展。

就网络舆情对公共决策的影响而言，经由网民广泛讨论后的公共决策能够反映多数人的利益。网络舆情以其能够对公众观点态度产生影响的特征，对公共决策具有重要作用，具体包括以下几个方面。

一是网络舆情的理性表达有利于促进公共决策民主化。新媒体时代下，网络平台拓宽了搜集民意与集中民智的渠道，网民通过互联网表达意见，提高了政治参与的可能性，扩大了公共决策的民意基础。网络舆情是广大网民意见观点与情感态度的集合，也是观察社情民意的重要窗口。这种短时间内快速形成的强大舆论力量影响着政府决策的制定、实施，使民众真正关心的公共问题得以形成决策，发挥了网络舆情的决策功能。

二是网络舆情的科学汇集为公共决策提供了信息资源。公共决策的逻辑起点是以满足各方群众的真实利益诉求为先，而网络舆情的科学汇集为公共决策的制定提供了可靠的信息保障，弥补了传统信息获取方式的狭隘片面，提高了决策信息获取的范围和深度。决策者能够借助大数据技术对海量网络舆情信息进行收集分析，并结合文本挖掘技术从中提取出与公共决策相关的数据，为政府制定决策提供充分的信息资源保障。在此过程中，也发挥了网络舆情在表达群众意愿、交流信息与执行监督等方面的功能。

三是网络舆情的监测研判保障了公共决策的科学性。针对某项公共决策的制定，网民会在网络平台进行意见表达，对决策的具体内容出谋划策，提出需要修改和完善的意见，而对这些信息的收集和监测能够反映网民意愿。一方面，依托数据挖掘、语义分析和情感识别等技术优势构建的网络舆情监测系统，能够动态跟踪网络舆情发展过程，全面反映网民对某项政策的观点态度和意见建议，这些信息能够在政府科学决策的过程中发挥参考与辅助作用，提升公共决策的全局性、科学性和预测性。另一方面，通过建立一支具有政治素养高、专业素质强的网络分析专家队伍，能够针对网络舆情的发展趋势，采用宏观与微观相结合、定量与定性相结合的分析方法进行科学分析研判，并对其中的舆情风险提出专业的防范与应对意见，使得公共决策的制定朝着科学化与专业化方向发展。

10.2.4 网络舆情与公众参与

公众参与是指在行政决策的制定过程中，公众以合法的形式表达利益要求并影响决策过程和结果的活动。公众参与是政府决策过程中促进民智汇集与利益表达的重要机制，是社会治理创新的重要体现。按照参与行为发起者的不同，公众参与可以分为两大类：一类是由政府发起的参与，具体形式包括公开听证会和咨询委员会等；另一类是由公民发起的参与，具体形式包括公民论坛、志愿者服务和公众网络参与等。有序的公众参与有利于实现决策的民主化、科学化，降低决策的失误风险与执行成本。

网络舆情是社会大众对社会热点事件或现象等表达的带有强烈情感的态度、意见和情绪等心理状况或行为倾向在互联网上的反映。与公众参与类似，网络舆情的主体是网民，客体是各种社会现象和热点问题。可以说，网络舆情是公众参与在心理状况或行为倾向上的具体表现形式，公众参与是网络舆情治理过程中的重要环节。网络舆情与公众参与之间能够相互影响、相互作用，共同推进社会治理创新。然而，公众在参与社会治理的实践过程中，面临着如公众选择性参与导致治理失衡、政府与公众信息沟通不畅影响治理实效性、公众素养水平与治理要求存在差距等诸多问题与挑战，亟待解决。网络舆情对公众参与的作用主要体现在以下几点。

一是吸引社会多主体广泛参与治理。在社会治理过程中，除了作为主导力量的政府之外，还包括媒体、公众、社会组织等其他行动者。多元主体之间可能存在价值冲突与话语博弈等问题，导致公共决策难以平衡各方利益诉求。网络舆情能够在理性表达与科学汇集的过程中逐渐明确决策的大致方向，在多主体之间凝聚共识，推动形成治理合力。尤其是能够吸引不同领域的社会组织广泛参与到社会治理当中，这些社会组织作为介于政府和公众之间的非营利性社会团体，在话语表达方式上往往更亲近公众，更容易被公众接受；在理论知识上具有很强的专业背景，在协助政府影响公众方面有着独特的优势。

二是增强公众参与的效能感与积极性。网络舆情是广大网民意见观点与情感态度的集合，能够在短时间内快速形成强大的舆论力量，影响政府决策的制定与实施。新媒体环境下，公众对于政府治理的期待也不断提升。经由公众广泛参与讨论所形成的网络舆情，能够形成强大的动员力量，促进公共事务与社会问题的解决，公众能感受到自己的声音被听取和重视，这大大增强了公众参与的效能感。同时，通过意见反映与参与决策，进一步提升公众在社会治理中的参与感与认同感，改变政府在社会治理中"唱独角戏"的观念，激发公众参与的主动性和积极性。

三是提升公众参与治理的素养水平。从政策制定上来看，其科学性既需要有专家提出专业建议，也需要公众参与表达其基本诉求，以提升决策的公平性。然而，公众参与绝非一个简单行为，需要参与者具备较高的参政议政能力与一定的专业素养，以便最大程度介入并优化公共政策的制定和执行。作为民众观点、意见和态度的集合，网络舆情能够在一定程度上反映各方利益诉求，为提升公众内在知识素养提供信息资源。因此，有关部门要积极利用互联网与新媒体平台，搭建互动沟通与学习交流平台，帮助公众多层次获取网络信息资源，提升公众参与治理的素养和水平，促进公众参与行为由消极被动服从逐渐向积极主动参与转变，使公众参与治理成为常态。

10.3　网络舆情治理体系现代化

党的十八届三中全会首次提出"推进国家治理体系和治理能力现代化"的改革目标，强调要适应时代变化，使各方面制度更加科学完善，实现国家、社会各项事务治理制度化、规范化、程序化。网络舆情治理是新时代国家治理的重要组成部分。推动网络舆情治理体系现代化，提升网络舆情治理能力，既是国家治理体系和治理能力现代化在舆情领域的一种延伸，也是推动网络舆情治理工作不断朝科学化、系统化方向发展的内在需要。推动网络舆情治理体系现代化，要坚持系统治理、综合治理、依法治理和源头治理，着力构建适用于网络舆情治理的结构体系、方法体系、制度体系与风险防范体系。

10.3.1　网络舆情治理结构体系

网络舆情治理结构体系解决的是舆情治理主体及主体间关系的问题。国家倡导构建网络命运共同体，强调发展共同推进、安全共同维护、治理共同参与、成果共同分享。因此，构建网络舆情治理结构体系要坚持系统治理原则，注重网络舆情多元主体的协同共治。在现代信息技术的支持下，各级政府、社会组织、媒体等社会单位要共同合作、相互配合，在治理实践中各归其位、各担其责，充分发挥党的政治领导力、思想引领力、群众组织力、社会号召力，构建党政部门主导、媒体主动响应、专家合理发声、社会组织和公民积极参与的多元主体协同的网络舆情治理体系，共同预防、处理和化解网络舆情。

具体而言，多元主体协同共治的网络舆情治理结构体系主要包括以下几个部分。

一是政府部门之间的协同。网络舆情治理往往涉及多个部门，难免出现权力交叉和监管盲区等问题。这就需要政府各部门高效联动和及时共享信息，在处理舆情时形成合力，避免各自为政，最大限度发挥协同效应，准确把握舆情动态，在最短时间科学决策。

二是政府与社会组织之间的协同。公民社会的不断发展使得社会组织和公众的力量在网络舆情治理中起到重要作用。网络舆情治理已逐渐从政府单向控制管理模式向互动沟通治理模式转变，积极吸纳社会组织和公众参与，能够形成优势互补、良性互动的治理格局。

三是政府与媒体之间的协同。媒体是政府与群众之间的桥梁和纽带，在网络舆情治理中扮演着十分重要的角色。在应对网络舆情时，可以通过媒体平台发布权威信息、了解社情民意以及引导舆情发展。因此，政府应积极寻求与媒体合作，建立双向沟通机制，发挥媒体跟踪事实报道、引导网络舆论的积极作用。

10.3.2　网络舆情治理方法体系

网络舆情治理方法体系解决的是所采取的技术、手段和策略等问题。习近平总书记指出："要提高网络综合治理能力，形成党委领导、政府管理、企业履责、社会监督、网民自律等多主体参与，经济、法律、技术等多种手段相结合的综合治网格局。"网络舆情治理方法体系要坚持综合治理原则，注重多样化的治理技术与手段并用；强调刚柔并济，综合施策，既运用法律、行政、制度的刚性手段，也运用技术、道德等柔性措施。

一是强化网络舆情治理技术手段。要综合运用大数据、人工智能、区块链等信息技术，深化其在网络舆情监测、存储、挖掘、分析等过程中的应用，实现提前预警、实时监测、量化分析、精准报告与辅助决策。如利用大数据技术构建网络舆情监测系统，及时识别舆情风险并发出预警信号，提高网络舆情治理的科学性与精准性；利用区块链技术的全程记录与不可篡改特性，全链条跟踪记录网络舆情发展过程，实现对舆情传播的全程溯源分析。通过技术手段赋能网络舆情治理，实现网络信息的有序传播与互联网生态的健康发展。

二是加强网络舆情治理制度设计。通过科学有效的制度设计推进网络舆情治理，能够确保网络舆情治理工作向制度化、规范化、程序化方向发展。比如，网络舆情治理的行政制度包括综合管理、内容审查、平台公约、分级分类、投诉受理、事项报告等诸多方面。具体而言，通过实行网络实名制，对网民行为和言论进行管理，从源头上制止网络暴力行为；通过内容分级制，有助于网民形成正确的网络信息筛选意识，并有效约束自己的行为。

三是健全网络舆情监督反馈渠道。借助新媒体平台，公众能够便利地了解国家政策法规、社会发展动态，发表观点并参与政府决策。因此，要以尊重民众反映诉求、表达观点为前提，畅通网络舆情监督反馈渠道，满足法律赋予公众的知情权、参与权和监督权，在稳定和谐的舆论氛围中调动公众参与热情和潜能，促进政府意见和公众意见在互动中融合，助推正确舆论导向的形成。此外，要健全网络问政参与机制，在强化公民权利的同时提高政府工作效率和工作质量，减少舆情危机的发生。

四是加强公民网络舆情素养教育。提升公民对网络信息的辨别能力，加强公民的法律意识、安全意识与公共意识，培养公民的网络道德观念与文化素养。如新加坡政府长期关注和重视网络素养教育，设置相关机构并通过系列措施培养公众网络道德素养，增强网络自律意识与处理网络信息的能力，并借助于社会组织、社会团体的力量来确保有效性。

10.3.3 网络舆情治理制度体系

网络舆情治理制度体系解决的是法律法规、规章制度和技术规范等保障舆情治理高效运转的规程与准则问题。该体系强调治理方式要向依靠制度和法制解决问题转变，加强互联网与舆情治理领域立法，完善网络舆情治理的相关法律法规。因此，构建网络舆情治理制度体系要坚持依法治理原则，注重依法创新网络舆情治理。要科学立法、严格执法、公正司法、自觉守法，运用法治思维和法治方式治理网络舆情、凝聚社会共识、化解社会矛盾、维护社会稳定、增强社会活力，提高网络舆情治理的法治化水平。

具体而言，网络舆情治理制度体系主要包括以下几个方面。

一是要修订完善现有的网络舆情治理法律法规。针对互联网发展趋势与网络舆情治理出现的新情况、新问题，对我国现行法律进行修订完善，提高网络舆情治理能力和水平。当前，我国与互联网有关的法律法规包括国家法律、行政法规、部门规章、司法解释等各个层次。如《网络信息内容生态治理规定》《互联网论坛社区服务管理规定》等。网络舆情相关法律法规多停留在行政法规和部门规章层面，缺乏完整性和体系性，尚不健全。

二是要加强行业自我监管，出台行业自律规范。行业自律是现代社会治理体系中的重要组成部分，网络舆情治理领域更是如此。如腾讯公司、百度公司、北京字节跳动科技有限公司等互联网平台企业，也要注重加强网络舆情治理，制定相关网络舆情治理细则，形成行业自律规范，为网络舆情治理制度体系提供有益补充。

三是要推出网络舆情治理方面的专门立法。目前网络舆情治理的法律规定散见于各项法律，除了全国人民代表大会常务委员会制定的法律以及国务院制定的行政法规外，国务院各部门围绕网络舆情治理也制定了一系列规章，如国家互联网信息办公室通过的《互联网信息内容管理行政执法程序规定》《互联网新闻信息服务管理规定》等。网络舆情治理领域的专门立法仍处于缺位状态，对规范网络舆情管理工作与追究涉案主体法律责任等造成阻碍。因此，引领健康、有序、合法的网络生活方式，需要专门立法。

10.3.4 网络舆情治理风险防范体系

网络舆情治理风险防范体系解决的是从根源上防范舆情风险突变扩大所采取的技术、手段和策略等问题。网络舆情治理应注重把工作重心从治标转向治本，把事后处置转向源头治理，做好风险监测和预警，同时注重解决深层次危机，降低舆情风险。要坚持底线思维，提高防控能力，着力防范化解重大风险。因此，构建网络舆情治理风险防范体系要以源头治理为原则，注重网络舆情治理的事前风险防范。

一是注重风险"早发现"，加强网络舆情风险监测预警。网络舆情风险潜伏期是监测预警的黄金时期，要把握风险监测预警的时效性，借助大数据、人工智能、区块链等新兴技术建立信息采集、分析、反馈等全过程监测预警系统，形成专业、规范、科学的舆情监测预警工作体系，对网络舆情风险进行系统监测和动态跟踪，及时识别风险并发出预警信号，做到及早发现、快速预警。通过舆论分析、专家意见、实时搜索等方式，提高监测预警精度与效率，在可预见的风险发生之前防微杜渐，有效防范和化解网络舆情风险。

二是注重风险"早评估"，强化网络舆情风险研判评估。风险研判是防范网络舆情风险的有效手段，涉及甄别信源属性、判断舆情性质、研判舆情风险、预测舆情走势与提出对策建议等环节。网络舆情风险研判还要依据事件的影响程度、传播广度、危害程度等给出风险等级评估，并根据不同等级风险的网络舆情采取不同的应对措施。此外，健全的舆情风险研判评估机制还应包含阶段性研判、专题研判和即时研判等不同种类，注意宏观与微观分析、技术与人工分析、定量与定性分析相结合，全方位化解网络舆情风险。

三是注重风险"早处置"，提升网络舆情应急处置能力。要统一考虑应急体系的资源储备、风险情况与能力评估等，提升应急技能、应急经验、处置能力、资源保障等舆情应急处置能力。通过提前研判态势和预测风险，降低网络舆情恶化和发酵的可能性，把握风险防范的先决权与主动权。开展网络舆情应急演练也是有效防范化解网络舆情风险的重要环节。在应急演练中，通过模拟舆情处置情景、检验应急预案的风险评估情况、明确各部门责任归属、检查沟通协调机制运行等，能够有效提升风险防范意识与风险应对能力。

10.4　国际网络舆情传播新格局

10.4.1　国际网络舆情传播格局的特征

改变不公平、不合理的国际网络舆情传播格局，努力为人类社会创建一个更加文明有序的信息传播秩序与环境，是包括中国在内的广大发展中国家的不懈追求。为此，首先要明确国际网络舆情传播格局的特征及其发展变化。受经济实力、综合国力与信息技术等因素的影响，当前国际网络舆情传播格局呈现出以下特征。

一是在舆情传播格局上，"西强我弱"局面出现变化，中国地位总体上升。长久以来，西方发达国家凭借其经济和媒介技术等方面强大实力，始终占据国际舆论话语权的优势地位。西方媒体也常从本国利益出发，在信息传播过程中故意歪曲事实、混淆是非，对中国形成话语压制，损害中国国家利益。近年来，全球经济形势急剧变化，西方经济增长乏力，中国日渐成为世界经济的中坚力量，国际话语权逐渐上升。尤其是在互联网与新媒体快速发展的背景下，技术赋权打破了西方对国际舆情传播格局的垄断，畅通了世界各国之间的信息传播渠道，减弱了西方国家话语霸权。国际舆论话语权被重新分配，"西强我弱"的国际舆情传播格局有所改变。但尽管如此，国际舆情传播格局并未发生根本性改变，加强国际话语权建设已成为构建国际舆情传播新格局的当务之急。

二是在舆情传播内容上，议题呈现多样化特征，从政治向经济、文化转移。西方媒体对中国的新闻报道早期主要以政治议题为主，且负面报道较多。随着中国在国际社会的作用日渐凸显，国际社会对中国的了解不断加深，西方媒体的报道也逐渐贴近中国现实。中国在国际社会发声的机会也随国际地位的提升而增多。特别是在涉及人类社会发展等全球性议题上，中国从人类整体发展角度出发所提出的中国理念、中国智慧与中国方案，获得其他国家的认同和称赞。中国的国际传播能力也在不断提升，对于重大危机事件，开始主动进行新闻发布与事实披露，积极掌握话语主动权，避免陷入被动他塑的局面。

三是在舆情传播手段上，新媒体技术发展深刻改变着国际舆情传播格局。新媒体技术的迅猛发展在突破地域限制、增强时效性和互动性上具有显著优势，变革了信息传播与社会交往方式，也逐渐成为开展国际传播、引导国际舆论的重要手段。一方面，借助各类新媒体平台，我国在重大会议、重大国际活动、重大公共事件等期间，能够率先实现新闻报道和舆论引导。另一方面，媒介技术的发展催生出新的媒介载体，促进国际传播方式更加多元化。通过打造以先进技术手段为支撑、具有强大竞争力的新型主流媒体，我国的国际舆论话语权逐渐迈上新台阶，全方位、多层次、立体化的国际传播体系初具规模，以西方国家为主导的国际网络舆情传播格局正在被重塑。

10.4.2　我国的国际网络舆情安全挑战

受国家利益竞争、西方舆论偏见等因素影响，我国的国际舆情安全面临诸多挑战。

一是国际舆情传播格局中"西强我弱"现象依旧存在。在国际舆论竞争中，我国虽然初步建成了包括各级各类媒体在内的对外传播系统，国际传播实力获得显著增强，但国际舆情传播格局依然呈现出"西强我弱"的特征，在国际舆论博弈中我国仍处于劣势地位。据不完全统计，在全球每天传播的国际新闻中，96%的新闻由美联社、路透社、NBC、CBS、CNN等发布，其中仅有10%至30%的新闻用来报道发展中国家。几大跨国传媒集团控制着全球舆论市场，主导全球舆论走向，设置国际问题议程，对中国国家形象与国际地位造成负面影响，如在重大国际场合中制约中国正常发声、歪曲报道中国相关的话题、制约中国公平享受国际话语权等。要改变长期形成的"西强我弱"国际舆情传播格局并不容易，但对于在国际社会中地位越来越重要的中国，这种格局必须尽快打破。

二是西方舆论偏见使得中国国家形象屡遭抹黑。国际受众对中国形象的认知很大程度上依赖于西方媒体，中国国际形象塑造多依赖于"他塑"而非"自塑"。西方主导的话语场域与传播语境加剧国际受众对中国的刻板印象和认知偏差。西方政客与媒体对我国有着长久形成的舆论偏见，这种偏见源于西方对其民主自由制度的绝对自信，对中国等社会主义国家竭尽全力地抹黑。西方的种族主义观念也根深蒂固，使得他们有意忽视中国的发展成就。以美国为主导的西方国家对中国崛起的遏制，背后是维持霸权地位的焦虑。中国对内深化改革、对外扩大开放取得了显著成效，国际与地区影响力与日俱增，重塑了全球政治格局。中美博弈很大程度体现在意识形态博弈和舆论安全威胁中。因此，国际舆论场中的中国国际形象传播，国际网络舆情传播新格局的构建，是需要关注的重大问题。

三是敌对势力渗透导致意识形态安全问题严峻。当前，世界正经历百年未有之大变局，意识形态领域错综复杂的形势与严峻的风险挑战依然存在，激烈的意识形态斗争和较量暗流涌动。我国日益走近世界舞台中央，影响力、吸引力显著增强，但还没有获得与大国地位相匹配的国际话语权。从国内来看，我国经济社会深刻变革、利益格局深刻调整，各类思想多样杂陈、各种力量竞相发声已成常态。敌对势力经常利用新媒体平台，采取多种方式进行渗透，对我国凝聚力量、凝聚共识造成挑战。从意识形态领域与社会思潮角度看，思想文化相互激荡、价值观念多元多样，建设具有强大凝聚力和引领力的社会主义意识形态任务之艰巨前所未有。如近年来历史虚无主义甚嚣尘上，其作为一种政治思潮，企图通过种种手段来破坏和瓦解社会主义中国的思想根基。就此而言，意识形态灌输成为西方发达国家制造负面舆情的重要手段，对主流意识形态安全带来巨大冲击。

四是国际舆论话语权和影响力有待进一步提升。互联网技术的快速发展，引发了国际舆论格局与话语权结构的转型，国际舆论交锋变得错综复杂，如何提升国际舆论话语权、扩大国际影响力，成为世界各国尤其是发展中国家面临的重大问题。欧美等西方发达国家非常重视利用互联网进行对外信息传播，并长期在国际舆论格局中占据霸权地位，使得广大发展中国家常处于被动失语的状态。我国的国际舆论话语权建设面临多重挑战，存在主流媒体国际传播力不足、平台型媒体建设与西方差距明显、对国外受众心理了解较少、海外传播效果不显著等问题，国际舆论斗争效能亟待提升。面对国际舆论格局的深刻变化，要深入分析我国在国际舆论传播中所面临的困境，加强国际舆论话语权建设战略谋划，增强国际舆论引导影响力，破除某些西方媒体充满偏见的话语霸权和有色眼镜，尽快形成同我国综合国力和国际地位相匹配的国际话语权。

10.4.3　构建国际网络舆情传播新格局

随着经济全球化与全球信息化的深入发展，构建国际网络舆情传播新格局日益迫切。要以中国特色话语体系为基底、以提升国际传播与舆论引导能力为抓手，塑造真实立体全面的中国国家形象，在构建国际网络舆情传播新格局中发出中国声音、贡献中国智慧。

第一，构建中国特色话语体系与话语空间。在以西方发达国家为主导的话语世界中，构建属于中国自身的话语体系和空间，是国际网络舆情传播新格局中赢得话语权的必然选择。有学者提出应从以下方面采取战略举措：一是主动设置话语议题。立足我国改革发展实践，在认清和阐释中国问题的基础上设置中国话语体系的议题，将中国问题作为支撑话语构建的现实基础。二是科学制定话语规则。提炼出"中国特色社会主义""中国梦""人类命运共同体"等标识性概念和术语并进行权威解读，以中国术语作为话语权威的主要支撑。三是自我塑造话语进程。打破单一话语主体与西方话语霸权，变被动"他塑"为主动"自塑"，在凸显中国立场、体现国际视野、反映人类发展方向的同时寻求最大公约数，增强中国话语体系在国际舆情传播格局中的认同程度。

第二，提升我国国际传播与舆论引导能力。中国与国际社会的联系日益紧密，而国际舆论话语权的落后让中国屡遭困境，尤其在信息技术不断变革与发展的时代，提升我国的国际传播与舆论引导能力极为迫切。一是要大力打造外宣旗舰媒体。不断增强主流媒体的传播力和影响力，提升中国国际传播效能，实现中国故事和中国声音的主动表达、顺利出海、传播四方。二是注重国际舆论话语网络建设。要加快转变传播理念，加强国际传播能力建设。在国际话语表达中树立国际竞争意识，通过主动、科学的议程设置影响国际受众的认知和思考方式，抢占国际舆论引导先机。借助新媒介技术建设硬件网络，加强驻外记者站和分支机构建设，培养和招揽更多新型国际传播人才。三是适应信息技术革命潮流，加大新媒体平台建设。积极布局Twitter、Facebook、YouTube等社交媒体平台，建构国际传播新矩阵，打造新时代对外传播的实践创新平台，利用新兴媒体推动国际舆论生成和引导，将国际传播能力提升到新高度。

第三，塑造真实立体全面的中国国家形象。国家形象是一国在国际交往互动中的一种身份表达、折射。良好的国家形象不仅能提升国际话语权，使国际受众自觉抵制抹黑类信息，而且能增强国家话语体系的说服力与感召力。国家形象的塑造是构建国际网络舆情传播新格局的重要内容，具体可以从以下方面进行：一是明确与中国国际地位相符合的国家形象定位。"构建一个什么样的国家形象"是新时代中国国家形象构建的首要问题。中国向世界展现"社会主义大国形象""负责任大国形象""文明大国形象"等，努力塑造可信、可爱、可敬的中国形象。二是通过特色话语符号建构与阐释国家形象。话语符号是塑造国家形象的重要载体。要提升各类国际传播主体对中国话语的再阐释能力，通过简单明了、通俗易懂的表达方式，使中国特色的话语符号更好地面向世界、深入人心，让国际受众在听到中国声音的基础上听懂中国故事。三是借助媒介技术与网络舆论场域深化国家形象。媒介技术的更新迭代变革了国际网络舆情生态格局，为重塑中国国家形象带来了机遇。主流媒体尝试通过短视频、音频、人工智能等多种形式进行新闻报道、引导国际舆论，促进了跨文化语境中话语内容与符号的相互理解和交融。

思考题

1. 简述ChatGPT对于网络舆情的影响。
2. 谈谈网络舆情如何推动社会治理创新？
3. 结合案例，思考在当前世界处于"百年未有之大变局"的背景下，中国在构建国际网络舆情传播新格局中如何作为？

即测即练

自学自测　扫描此码

参 考 文 献

[1] Demszky D, Movshovitz-Attias D, et al. Goemotions: A dataset of fine-grained emotions[C]. in: Jurafsky D, Chai J, Schluter N, JR. (Eds.), Proceedings of the 58th Anrual Meeting of the Association for Computational Linguistics, ACL 2020, Online, July (2020) 5-10, Association for Computational Linguistics, 2020, pp. 4040-4054.

[2] Grootendorst M. BERTopic: Neural topic modeling with a class-based TF-IDF procedure[J]. Preprint at arXiv, 2020, http://doi.org/10.48550/arXiv.2203.05794.

[3] Liu A, Wang X, Xu N, et al. A review of feature fusion-based media popularity prediction methods[J]. Visual Informatics, 2022, 6(4): 78-89.

[4] Nandwani P, Verma R. A review on sentiment analysis and emotion detection from text[J]. Social Network Analysis and Mining, 2021, 11(1): 81.

[5] 安娜, 林建成. 人工智能在网络舆情治理中的现实问题与应对策略[J]. 思想理论教育, 2020(12): 91-95.

[6] 包国宪, 鲍静. 政府绩效评价与行政管理体制改革[M]. 北京: 中国社会科学出版社, 2008.

[7] 包国宪, 董静. 政府绩效评价结果管理问题的几点思考[J]. 中国行政管理, 2006(8): 23-26.

[8] 毕宏音. 当代中国舆情研究: 2000—2020[M]. 北京: 中国社会科学出版社, 2021.

[9] 蔡立辉. 政府绩效评估[M]. 北京: 中国人民大学出版社, 2012.

[10] 蔡皖东. 网络舆情分析技术[M]. 北京: 电子工业出版社, 2018.

[11] 常松. 博客舆情的分析与研判[M]. 北京: 社会科学文献出版社, 2014.

[12] 陈福集, 郑小雪. 面向网络舆情的政府知识管理[M]. 北京: 科学出版社, 2018.

[13] 刁生富, 李香玲, 刁宏宇. 网络舆情与思想政治教育创新[M]. 北京: 知识产权出版社, 2020.

[14] 丁俊杰, 张树庭. 网络舆情及突发公共事件危机管理经典案例[M]. 北京: 中共中央党校出版社, 2010.

[15] 丁邦杰. 企业危机公关中的媒体攻略[M]. 南京: 江苏人民出版社, 2015.

[16] 杜骏飞. 沸腾的冰点: 2009 中国网络舆情报告[M]. 杭州: 浙江大学出版社, 2010.

[17] 杜骏飞. 危如朝露: 2010—2011 中国网络舆情报告[M]. 杭州: 浙江大学出版社, 2011.

[18] 段赛民. 如何有效处置网络舆情[M]. 北京: 人民日报出版社, 2022.

[19] 范升彦, 滕飞霞. 应急预案与演练[M]. 北京: 应急管理出版社, 2019.

[20] 方付建. 把脉网络舆情: 突发事件网络舆情演变研究[M]. 武汉: 华中科技大学出版社, 2017.

[21] 甘惜分. 新闻理论基础[M]. 北京: 中国人民大学出版社, 1982.

[22] 谷琼, 王贤明. 网络舆情分析: 理论、技术与应用[M]. 北京: 清华大学出版社, 2020.

[23] 郭奕, 徐亮, 熊雪军. 社交网络中意见领袖挖掘方法综述[J]. 计算机科学与探索, 2021: 1-19.

[24] 韩益亮, 朱率率. 社交网络舆情分析——演化规律及其干预[M]. 西安: 西安电子科技大学出版社, 2022.

[25] 郝晓伟. 网络舆情应对与处置案例分析[M]. 北京: 国家行政学院出版社, 2015.

[26] 黄太平. 危机公关道与术[M]. 北京: 中信出版社, 2014.

[27] 姜胜洪. 网络谣言应对与舆情引导[M]. 北京: 社会科学文献出版社, 2013.

[28] 孔清溪, 张树庭, 张晓丽, 等. 听舆施政: 网络舆情传播规律与实践[M]. 北京: 中国市场出版社, 2019.

[29] 兰月新, 董希琳, 陈成鑫. 地方政府应对网络舆情能力评估和危机预警研究[J]. 现代情报, 2012, 32(5): 8-12.

[30] 李宝琴，于钦明. 高校网络舆情管理[M]. 北京：中国政法大学出版社，2020.

[31] 李彪，高琳轩. 大数据背景下舆情治理的智能转向：现状、风险与对策[J]. 中国编辑，2023(5): 4-10.

[32] 李彪. 舆情：山雨欲来：网络热点事件传播的空间结构和时间结构[M]. 北京：人民日报出版社，2011.

[33] 李杰，王明旭. 医院危机媒体应对的理论与实践[M]. 中国协和医科大学出版社，2020.

[34] 李明德，邝岩. 大数据与人工智能背景下的网络舆情治理：作用、风险和路径[J]. 北京工业大学学报（社会科学版），2021, 21(6): 1-10.

[35] 李明德. 网络舆情概论[M]. 北京：人民邮电出版社，2022.

[36] 林爱珺，郑小华，张甜甜，等. 舆情信息工作指南[M]. 北京：经济日报出版社，2016.

[37] 李山，沈浩. 低自我呈现社交媒体话题热度预测[J]. 计算机工程与设计，2021, 42(10): 2979-2987.

[38] 李妍，何洪波，王闰强. 微博热度预测研究综述[J]. 数据与计算发展前沿，2023, 5(2): 119-135.

[39] 李尧远，马胜利，郑胜利. 应急预案管理[M]. 北京：北京大学出版社，2013.

[40] 林熹. 区块链导论[M]. 北京：机械工业出版社，2022.

[41] 刘春年，肖迪. 情绪性在线评论下舆情演化与焦点事件治理研究[J]. 现代情报，2020, 40(9): 133-143.

[42] 刘佳星. 元宇宙视阈下网络舆论引导策略探析[J]. 国际公关，2023(12): 173-175.

[43] 刘鹏飞. 御风法则：社会注意力风暴研判[M]. 北京：中国工人出版社，2021.

[44] 刘旸，喻国明. 智能互联时代舆论治理的价值重构[J]. 传媒观察，2023(4): 30-34.

[45] 刘毅. 网络舆情研究概论[M]. 天津：天津人民出版社，2007.

[46] 刘志华，单学刚，潘宇峰. 人民网《地方应对网络舆情能力排行榜》的出台及其启示[J]. 今传媒，2009(10): 26-28.

[47] 卢恒，张向先，闫伟. 重大疫情中网络舆情的多属性演化分析[J]. 情报科学，2022, 40(1): 158-165.

[48] 芦珊. 网络舆情监测与研判[M]. 北京：人民邮电出版社，2021.

[49] 孟建，裴增雨. 网络舆情的收集研判与有效沟通[M]. 北京：五洲传播出版社，2013.

[50] 孟小平. 揭示公共关系的奥秘：舆论学[M]. 北京：中国新闻出版社，1989.

[51] 齐中祥. 与领导干部谈舆情应对[M]. 北京：中共中央党校出版社，2021.

[52] 人民网舆情监测室. 如何应对网络舆情：网络舆情分析师手册[M]. 北京：新华出版社，2011.

[53] 人民网舆情数据中心. 十天学会写舆情报告[M]. 北京：人民日报出版社，2018.

[54] 荣婷，李晶菡. 人工智能时代社会舆情治理的转变与优化路径研究[J]. 中国行政管理，2020(12): 141-143.

[55] 荣婷，张爽. 人工智能时代网络舆情新特征与新治理[J]. 传媒，2022(8): 74-76.

[56] 宋香丽. 网络舆情与高校治理研究[M]. 人民出版社，2020.

[57] 孙倬，赵红，王宗水. 网络舆情研究进展及其主题关联关系路径分析[J]. 图书情报工作，2021, 65(7): 143-154.

[58] 田琦. 新时代我国面临的舆论安全挑战[J]. 国际公关，2022(6): 37-39.

[59] 田宇. 网络舆情监测与研判[M]. 北京：清华大学出版社，2022.

[60] 万旋傲. 网络舆情与公共政策[M]. 上海：上海交通大学出版社，2018.

[61] 王庚年. 国际舆论传播新格局研究[M]. 北京：中国国际广播出版社，2013.

[62] 王国华，曾润喜，方付建. 解码网络舆情[M]. 武汉：华中科技大学出版社，2011.

[63] 曹蓉. 网络舆情监测：基础与应用[M]. 北京：时事出版社，2019.

[64] 王国华. 突发事件网络舆情的动力要素及其治理[M]. 武汉：华中科技大学出版社，2017.

[65] 王国华. 网络舆情热点事件案例汇编（2007—2011 年）[M]. 武汉：华中科技大学出版社，2017.
[66] 王君泽, 方醒, 杜洪涛. 网络舆情分析系统中的支撑技术研究[J]. 现代情报, 2015, 35(8): 51-56.
[67] 王君泽, 王雅蕾, 禹航, 等. 微博客意见领袖识别模型研究[J]. 新闻与传播研究, 2011, 18(6): 81-88.
[68] 王君泽. 网络舆情应对的关键技术研究[M]. 武汉：华中科技大学出版社, 2017.
[69] 王来华. 舆情研究概论：理论、方法和现实热点[M]. 天津：天津社会科学院出版社, 2003.
[70] 王来华. 舆情支持与舆情危机[M]. 天津：天津科学技术出版社, 2013.
[71] 王晰巍, 刘宇桐, 李玥琪. 突发公共卫生事件中公民隐私泄露舆情的情感演化图谱研究[J]. 情报理论与实践, 2021: 1-13.
[72] 王晰巍, 张柳, 黄博, 等. 基于 LDA 的微博用户主题图谱构建及实证研究：以"埃航空难"为例[J]. 数据分析与知识发现, 2020, 4(10): 47-57.
[73] 王筱莉, 张静, 赵来军, 等. 基于改进 SEIR 模型的微博舆情衍生话题传播研究[J]. 信息资源管理学报, 2022, 12(4): 95-104.
[74] 吴军. 数学之美（第三版）[M]. 北京：人民邮电出版社, 2020.
[75] 夏楠. 网络舆情生态系统善治之道[M]. 北京：中国金融出版社, 2022.
[76] 谢雪梅, 杨洋洋. 地方政府网络舆情应对能力评价及提升路径研究[J]. 现代情报, 2020, 40(1): 144-151.
[77] 徐迪, 张梅贞, 周小情. 网络舆情标准体系建设理论与实践[M]. 武汉：武汉大学出版社, 2013.
[78] 徐涵, 张庆. 复杂网络上传播动力学模型研究综述[J]. 情报科学, 2020, 38(10): 159-167.
[79] 薛大龙. 网络舆情分析师教程[M]. 北京：电子工业出版社, 2014.
[80] 颜菲. 以"四个治理"构建网络舆情治理体系的探讨[J]. 教学与研究, 2023(5): 50-59.
[81] 杨明刚. 大数据时代的网络舆情[M]. 深圳：海天出版社, 2017.
[82] 杨兴坤, 周玉娇. 网络舆情管理：监测、预警与引导[M]. 北京：知识产权出版社, 2019.
[83] 叶国平. 舆情制度建设论[M]. 天津：天津人民出版社, 2013.
[84] 于家琦. 政策议程设置模式研究：基于舆情的视角[M]. 北京：社会科学文献出版社, 2021.
[85] 余秀才. 网络舆情研究中的大数据技术使用与问题[J]. 新闻大学, 2017(2): 112-118.
[86] 喻国明, 李彪. 社交网络时代的舆情管理[M]. 南京：江苏人民出版社, 2015.
[87] 袁勇, 王飞跃. 区块链技术发展现状与展望[J]. 自动化学报, 2016, 42(4): 481-494.
[88] 曾润喜, 徐晓林. 热点事件网络舆情的传播与治理[M]. 武汉：华中科技大学出版社, 2017.
[89] 曾润喜, 张薇. 网络舆情学[M]. 北京：科学技术文献出版社, 2014.
[90] 曾胜泉, 文远竹, 鲁钇山. 网络舆情学[M]. 广州：广东人民出版社, 2021.
[91] 曾胜泉. 网络舆情应对技巧[M]. 广州：广东人民出版社, 2017.
[92] 张爱军, 贾璐. 类 ChatGPT 人工智能语境下网络舆情安全的风险样态及其规制[J/OL]. 情报杂志：1-8[2023-09-26].
[93] 张世昌. 大数据时代网络舆情治理中公众参与的困境与完善[J]. 新疆社会科学, 2023(1): 128-136+146.
[94] 赵磊. 网络舆情分析[M]. 北京：中国社会科学出版社, 2019.
[95] 赵振宇. 应对突发事件：舆论引导系统论[M]. 北京：中国社会科学出版社, 2017.
[96] 郑佳悦, 王亮. 基于区块链的网络舆情监管机制研究[J]. 中国传媒科技, 2022, (06): 10-13.
[97] 郑作武, 邵斯绮, 高晓泓, 等. 基于社交圈层和注意力机制的信息热度预测[J]. 计算机学报, 2021, 44(5): 921-936.
[98] 钟佳娃, 刘巍, 王思丽, 等. 文本情感分析方法及应用综述[J]. 数据分析与知识发现, 2021, 5(6): 1-13.
[99] 周蔚华, 徐发波. 网络舆情概论[M]. 北京：中国人民大学出版社, 2016.

[100] 周志忍. 政府绩效管理研究：问题、责任与方向[J]. 中国行政管理，2006(12): 13-15.
[101] 邹鸿强. 领导干部网络舆情工作指南[M]. 北京：人民日报出版社，2015.
[102] 张一文，齐佳音，方滨兴，等. 非常规突发事件网络舆情热度评价指标体系构建[J]. 情报杂志，2010(11): 71-75.
[103] 张建红，钟永光，张海珍，等. 地方政府应对网络舆情能力的系统动力学研究[J]. 情报探索，2011(11): 12-14.
[104] 张军玲. 基于层次分析法的企业网络舆情危机应对评价研究[J]. 经济数学，2015(3): 60-63.
[105] 鲁鹏. 网络舆情应对能力评价指标体系研究[J].科技传播，2015(1):211-212.
[106] 凌晨. 流程管理视角下高校热点网络舆情管理绩效评价研究[J]. 西南民族大学学报，2017(7): 231-236.
[107] 田世海，张家毓，孙美琪. 基于BSC-SD的企业网络舆情管理绩效研究[J]. 情报科学，2019(10): 26-33.
[108] 崔鹏. 面向突发公共事件网络舆情的政府应对能力研究[D]. 中央财经大学博士学位论文，2016.
[109] 张庆. 基于BP神经网络的网络舆情政府回应综合评价体系构建及传播动力学分析[D]. 华中科技大学硕士学位论文，2020.
[110] 张家毓. 互联网企业网络舆情管理绩效评价研究[D]. 哈尔滨理工大学硕士学位论文，2020.
[111] 黄飘. 中国省级政府网络舆情应对能力动态评价研究[D]. 福州大学硕士学位论文，2020.
[112] 沙成彧. 高校突发事件网络舆情应对能力评估分析[D]. 武汉理工大学硕士学位论文，2021.
[113] 冉雅璇，李志强，刘佳妮，等. 大数据时代社会科学研究方法的拓展——基于词嵌入技术的文本分析的应用[J]. 南开管理评论，2022, 25(2): 47-56.
[114] 刘微，王慧，雷蕾，等. 北京市科技金融政策供需匹配研究——基于LDA政策文本计量方法[J]. 经济问题，2023(1): 52-60.

教师服务

感谢您选用清华大学出版社的教材！为了更好地服务教学，我们为授课教师提供本书的教学辅助资源，以及本学科重点教材信息。请您扫码获取。

》 教辅获取

本书教辅资源，授课教师扫码获取

》 样书赠送

新闻传播学类重点教材，教师扫码获取样书

清华大学出版社

E-mail: tupfuwu@163.com
电话：010-83470332 / 83470142
地址：北京市海淀区双清路学研大厦 B 座 509

网址：https://www.tup.com.cn/
传真：8610-83470107
邮编：100084